KB040751

왕초보도 바로 돈 버는
부동산 경매의 기술

왕초보도 바로 돈 버는

부동산 경매의 기술

2천만 원으로 시작하는 실전 부동산 경매 노하우

정민우 · 유근용 지음

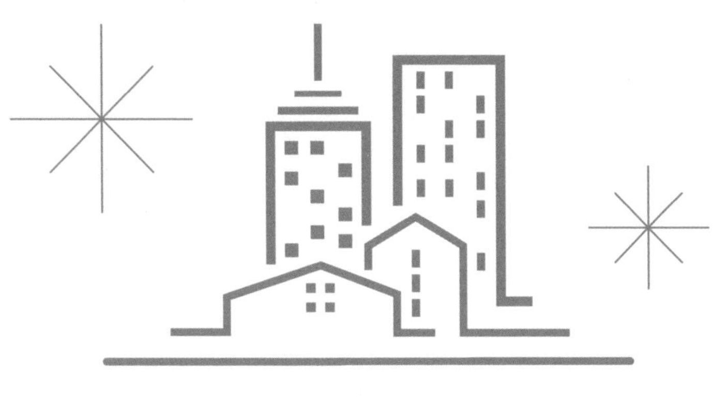

비즈니스북스

왕초보도 바로 돈 버는 부동산 경매의 기술

1판 1쇄 발행 2021년 2월 19일
1판 22쇄 발행 2024년 11월 22일

지은이 | 정민우·유근용
발행인 | 홍영태
편집인 | 김미란
발행처 | (주)비즈니스북스
등 록 | 제2000-000225호(2000년 2월 28일)
주 소 | 03991 서울시 마포구 월드컵북로6길 3 이노베이스빌딩 7층
전 화 | (02)338-9449
팩 스 | (02)338-6543
대표메일 | bb@businessbooks.co.kr
홈페이지 | http://www.businessbooks.co.kr
블로그 | http://blog.naver.com/biz_books
페이스북 | thebizbooks
ISBN 979-11-6254-198-2 03320

* 잘못된 책은 구입하신 서점에서 바꾸어 드립니다.
* 책값은 뒤표지에 있습니다.
* 비즈니스북스에 대한 더 많은 정보가 필요하신 분은 홈페이지를 방문해 주시기 바랍니다.

비즈니스북스는 독자 여러분의 소중한 아이디어와 원고 투고를 기다리고 있습니다.
원고가 있으신 분은 ms1@businessbooks.co.kr로 간단한 개요와 취지, 연락처 등을 보내 주세요.

| 프롤로그 |

부자를 꿈꾼다면 지금 당장 경매를 시작하라!

당신이 이 책을 집어 든 이유는 무엇인가. 내 집 마련? 아니면 재테크? 당신이 그 목표를 이룰 수 있도록 열심히 안내하겠다. 누구나 쉽게 할 수 있다는 말은 절대 과장이 아니다. 다만, 열심히 공부하고 조사하는 수고가 필요하다. 하루 한두 개씩 꾸준히 검색하고 조사하고 입찰한다면, 그 대가는 생각보다 클 것이다.

나는 저축을 해서 부자가 됐다는 소릴 들어본 적이 없다. 통장에 쌓아둔 돈은 오히려 인플레이션이라는 독을 먹고 서서히 죽어간다. 나는 돈의 가치가 하락하는데도 가만히 있어야 한다는 게 가장 두려웠다. 그래서 인플레이션을 헤지할 수 있는 자산 중 부동산에 주목했다. 금이든 부동산이든, 실물자산을 싸게 사는 것만 잘해도 풍족한 생활을 누릴 수 있으리라고 생각했다. 이제 투자한 지 10년이 됐다. 시장의 부침과 정부 정책을 온몸으로 맞으며 나름대로 열심히 투자해왔다.

경매는 절대 고수의 영역이 아니다. 우리 두 저자는 어린 시절 지지리도 어렵게 살았고 재테크는 남의 이야기인 줄로만 알았던 사람들이다. 어려운 유년 시절, 부모님의 이혼, 싸움, 가출 등 평범하지 못한 삶이었다. 그런데 지금은 예전과는 완전히 다른 삶을 살고 있다.

무엇이 우리 삶을 바꿔놓았을까? 바로, 경매와 공매라는 도구다. 이를 통해 흙수저 탈출에 성공했다.

'달천' 정민우 대표는 전세금 1,500만 원으로 시작해 30대에 이미 수십억 자산을 만들었다. 현재 자산관리회사를 운영하며 경매, 신탁공매, 미분양, 대위변제, NPL(Non Performing Loan, 부실채권) 등 부동산 투자와 관련된 모든 기술을 사용해 다양한 종류의 부동산을 다룬다. 전에는 그저 평범한 직장인이었지만, 실전 경험을 바탕으로 한 그의 경매 강의에는 전국에서 수많은 투자자가 모여든다.

'초인 용쌤' 유근용 대표는 부동산 등기권리증이 150개가 넘는다. 이런 자산가가 되기까지 4년이 채 걸리지 않았다. 이제 낙찰받는 것은 일상이자 취미가 됐으며 전국 곳곳에 자신의 명의로 된 부동산이 있다. 1년에 20~30건의 부동산 투자를 하고 있는 법인 대표이자 자타공인 공매 전문가다. '초인'으로 불리는 실행력은 이미 수많은 사람에게 알려져 있다. 한국자산관리공사 등에 출강하고 있으며 전국구 스타 강사로 꼽힌다.

당신은 부동산에 대해 진지하게 알아보거나 실행해본 적이 있는가? 나는 시장이 폭락하길 기다려서 사고 싶은 부동산을 샀다는 사람을 본 적이 없다. 부동산은 수급, 정책, 금리, 심리, 미분양, 환율, 대외 환경, 경기 변동 등 다양한 변수의 영향을 받는다. 따라서 바닥이 어디인지 정확히 예측한다는 것은 우리의 영역이 아니다. 다만 확실한 건, 절대 우리 바람대로 움직이지 않는다는 것이다. 정책을 만드는 정부가 곤혹스러워하는 것도 그 때문이다. 아무리 강력한 대책을 내놓아도 부동산 시장의 움직임은 의도했던 바와 완전히 다른 쪽으로 흐를 수 있다.

내 주위에는 부동산으로 부를 이룬 사람들이 많은데 이들은 지금도 경기에 별 영향을 받지 않고 꾸준한 수익을 올리고 있다. 이유가 무엇일까? 이들은 어설픈 예측에 힘을 쏟기보다 적절한 시점에 실물자산을 싸게 살 수 있는 능력과 실행력을 갖추는 데 집중하기 때문이다. '미래에 어떻게 될 것이다'라는 식의 뜬구름 잡는 얘기에는 관심이 없다. 입을 열기에 앞서 지갑을 연다. 3년 후, 5년 후 어떻게 된다는 식의 예측은 거른다. 그럴 시간이 있다면 물건 하나 더 보고 현장 한 군데 더 다니는 게 낫다고 생각한다.

부자가 되고 싶다면 어설픈 조언에 귀를 닫아라. 흐름을 타고 경험으로 실력자가 되어라. 경험과 기준이 없는 이들은 경기가 나빠진다, 금리가 올라간다 등의 얘기를 들으면 불안해하고 적기에 투자를 하지 못한다. 심지어 잘 가지고 있던 부동산을 급매로 처분하기도 한다. 반대로 시세가 올라가면 마치 부자가 된 것인 양 착각한다. 이렇게 일희일비해서는 투자를 지속하기 어렵다.

우리가 재테크를 하는 이유는 지금보다 나은 삶을 살기 위해서다. 좋은 교통과 학군, 각종 편의시설이 있는 쾌적한 주거 환경에 산다면 분명 삶의 질이 높아진다. 그런 부동산은 장기적으로 물가 상승률 이상으로 가치가 올라가며, 은퇴 후 그 부동산을 통해 받을 수 있는 평생의 연금액도 달라진다. 저축은 자산 증가 속도가 더디다. 다른 방법을 찾아봐야 한다. 약간의 종잣돈으로 안전마진을 확보할 수 있는 경매와 공매가 충분히 그 대안이 될 수 있다.

경매는 채권자에게는 채권회수의 기회를, 채무자에게는 빚을 탕감받는 기회를 선사한다. 한정된 자원이 아니라 지금 이 순간에도 새로운 물건이 계속 나오고 있다. 자본주의 사회를 돌아가게 하는 마르지 않는 샘물이다. 나에게 필요하거나 현 상황과 맞는 부동산을 찾아내 내가 원하는 수익률에 맞춰 입찰하면 되는 게임이다. 운에 기대는 것이 아니라 매입 가격을 내가 정하는 합리적인 게임이다.

우리는 초심으로 돌아가 초보 입장에서 경매 투자에 필요한 지식과 마인드, 실제 사례를 통한 접근법을 이 책에 담고자 했다. 경매는 비단 투자를 하기 위해서만이 아니라 자본주의 사회를 살아가기 위해서도 알아야 한다. 내 재산을 만들고 늘리고 전·월세 보증금을 지키기 위해 반드시 알아야 할 필수 지식이다.

시중에 경매 관련 책이 많지만 대부분 권리분석에 치우쳐 있다. 나는 무엇보다 효율성을 중요하게 여긴다. 30분을 투자한다면 1,000만 원은 남아야 속이 편하다. 실제로 아파트 사건은 검색하는 데 10분, 시세 조사하는 데 10분, 입찰가 산정하는 데 10분이면 충분하다. 단 한 번의 낙찰로도 몇 달 치 월급을 충분히 넘어설 수 있다. 물론 입찰하는 족족 낙찰받으리라는 기대는 하지 않으며, 다양한 부동산에 끊임없이 입찰하고 낙찰받는다. 이를 반복하며 내가 경제적 자유를 이뤘고 수많은 독자와 수강생들이 경매를 알고 나서 삶이 바뀌었다.

실패의 두려움 때문에 부자 될 기회를 놓치고 말 텐가? 아무리 많은 지식을 갖추고 있더라도 실행하지 않으면 늘 그 자리다. 당신에게 필요한 것은 지식보다 실행력이다. 두껍고 어려운 책은 치우자. 지금 당신에게 필요한 것은 열 권의 책이 아니라 한 번의 낙찰 경험이다.

권리분석과 복잡한 용어를 더 공부하고 싶다는 생각이 든다면 아쉽게도 당장 경매 투자에 나서기는 어렵다고 봐야 한다. 경매 투자에서 권리분석이 차지하는 비율은 5% 내외다. 나머지 95%가 입찰하는 부동산의 가치 파악인데, 그 핵심적인 부분을 여기에 담았다.

가슴 뛰는 물건을 찾는 것이 먼저다. 지루하고 재미없는 투자는 작심삼일로 이어진다. 하지만 단돈 몇백만 원이라도 돈을 벌어보면 시간 가는 줄 모르고 경매 사건을 검색하는 자신을 발견하게 될 것이다. 권리분석은 위험을 피하기 위한 최소한의 공부면 족하고 패찰을 하더라도 포기하지 않고 꾸준히 입찰해야 한다. 운이 좋은 사람들도 많지만 대다수는 몇 번씩 도전을 해야 한다. 꾸준히 입찰하다 보면 어느 순간 낙찰이라는 선물을 받게 될 것이다. 특히 경매 투자는 처음 한 번의 낙찰이 어렵지 두 번째부터는 훨씬 쉬워진다는 것을 명심하자.

평생 의심과 두려움 속에서 살아갈지, 삶을 즐기는 승자로서 살아갈지 당신이 정할 수 있다. 공부에 그치지 않고 이 책을 토대로 실행을 하고자 노력한다면, 당신의 현재 삶이 어떻든 지금보다 나아지리라고 확신한다. 투자의 세계는 냉혹하지만 자신의 기준을 분명히 세우고 정진한다면 해내지 못할 일이 없다.

직장 생활은 길어야 20년 남짓이지만, 경험에 의한 투자지식은 평생 써먹을 수 있다. 한 살이라도 젊을 때 많은 투자 경험을 해보라. 절실할수록 더 생생히 경험하게 되고, 그때마다 평생 써먹을 지식이 쌓일 것이다.

이 책이 당신의 투자 마인드를 완전히 바꿔놓았으면 한다. 당신은 편히 읽고 실천만 하면 된다. 최대한 쉽게 쓰려고 애썼다. 이해가 가지 않는 부분이 있다면 몇 번이고 읽어보라. 기회는 준비된 자에게만 온다는 사실을 명심하자. 놓치지 않은 그 기회가 당신에게 편안하고 여유로운 삶을 가져다줄 것이다. 딱 한 번 사는 인생 아닌가. 우리에겐 최고의 인생을 추구하고 누릴 권리가 있다.

달천 정민우

| 부동산 경매를 시작하는 사람들에게 |

공매 전문가가 경매에 뛰어든 이유

2015년, 결혼을 앞두고 우리 부부가 살아갈 집 한 채도 없는 현실에 너무 화가 났다. 매매가와 전세가는 하루가 다르게 치솟았고, 나는 두 달 넘게 부동산중개소를 돌아다니느라 지칠 대로 지쳐 있었다. 아내에게 미안했고 나 자신에게 실망했다. 하지만 넋 놓고 있을 수만은 없었다. 속으로 다짐했다.

'다시는 대한민국 부동산에 휘둘리지 않으리….'

나에게는 집이 각별할 수밖에 없는 사연이 있다. 세 살 때 부모님이 이혼하고 우여곡절 끝에 할머니, 할아버지 손에 자라게 됐다. 초등학교 3학년 때 처음으로 어머니와 함께 살게 됐지만, 집다운 집에서 살았던 기억은 없다. 어머니는 미용 일을 하셨는데 팍팍한 삶은 나아질 기미가 보이지 않았다. 그래서 나는 결혼을 하면 다른 건 몰라도 꼭 번듯한 집에서 살아야겠다고 다짐했다. 하지만 결혼을 앞두고 집을 보러 다니면서 어릴 적 꿈은 산산 조각이 나버렸다.

자신을 되돌아봤다. 이날 이때까지 투자, 부동산, 재테크에 아무런 관심도 두지 않았다는 사실을 깨달았다. 나와 먼 이야기라고 느꼈고 돈이 많아야만 할 수 있다고 생각했다. 그런 분야에 관심이 없었으니 경제적으로 어려운 건 당연한 일이었다. 변해야 했다. 돌파구를 찾아야 했다.

나만의 돌파구는 서점이었다. 서점으로 달려가 부동산과 재테크 관련 책들을 닥치는 대로 읽었다. 신간과 구간 가리지 않고 계속 읽어나갔다. 새로운 세상이었다. 막연하고 어렵게만 느껴지던 일들이 조금씩 분명히 보였다. 그와 함께 두려움도 조금씩 사라졌다.

책을 읽는 것에서 그치지 않았다. 저자들에게 감사 메일을 보냈고 기회가 될 때마다 만나려고 노력했다. 책뿐 아니라 사람을 통해 제대로 배우고 싶었기 때문이다. 노력과 시간이 쌓이자 어느 순간 지식이 쌓이는 게 눈에 보였다. 부동산 투자에서 가장 중요한 건 '발품'이라는 깨달음도 얻었다. 발품불패! '발로 뛰면서 직접 겪어 얻은 정보와 실력은 절대로 헛되지 않다!'라는 원칙이 섰다.

그렇게 노력한 결과 9개월 뒤에 갭 투자를 통해 소형 아파트를 구입할 수 있었다. 2015년 당시는 갭 투자 광풍이 불던 시기로, 새로 나오는 책은 모두 갭 투자와 관련된 것이었다. 갭 투자만 잘하면 금방 경제적 자유를 얻을 수 있을 것만 같았다.

이런 기대감이 무너지기까지 그리 오랜 시간이 걸리지 않았다. 정권이 바뀌면서 본격적으로 부동산 규제가 시작됐다. 하루가 멀다고 규제 또 규제였다. 처음 부동산을 시작했을 때처럼 다시 고민에 빠졌다.

'정부 정책에 심하게 영향을 받는다면 내 소중한 투자금을 상당 부분 날릴 수도 있어. 정부 정책에 영향을 받지 않고 투자를 해나갈 수 있는 방법은 없을까?'

질문을 던지며 새로운 투자 방법을 찾기 위해 고민하고 또 고민했다. 그렇게 토지 공부와 주식 공부를 시작했고, 직장인이다 보니 전자입찰이 가능한 공매 투자에 올인하기로 마음먹었다.

공매는 정말 신세계였다. 컴퓨터와 범용인증서만 있으면 전국 어디서든 간편하게 입찰할 수 있었기 때문이다. 다른 투자 방법보다 경쟁이 덜하고 수익이 높다는 이야기를 듣고 본격적으로 소액 토지 투자를 시작했는데 공매를 만난 건 정말 탁월한 선택이었고 인생의 결정적 순간이었다.

그렇게 1년 넘게 소액 토지 투자에만 빠져 있다가 우연히 달천 정민우 대표님을 알게 됐다. 블로그에 누군가가 내가 출간한 《일독일행 독서법》을 잘 읽었다며 댓글을 달았길래 아이디를 타고 넘어가 보니 정민우 대표님의 블로그였다. 관심사가 온통 재테크뿐이었는데 부동산 경매 투자 강의를 하는 분이 직접 블로그까지 찾아와 준 것이 무척 기쁘고 반가웠다. 블로그 댓글로 소통하다가 어느 날 직접 만나기로 약속을 잡았다. 알고 보니 대표님 사무실이 내가 살고 있는 곳과 10분 거리도 되지 않았다.

그렇게 인연이 시작됐고 지금은 발품불패 카페에서 실전 투자반을 함께 운영하고 있다. 정 대표님(달천)과 나(용쌤)는 같은 듯 다른 스타일을 가지고 있다. 그래서 서로 더욱 끌렸던 것 같다. 일테면 이런 식이다.

- 달천은 경매, 용쌤은 공매
- 달천은 수익형 및 주거용 부동산 투자, 용쌤은 토지 및 건물 신축, 리모델링 그리고 지분 투자

서로 다른 영역에서 활발히 활동하다가 하나로 합쳐지니 그 시너지 효과는 상상 이상이었다. 서로의 수업을 들으며 큰 충격을 받기도 하고 서로 부족한 부분을 채워주며 점점 완전체가 되어가고 있는 느낌이다. 익숙함을 벗어 던지기란 쉬운 일이 아니다. 나 역시 주거용 부동산과 수익형 부동산에도 투자해보고 싶었지만 익숙하지 않다 보니 계속 뒷전으로 밀어놓고 있었다. 하지만 언제까지고 미뤄둘 수만은 없는 노릇이었다. 한 단계 발전하려면 새로운 분야에 도전해야 했다. 큰 용기를 내어 정 대표님에게 이렇게 선언했다.

"형님, 2018년이 끝나기 전에 반드시 주거용 부동산을 낙찰받겠습니다!"

그렇게 다짐한 후 경매로 주거용 부동산을 낙찰받기 위해 부단히 노력했다. 몇 번의 패찰이 이어졌다. 그러다가 2018년 12월 24일 크리스마스이브, 드디어 인천 가정동에 있는 44평 아파트를 낙찰받는 데

성공했다. 2등과는 입찰가에서 700만 원 차이가 났다. 한 해 마지막 날을 불과 일주일 남겨두고 마침내 약속을 지킨 것이다.

한 번의 주거용 부동산 낙찰 경험이 밑거름이 되어 지금은 공매, 경매를 오가며 꾸준히 낙찰받아 수익을 얻고 있다. 새로운 가치를 창출할 수 있는 파이프라인을 또 하나 만든 것이다. 공매에 비해 경매는 물건 개수부터 비교가 되지 않을 만큼 많다. 개수가 많다는 건 그만큼 수익을 낼 기회가 많다는 것이다.

그리고 이 책을 통해 내가 얻은 가르침과 깨달음을 독자에게 전해주어 더 많은 투자자들이 부동산 경매를 보다 쉽게 시작할 수 있기를 바란다. 정 대표님의 경매 이론과 내가 겪은 좌충우돌 경매 투자 에피소드들을 통해 간접 경험과 지식을 모두 얻을 수 있을 것이다.

초인 용쌤 유근용

| 차례 |

제1장

2,000만 원으로 시작하는 세상 쉬운 경매 투자

제2장

핵심만 쏙쏙! 경매에 관해 알아야 할 모든 것

제3장

등기부 볼 줄 몰라도 당장 경매에 도전할 수 있다

제4장

손품, 발품만 열심히 팔아도 1,000만 원 더 번다

제5장

경매의 위험과 기회를 바로 알면 수익률이 달라진다

제6장

제2의 월급을 만드는 임대수익에 도전하자!

제7장

알려지지 않은 새로운 경매·공매의 세계

2,000만 원으로 시작하는 세상 쉬운 경매 투자

2,000만 원만 있어도 부동산 경매는 할 수 있다.

진짜 필요한 것은 돈이 아니라

바로 뛰어들 수 있는 실행력이다.

2021년 매물이 쏟아져 나온다

부동산을 싸게 사는 안전한 방법, 경매

경매를 활용하면 부동산을 시세보다 싸게 살 수 있을까? 그렇다. 물건의 종류나 시기에 따라 다르긴 하지만, 예를 들어 인기 지역의 중소형 아파트라면 경매에 도전하는 것이 훨씬 싸게 사는 방법이다.

현재 부동산 시장은 실수요가 이끌고 있다. 투자 수요가 크게 감소했다는 뜻이다. 시장의 열기를 식히고자 정부가 계속해서 부동산 대책을 내놓았기 때문이다. 정부의 부동산 대책은 일반 매매만이 아니라 경매 시장에도 영향을 미쳤는데, 특히 2020년 7월에 발표한 7·10대책 이후 경매 입찰자가 크게 줄었다. 대출 규제가 강화되고, 취득세·보유세·양도세가 중과되기 때문이다. 이제는 아파트를 살 때, 보유할 때, 팔 때 모두 고율의 세금이 매겨진다. 취득세가 최대 12%에 이르고 양도소득세는 차익의 70% 이상에 달한다.

이런 상황이라 많은 투자자가 조용히 사라졌는데 우리는 이를 오히려 기회로 본다. 경쟁률이 전보다 낮아져 낙찰 가능성이 커졌기 때문이다. 정부의 강력한 규제 정책에 대응하면서 시장의 틈새를 공략할 수 있는 방법이 바로 경매다.

경매의 장점 중 한 가지는 취득가를 내가 정할 수 있다는 것이다. 세금이 오르면 그만큼을 고려한 가격으로 입찰하면 된다. 또한 매도인이 계좌를 주지 않거나 닫아버릴까 봐 전전긍긍할 필요도 없다. 중개수수료를 낼 필요도 없고, 공신력 있는 국가기관인 법원에서 매각을 진행하므로 매매 거래보다 안전하다. 더욱이 경매는 토지 거래 허가나 자금 조달 계획 등의 규제도 받지 않는다.

주목할 만한 또 다른 장점으로는 상품이 다양하다는 것을 꼽을 수 있다. 부동산에는 아파트만 있는 게 아니며, 일테면 토지를 경매로 사서 수익을 올릴 수도 있다. 아파트처럼 원하는 시기에 팔기 어려워서 환금성은 다소 떨어지지만 상대적으로 안전하며 기대 수익도 최소 2~3배로 높다. 이처럼 자신 있게 말할 수 있는 이유는 내가 지금도 경매로 토지, 아파트, 지식산업센터 등 다양한 부동산에 투자하고 있기 때문이다.

경매는 왜 할까?

경매의 본질을 생각해보자. 경매는 한마디로 '파는 것'이다. 돈을 빌린 사람의 부동산을 팔아서 돈을 빌려준 사람에게 돌려주는 제도다.

예를 들어 당신이 3억 원짜리 아파트를 담보로 은행에서 1억 원을 빌렸다고 해보자. 이때 당신은 '채무자'가 되고 은행은 '채권자'가 된다. 당신은 대출 만기일까지 약속한 이자를 꾸준히 내야 하고 만기일에는 빌린 돈 전부를 상환해야 한다. 그런데 이를 지키지 못할 경우 은행은 기한의 이익이 상실됐다는 통지를 한 후 당신의 아파트를 경매에 부친다. 경매가 진행되어 누군가에게 매각(낙찰)되면, 은행은 매각 대금에서 당신에게 빌려준 원금과 이자(정상이자+연체이자)를 법원으로부터 받는다. 이를 '채권을 회수한다'라고 표현한다.

절차와 방법에 차이가 있을 뿐 자본주의 국가라면 어디나 채권회수 제도가 있다. 달리 말해서, 경매제도가 있기에 우리가 은행에서 큰돈을 빌릴 수 있는 것이다. 돈을 빌리고자 하는 사람이 아무리 돈을 많이 벌고 좋은 직업을 가졌다고 해도 부동산 등의 담보물이 없으면 은행은 빌려주지 않는다. 개인만이 아니라 법인에 대해서도 마찬가지다.

은행이 경매를 진행하려면 소송을 거쳐 판결문을 받아야 하는데 이보다 훨씬 쉬운 방법이 있다. 바로 근저당이다. 돈을 빌려줄 때 근저당권을 설정하면 채권회수에 문제가 있을 때 간단한 절차를 거쳐 법원에 신청하는 것만으로 해당 담보물(부동산)의 경매를 진행할 수 있다.

2021년 경매 시장을 주목해야 하는 이유

일반적으로 경기가 좋지 않을수록 부동산 시장도 영향을 받으며 이 시기에 경매 매물이 더 많이 나온다. 반면 경기가 좋거나 시장 상승기에는 경매 매물도 줄어들뿐더러 좋은 매물을 찾기가 어렵다. 굳이 경매라는 절차를 거치지 않더라도 급매로 충분히 처분할 수 있기 때문이다.

그렇다면 현재는 어디에 속할까? 두말할 것도 없이 경매 매물이 쏟아져 나오는 시기다. 코로나19 등 대외 변수를 차치하더라도 역사적인 저금리 추세가 이어지고 있으며 이 추세는 당분간 계속될 것이다. 고금리보다 저금리 시기에 자산 가격의 변동성이 크고, 이는 투자자에게 더 많은 기회를 준다. 이자비용이 그만큼 줄어들기 때문이다. 현재 전 세계적으로 주식, 부동산 등 위험자산에 자금이 몰리는 이유다.

〈그림 1-1〉 경매 진행 중인 사건(2021년 1월 기준)

물건통계 전체보기	재진행(5,592건)	재매각(468건)	신건(1,253건)	유찰(4,682건)
용도통계 전체보기	아파트(2,024건)	주택(516건)	다세대(빌라)(1,621건)	다가구(원룸등)(142건)
	근린주택(158건)	오피스텔(주거)(301건)	도시형생활주택(243건)	빌라형아파트(6건)
	농가주택(9건)	근린시설(62건)	근린상가(11건)	상가(84건)
	공장(370건)	숙박시설(130건)	주유소(18건)	오피스텔(업무)(145건)
	병원(6건)	아파트상가(107건)	창고(44건)	상가(점포)(743건)
	아파트형공장(40건)	목욕탕(1건)	상가(사우나)(17건)	노유자시설(14건)
	장례식장(2건)	대지(395건)	임야(1,286건)	전(1,194건)
	답(918건)	과수원(53건)	잡종지(30건)	공장용지(18건)
	도로(115건)	구거(7건)	유지(8건)	목장용지(12건)
	체육용지(1건)	제방(2건)	하천(10건)	유원지(1건)
	광천지(1건)	창고용지(4건)	축사(25건)	콘도(164건)
	학교(1건)	주차장(5건)	묘지(22건)	광업권(1건)
	어업권(4건)	농가관련시설(30건)	종교시설(18건)	기타(15건)
	염전(2건)	양어장(5건)	승용자동차(282건)	승합자동차(57건)
	화물자동차(132건)	중장비(38건)	차량기타(38건)	덤프트럭(56건)
	선박(61건)	SUV(108건)	상가(주택)(1건)	

출처: 스피드옥션

2021년 1월 현재 경매 매물을 보면 서울, 경기, 인천 등 수도권에서 진행 중인 아파트 경매 매물만 300건이 넘는다. 광역시 중 부산과 광주에서는 각각 157건, 55건의 아파트 경매가 진행 중이다. 특히 코로나19의 영향을 직접 받는 상가 등 수익형 부동산의 경매 매물이 급증했다. 나는 이 많은 경매 매물 중 내 가슴을 뛰게 하고 내 현재 상황에 맞는 물건을 선별해내는 과정이 즐겁다. 그래서 오늘도 망설임 없이 조사하고 입찰하며, 될 때까지 입찰해서 낙찰받는다.

목표 수익률을 정하고 시작하라

시세차익이 크더라도 세금으로 다 나갈 수 있다

부동산으로 얻는 수익은 크게 두 가지로 분류할 수 있다. 첫째는 시세차익이고 둘째는 월세 수입이다.

시세차익을 위한 대표적인 부동산이 아파트인데 실제 월세를 놓아 보면 수익률이 매우 낮다. 심지어 보유 기간의 세금(재산세, 종부세)과 대출 이자, 건강보험료 상승분 등을 고려하면 오히려 손해를 보게 되기도 한다. 그럼에도 많은 사람이 입지 좋은 아파트에 투자하고 싶어 하는데, 그 이유는 상승기에 오르는 폭이 다른 부동산에 비해 크고 하락기가 오더라도 상대적으로 잘 버텨주기 때문이다. 수요가 많아서 환금성도 좋다. 이런 이유로 갭 투자(전세보증금을 레버리지로 활용해 아파트를 사는 방법)가 성행했다. 입주 물량이 많은 지역은 전세가나 매매가 하락의 리스크가 있지만 수요와 공급, 입주 물량, 거래 사례 등을 알고 들어가면 어렵지 않게 수익을 올릴 수 있었다.

이에 현 정부에서는 20여 차례에 걸쳐 부동산 대책을 내놨다. 하지만 원하는 결과를 얻지 못했고, 2020년 들어서는 6·17대책에 이어 7·10대책까지 발표했다. 요지는 취득세, 보유세(재산세, 종합부동산세), 양도세 중과다. 이 대책 이후 아파트 투자자들은 시세차익을 얻더라도 수익의 대부분을 세금으로 징수당하게 됐다.

〈표 1-1〉 7·10대책의 주요 내용

<table>
<tr><th colspan="3" rowspan="2">기존 세율</th><th colspan="4">7·10대책 후 개정세율</th></tr>
<tr><th colspan="2">구분</th><th>비조정지역</th><th>조정지역</th></tr>
<tr><td rowspan="4">개인</td><td>1주택</td><td rowspan="3">주택가액에 따라 1~3%</td><td rowspan="4">개인</td><td>1주택</td><td rowspan="2">주택가액에 따라 1~3%</td><td>주택가액에 따라 1~3%</td></tr>
<tr><td>2주택</td><td>2주택</td><td>8%</td></tr>
<tr><td>3주택</td><td>3주택</td><td>8%</td><td rowspan="2">12%</td></tr>
<tr><td>4주택 이상</td><td>4%</td><td>4주택 이상</td><td>12%</td></tr>
<tr><td colspan="2">법인</td><td>주택가액에 따라 1~3%</td><td colspan="2">법인</td><td colspan="2">12%</td></tr>
</table>

7·10대책 전 취득한 분양권 취득세

- 2019년 12월 3일 계약: 주택가액에 따라 1~3% (2022년 12월 31일까지 취득)
- 2019년 12월 4일~2020년 7월 10일 계약: 주택가액에 따라 1~3%, 4주택 이상 4%

출처: 국토교통부

다주택을 보유한 투자자는 고율의 세금을 피할 방법이 없다. 2주택 이상을 보유한 사람은 취득 단계부터 이전의 몇 배에 달하는 세금을 내야 하며 보유세율도 대폭 상향됐다. 투자의 신이어서 시세차익을 많이 거둔다고 해도 단기에 매도하는 경우이거나 다주택자라면 차익의 대부분(70~80%)을 세금으로 내야 한다. 즉 싸게 사서 비싸게 팔아 차익이 발생하더라도 장부상의 숫자에 불과하다는 얘기다. 특히 정부는 법인 명의로 주거용 부동산에 투자해온 이들에게 철퇴를 가했고, 그 여파로 2020년 4분기부터 법인 명의의 아파트 매물이 많이 나오고 있다.

사전에 목표 수익률을 정해야 그에 맞춰 투자할 수 있다

시세차익형 투자에서는 수익률에 의미를 두고 매입하는 경우가 드물다. 전세를 끼고 샀든 월세를 줬든, 팔 때 차익만 많이 발생하면 되기 때문이다. 그런데 앞으로는 전세 매물이 급감하면서 반전세 또는 월세 시대가 생각보다 빠르게 올 수 있다. 집주인은 임차인에게 세금 상승분을 전가하려 할 것이고 정부는 필사적으로 막으려 할 것이다. 더욱이 민간 공급자들이 당분간 공급을 하지 않을 가능성도 크다.

반면 임대수익형 부동산 투자는 이와 다르다. 애초에 취득 목적이 월세를 받는 것이기 때문이다. 시세차익도 추후 고려 사항이 될 순 있지만 가장 중요한 것은 보유 기간의 수익률이다. 따라서 부동산을 매입하기 전 목표 수익률을 반드시 정해야 한다. 그래야 목표에 맞춰 투자에 나설 수 있다.

예를 들어 당신이 1억 원을 투자해 연 6%의 수익률을 목표로 한다고 해보자. 그러면 오피스텔에 투자하고자 할 때 '월세가 최소 50만 원은 나와야 한다'라고 기준을 세울 수 있다.

1억 원×6%=600만 원

600만 원÷12(개월)=50만 원

왜 수익률에 신경 써야 할까?

현재 서울 역세권 오피스텔 중에는 6% 수익률이 나오는 상품이 없다. 그러면 그냥 포기해야 할까? 아니다. 몇 가지 방법이 있다.

- 수도권 또는 지방으로 눈을 돌린다.

  → 공실률이 높아질 수 있으므로 리스크가 커진다는 단점이 있다.
- 상가, 지식산업센터 등 대체 상품을 찾는다.

  → 주거용에 비해 리스크가 크다.
- 기대 수익률을 낮춘다.

  → 일테면 6%에서 5.5%로. 현실적이지만 욕심을 버리기가 쉽지 않다.
- 경매·공매·급매 등을 활용해 싸게 사려고 노력한다.

  → 다양한 매입 루트가 필요하다.

〈표 1-2〉 부동산 유형별 리스크와 수익률

리스크	부동산 수익률		수익률
HIGH	8% 이상	(지방) 원룸 건물, 렌트하우스	HIGH
↑	6~7%	공장, 지방 상가, 지방 지식산업센터	↑
	5~6%	2층 이상 상가, 수도권 지식산업센터	
	4~5%	서울 지식산업센터, 수도권 오피스텔	
	3~4%	구분(1층) 상가, 도심 오피스텔, 빌라	
LOW	2~3%	아파트, 꼬마 건물, 다가구	LOW
	0~1%	토지	

수익형 부동산, 즉 월세를 받을 수 있는 상품으로 대표적인 것이 상가, 오피스텔, 지식산업센터다. 그중 상가의 수익률이 가장 높고, 그다음이 지식산업센터, 오피스텔 순이다. 수익률이 높다는 것은 그만큼 리스크도 크다는 뜻이고, 반대로 수익률이 낮다는 것은 리스크가 적다고 보면 된다. 예를 들어 서울의 초역세권 오피스텔은 아파트를 대체할 수 있는 투자 상품으로 인기인데, 수익률이 낮은 반면 안전하기 때문이다(나는 원룸 오피스텔보다 아파트를 대체할 수 있는 방 3개 이상의 오피스텔에 경매 투자를 해왔다).

상품별로 수요에서도 차이가 나타난다. 상가는 주로 장사를 하는 개인 또는 개인사업자, 지식산업센터는 주로 법인사업자가 임차인이 된다. 그에 비해 오피스텔은 필요에 따라 주거용과 업무용으로 사용할 수 있으므로 개인, 개인사업자, 법인사업자 누구에게든 임대할 수 있다.

수익률이 높다는 것은 투자금 대비 많은 월세를 받을 수 있다는 뜻이고, 누구나 그런 투자를 꿈꿀 것이다. 그런데 수익률을 계산할 때 흔히 빠지는 함정이 있다. 바로 공실률이다. 투자자들은 대개 1년 내내 월세가 들어온다는 점을 전제로 한다. 하지만 아무리 당장의 수익률이 높아도 1년 중 몇 달이 공실 상태라면 수익률은 크게 낮아질 수밖에 없다. 그래서 너도나도 안전한 상가, 지식산업센터를 찾는 것이다.

코로나19 여파로 2020년 3월 빅컷(big cut, 0.50%p 전격 인하)이 단행돼 기준금리가 1.25%에서 0.75%로 낮아졌다. 이후 불과 2개월 만에 0.5%로 더 떨어져 현재까지 그 수준을 유지하고 있다.

금리가 하락한다는 것은 돈의 가치가 그만큼 떨어진다는 뜻이다. 물론 저축이 중요하고 복리의 마법도 좋다. 하지만 지금 같은 저금리 환

〈그림 1-2〉 역사적인 저금리 시대

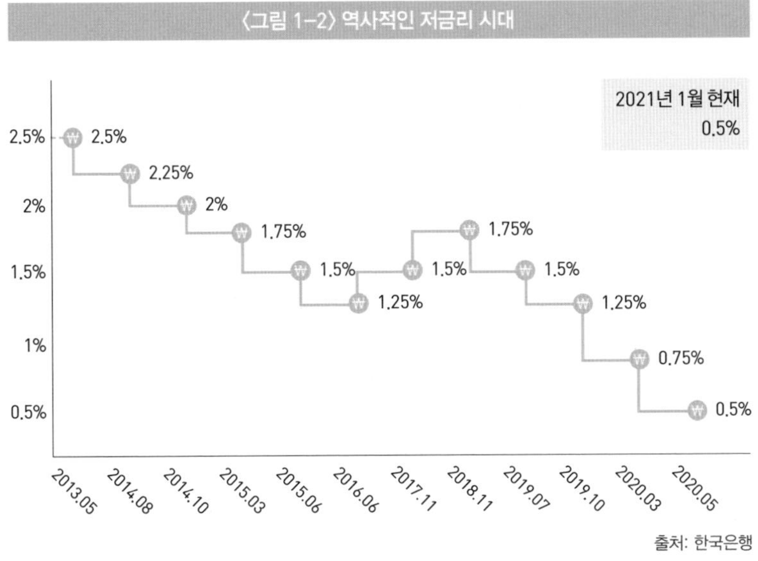

출처: 한국은행

경에서는 복리가 큰 의미를 갖지 못한다. 돈의 가치가 낮아진다는 사실을 간과하고 예금·적금만 고집한다면 부자의 길로 들어서는 건 요원한 일이 될 것이다. 나는 정기예금 금리의 4~5배만 되어도 물건이 괜찮다면 적극적으로 투자를 고려한다. 보유 기간의 월세는 물론 나중에 팔 때 시세차익까지 가져다줄 부동산을 선별하기 위해 노력한다.

실투자금 계산하기

낙찰대금 외에 크게 들어가는 돈이 취득세다. 똑같은 5억 원에 집을 산다고 하더라도 누구는 550만 원을 내면 되지만 누구는 6,000만 원 이상을 내야 한다. 취득세는 부동산 거래 금액과 개인·법인, 면적, 주택 수 등에 따라 최저 1.1%에서 최고 13.2%(다주택자)까지 차이가 크다.

오피스텔은 '주택 외 매매'로 크기나 가격과 상관없이 4.6%로 보면 된다. 취득세 외에도 추가 비용이 있다. 등기비용, 명도비용, 이자비용 등이다.

실투자금을 계산할 때는 대출 가능 금액을 알아야 한다. 이 금액은 입찰 전에는 개략적으로 알 수 있으며 소득자료, 신용상태, 기존 대출

〈표 1-3〉 부동산 취득세율(2021년 3월 기준)

구분		취득세	농어촌특별세	지방교육세	합계 세율
6억 이하 주택	85㎡ 이하	1%	비과세	0.1%	**1.1%**
	85㎡ 초과	1%	0.2%	0.1%	**1.3%**
6억 초과 9억 이하 주택	85㎡ 이하	2%	비과세	0.2%	**2.2%**
	85㎡ 초과	2%	0.2%	0.2%	**2.4%**
9억 초과 주택	85㎡ 이하	3%	비과세	0.3%	**3.3%**
	85㎡ 초과	3%	0.2%	0.3%	**3.5%**
주택 외 매매(토지, 건물 등)		4%	0.2%	0.4%	**4.6%**
원시취득, 상속(농지 외)		2.8%	0.2%	0.16%	3.16%
무상취득(증여)		3.5%	0.2%	0.3%	4%

출처: 국토교통부

〈표 1-4〉 실투자금을 파악할 때 고려해야 할 비용

등기비용	낙찰가의 0.2% 내외
명도비용	평당 10만~20만 원(전용 면적 기준)
이자비용	약 2개월의 대출이자 (잔금 납부일부터 명도 혹은 세입자 입주일까지의 평균 소요 기간)
실투자금	낙찰가+취득세+등기비용+명도비용+이자비용-대출-임대보증금

등의 자료를 더하면 보다 정확해진다. 또한 실거주 여부, 레버리지 비율, 전세 또는 월세 중 어떤 방식으로 세팅할 것인지에 따라서도 실투자금이 달라진다. 실투자금을 구하는 공식은 다음과 같다.

실투자금 = 낙찰가 + 취득세 + 각종 비용(등기비용, 명도비용, 이자비용)
−대출−임대보증금(또는 임대보증금과 월세)

돈에 맞는 물건을 찾지 말고 물건에 돈을 맞춰라

2,000만 원이면 당장 경매 시작할 수 있다

경매 투자에 필요한 종잣돈은 의외로 크지 않다. 입찰보증금에 약간의 부대비용을 감당할 수 있는 수준이면 된다. 나는 그 액수를 2,000만 원으로 보고 있다. 너무 적은 것 아니냐고? 뒤에서 실제 내 사례를 들려줄 테니 참고하시라.

만약 통장에 2,000만 원이 있다면 어떤 부동산을 사고 싶은가? 당신이 부동산 초보라면 오래된 빌라나 소형 오피스텔, 지방 읍면 단위의 변두리 아파트 또는 아주 싸게 나온 상가 등을 볼 것이다. 가진 돈

안에서 안전하게 입찰할 수 있는 물건을 찾을 것이기 때문이다.

하지만 부동산 고수는 절대 그렇게 하지 않는다. 2억 원대 또는 그 이상의 물건을 본다. 돈에 맞는 물건을 찾는 게 아니라 마음에 드는 물건에 돈을 맞추는 것이다. 부동산은 대출을 활용할 수 있는 상품이니 말이다.

처음부터 큰돈을 싸 들고 투자에 나서는 사람은 드물다. 나 역시 돈이 없었음에도 언제나 물건에 돈을 맞춰왔다. 통장에 3,000만 원이 있을 때 감정가 4억 원이 넘는 지식산업센터에 입찰해서 낙찰을 받았고(대출 약 85%), 700만 원이 있을 때도 감정가 10억 원 내외의 수익형 부동산을 봤다. 월세를 받다가 매각하여 투자금을 회수하고, 이를 밑천으로 조금 더 큰 물건을 낙찰받아 파이를 키우는 방식으로 다소 공격적인 투자를 이어왔다.

이렇게 얘기하면 '대출 비율이 너무 높은데 위험하지 않을까?' 하는 생각이 들 것이다. 하지만 나는 투자자의 입장에서 이것이 오히려 안전하다고 여긴다. 내게 가장 큰 리스크는 가만히 있는 것이다. 앞서도 말했듯이 돈은 가만히 있으면 인플레이션 효과로 가치가 점점 떨어지기 때문이다.

나는 통장에 잔고가 없을 때도 가슴을 뛰게 하는 경매 물건을 찾기 위해 수시로 경매 사이트에 접속한다. 그렇게 해서 좋은 물건을 발견하면 레버리지를 최대한 활용한다. 마이너스 통장과 신용대출은 기본이고 사업자 대출을 받거나 내가 가지고 있는 부동산을 담보로 추가 대출을 받기도 한다. 또는 2년마다 오르는 전세보증금을 활용하거나 현재 월세가 나오는 부동산을 전세로 돌려 투자금을 마련하기도 한다. 그래도 투자금이 부족할 때는 함께 투자하는 지인들과 가족, 친구들을 설득해서 차용증을 써주고 돈을 빌린다(이쯤 되면 미쳤구나 싶을 것이다). 물론 언제까지 갚겠다는 약속을 하고, 반드시 지킨다. 그 기간의 이자까지 착실히 쳐서 말이다.

당장 투자하지 못하는 이유를 대라면 열 가지도 댈 수 있다. 하지만 나는 안 되는 이유를 어떻게든 해결하는 방향으로 행동했다. 수중에 돈이 부족하다는 것이 나의 경매 입찰 의지를 꺾지는 못한 것이다.

그리고 지금까지 꽤 좋은 성과를 거뒀다. 언제나 시세보다 싸게 매입했기에 내가 원할 때 수월하게 매도할 수 있었다. 수익이 큰 만큼 세금도 많이 냈고, 무엇보다 신용을 철저히 지켰기에 오늘에 이르렀다. 그렇게 신뢰를 쌓아가며 성실히 투자했기에 시간이 지날수록 큰 물건에도 도전할 수 있었고 많은 경험을 쌓아 지금은 하고 싶은 일을 하며 살 수 있게 됐다.

이런 말을 들으면 무슨 생각이 드는가?

'대출을 최대한으로 받으라고? 제정신으로 하는 소리인가? 그렇게 공격적으로 하다가는 언젠가 탈이 나고 말 거야.'

이런 말들이 들려오는 듯하다. 나는 이 책에서 '괜찮아요'라거나 (밑도 끝도 없이) '당신을 응원합니다'라거나 '당신 탓이 아니에요' 같은 말을 해줄 생각은 없다. 또한 그런 생각을 하는 사람까지 변화시킬 자신은 없다. 나는 단지 쪼들리며 사는 것을 원치 않을 뿐이다.

고정관념의 틀을 깬다는 것, 누가 뭐라 하든 자신의 결정을 믿고 끝까지 밀어붙인다는 것이 말처럼 쉬운 일은 아니다. 나 역시 밤잠을 설친 날도 많고, 정보만 실컷 제공해주고 좋은 물건을 빼앗긴 적도 있다. 하지만 모두 돈으로 살 수 없는 소중한 경험이다. 최소 수천만 원에서 수억 원, 때로는 수십억 원 상당의 부동산에 입찰하기 위해서는 최선을 다해 조사해야 하는데 경험이 큰 역할을 하기 때문이다. 내 돈이 들어가면 놀라울 정도로 집중력이 살아나고 시각이 보수적으로 변한다. 벌지 못하는 건 참을 수 있어도 잃는 것은 용납할 수 없다. 그게 사람의 본성이다.

경험이라는 소중한 자산

수중에 돈이 있든 없든, 나는 부동산 매도 계약을 하면 잔금을 받기도 전에 다른 경매 투자 건을 찾아본다. 그래야 더 많은 기회와 마주할 수 있고 돈이 쉬지 않고 일하게 할 수 있기 때문이다. 가슴 뛰는 부동산을 발견했지만 입찰보증금이 없거나 계약할 돈이 없을 때 얼마나 마음이 아픈지 모른다.

돌이켜보니 나는 낙찰받은 물건을 오랫동안 보유하지 못했다. 자금을 회전시켜야 했던 데다 다소 급한 성격 탓에 기다리지 못하고 던지는 경우가 많았다. 이는 수익률에 매우 좋지 않은 영향을 미쳤는데 단기 매도는 높은 세율의 양도세를 내야 하기 때문이다.

현재 최고 양도세율(조정 대상 지역 3주택자)은 82.5%다. 소득세 최고세율 45%에 30% 추가 과세가 적용되며, 여기에 지방소득세(전체 세율의 10%, 즉 여기서는 7.5%)가 추가되기 때문이다. 단기 매매의 경우도 지방소득세 포함 최대 77%에 이른다(2021년 6월 1일부터 적용).

만약 투자를 잘해서 1억 원이 남았다면 8,000만 원을, 10억 원이 남았다면 8억 원을 세금으로 내야 한다는 뜻이다. 이쯤 되면 정상이 아닌 세금이다. 빨리 팔아 시세 상승분을 누리지 못하고 세금만 왕창 내온 터라 자산은 한동안 불어나지 않았다.

이것도 경험이다. 책을 통해 얻은 것이 아니라 뼛속 깊이 각인된 살아 있는 경험이다. 내가 투자를 하는 데 가장 소중한 가치로 삼는 게 바로 돈보다 경험이다. 입찰 대상에 포커스를 맞추고 어떻게든 낙찰받으려 노력하고, 물건에 돈을 맞추려고 이리저리 뛰다 보면 자연스레 경험이 늘어난다. 그 과정에서 나는 아파트부터 빌라, 오피스텔, 지식산업센터, 공장, 모텔, 토지까지 거의 모든 종류의 부동산을 다룰 수 있었다.

금수저가 아닌 이상 늘 투자할 돈이 부족한 것은 누구나 마찬가지고, 정부 정책이나 대출 규제 역시 당신에게만 적용되는 게 아니다. 같은 조건에서 성과를 내는 사람과 포기하는 사람의 차이는 단순하다. 리스크가 없어야 하고 원하는 조건이 모두 갖춰져야 움직이는 사람과 현재 상황에서 최선의 결정으로 경험을 쌓고 자산을 늘리는 데 집중하는 사람은 시간이 지날수록 다른 삶을 살게 된다.

잘 아는 동네부터 관심 가져라

당신이 부동산 투자에서 왕초보라면 한쪽으로 치우친 기사나 언론, 유튜브 영상 등 남의 말에 흔들릴 것이다. 그러다 보면 교통 호재나 개발 정보 등 한두 가지 이슈에 꽂혀서 투자하기 쉽다. 이런 위험에 빠지지 않으려면 회사나 집 인근 등 자신이 잘 아는 지역에서 출발하는 것이 좋다.

첫째, 누구나 아는 호재에 휘둘리지 않는다

간혹가다 서민들 가슴을 울렁이게 하는 부동산 관련 이슈들이 등장한다. '○○ 지역에 개발 호재가 있다'라거나 '현 정부의 대북 친화정책으로 파주 지역 땅이 좋다'라거나 하는 것들이다. 찾아보니 진짜 올랐다. '와, 이거 대박이다. 나도 사고 싶다!' 하는 생각이 대번에 든다. 그런데 그게 나만 아는 정보일까? 이미 너도나도 뛰어들었기에 가격이 올라간 거다. 모두가 아는 곳, 잘 알려진 곳에 투자하는 것은 대개 리스크가 크다.

둘째, 아무리 싸도 상가는 쳐다보지 않는다

시작은 부담이 없는 게 좋다. 초보일수록 아파트, 빌라, 오피스텔, 지식산업센터로 투자 종목을 한정하길 권한다. 처음 투자하는 거라면 그중에서도 아파트를 추천한다. 다만 소액 투자를 원하거나 시세를 잘 아는 지역이라면 빌라나 오피스텔, 지식산업센터도 괜찮다. 상가는 모든 부동산 상품 중에서 가장 위험하다. 지인 중 상가 투자만 10년 이상 하신 분이 있는데 그렇게 오래 했음에도 여전히 어렵다고 한다. 그만큼 리스크와 변동성이 큰 게 상가 투자다.

셋째, 잘 모르는 지역은 입찰하지 않는다

초보일수록 잘 모르는 지역은 피할 필요가 있다. 감정가 10억 원의 부동산이 몇 번 유찰돼 5억 원 이하로 내려가면 많은 경매 초보자가 관심을 가지고 본다. 그저 시세보다 많이 떨어졌다는 이유로 말이다. 하지만 초보자가 단꿈에 빠질 수 있는 시간은 그리 길지 않다. 단언컨대 초보자가 여러 번 유찰된 경매 물건을 낙찰받을 확률은 거의 없다. 낙찰 경험을 한두 번 쌓을 때까지는 먼 곳보다 친근하거나 잘 아는 지역에서 시작하자. 섹터는 그 뒤에 늘려도 충분하다. 관심을 꾸준히 가지지 않아서 그렇지 직장이나 집 근처에서만 찾아도 물건은 차고 넘칠 것이다. 투자는 단순해야 한다. 어려울수록, 잘 모를수록 그리고 거리가 멀수록 리스크는 커진다. 퇴근길에 들를 수 있을 정도면 더 좋다. 자신이 잘 아는 동네부터 투자해서 범위를 넓혀 나가자.

경험이 쌓이고 자신 있는 지역이 늘어날수록 운신의 폭도 커지고 투자가 조금씩 쉬워질 것이다. 성공한 투자자들을 보면 대부분이 처음부터 무리하게 투자하지 않았으며 물건 종류와 매입 루트를 천천히 늘려갔다. 처음부터 대박을 노리면 타석에 섰을 때 힘만 잔뜩 들어가고 결국 삼진 아웃을 당하게 된다.

부동산 투자에서는 '소박'만 쌓여도 '중박'이 되고, 시간이 흘러 중박이 계속 쌓이면 '대박'이 된다. 투자는 한 방이라는 생각은 애초에 하지 말자. 욕심을 버리고 꾸준히 하는 게 투자다. 나도 아파트부터 시작해서 오피스텔, 빌라, 지식산업센터, 상가, 모텔, 공장 등으로 범위를 넓혀왔다. 누구도 내게 제대로 가르쳐준 적이 없고 기대도 하지 않았다. 온전한 경험으로 실무 지식을 쌓은 덕에 투자에 대한 나만의 기준을 세울 수 있었다.

물론 한두 번의 성공 투자로 멋진 삶을 사는 사람들도 있다. 하지만 그 한두 번의 기회를 잡기 위해 진중하게 웅크려 기회를 노려왔다는 사실에 주목하는 사람은 많지 않은 것 같다. 그저 운이 좋았다고 치부하는 게 속이 편할 테니 말이다.

정책 변화, 외부 충격, 금리 변화 등 투자 환경은 언제든 바뀔 수 있다. 따라서 한 가지 투자 방법에만 매몰되면 위기가 왔을 때 적절히 대응하기 어렵다. 유연한 사고와 다양한 경험을 쌓기 위한 노력을 멈추지 말자. 돈은 벌거나 잃을 수 있지만, 건강과 경험은 온전히 당신의 재산이 된다.

리스크는 기회와 동의어다

아주 간단한 절세의 기술

5월 1일은 근로자의 날이다. 징검다리 연휴로 대부분 휴가를 떠나거나 놀러 가기 바쁘다. 나는 이날 법원으로 향했다. 서울의 한 아파트에 입찰하기 위해서다. 관공서와 회사들은 쉬지만 법원은 휴무일이 아니다. 법원에 따라 입찰을 진행하는 곳도 많다.

나는 7명의 입찰가 중 최고가인 5억 640만 원을 써내 낙찰받았다. 서울 목동 소재의 소규모 단지 아파트지만 투자가치가 충분하다고 판단했다. 정남향에 관리가 잘되어 있었고, 방 3개와 화장실 2개라는 구

〈그림 1-3〉 아파트 경매 정보 예

소재지	(07975) 서울특별시 양천구 [도로명] 서울특별시 양천구				
용도	아파트	채권자	우OOO	감정가	558,000,000원
대지권	35.0683㎡ (10.61평)	채무자	오OO	최저가	(80%) 446,400,000원
전용면적	84.1969㎡ (25.47평)	소유자	오OO	보증금	(10%)44,640,000원
사건접수	2018-09-21	매각대상	토지/건물일괄매각	청구금액	369,675,381원
입찰방법	기일입찰	배당종기일	2019-01-17	개시결정	2018-09-21

기일현황

회차	매각기일	최저매각금액	결과
신건	2019-04-02	558,000,000원	유찰
2차	2019-05-01	446,400,000원	매각
/입찰7명/낙찰506,400,000원(91%)			
	2019-05-08	매각결정기일	허가
	2019-06-14	대금지급기한 납부 (2019.06.10)	납부
	2019-07-16	배당기일	완료

출처: 스피드옥션

조도 좋았다.

명도 협의도 쉽게 마쳤다. 전 소유자는 사업을 하는 분이었는데 강화도에 이사 갈 아파트를 마련해두고 있었다. 나는 집을 빨리 비워주는 게 고마워 이사비용을 나름대로 넉넉히 챙겨드렸다.

명도 협의를 빠르게 마쳤으니 잔금도 빨리 치르고 바로 전세를 놓아 투자금을 회수할 수 있었지만, 나는 6월 2일에 잔금을 납부했다. 여기엔 두 가지 이유가 있다. 첫째는 바로 매도할 것이 아니기에 인테리어를 새로 하면 전세보증금을 그 비용 이상 충분히 받을 수 있다고 생각해서다. 그리고 두 번째 이유는 부동산 세금(재산세, 종합부동산세) 부과 기준일이 6월 1일이기 때문이다.

6월 2일에 잔금을 치렀기에 이 아파트에 대해서는 1년간 재산세와 종부세를 절약할 수 있었다. 그 덕에 수백만 원을 더 벌었다. 잔금 지급 후 6개월이 지난 시점에 1억 원 이상 상승하더니 2021년 1월 현재는 실거래가 기준으로 4억 원 이상 올랐다. 애초에 싸게 산 데다 시세 상승까지 더해진 결과다.

취득세 및 인테리어비용까지 5억 4,000만 원이 들어갔는데 1년 반이 지났을 때 전세 시세가 5억 원이 됐고, 현재는 6억 원까지 올랐다. 서울 요지의 34평 아파트를 4,000만 원으로 세팅한 것이다. 현재 기준으로 최저가 매물은 10억 원이다.

5,000만 원으로 5억 아파트를 낙찰받다

서울 아파트는 대출 한도가 40%다. 약 5억 원에 낙찰받았으니 매입가 기준으로 2억 원을 대출받을 수 있다. 따라서 적어도 3억 원은 있어야 입찰이 가능하단 계산이 나온다.

대출 가능 금액 = 5억 원 × 40% = 2억 원

나만 그런 게 아니라 통장에 수억 원씩 쌓아놓고 사는 사람은 생각보다 많지 않다. 그런데도 왜 경매 시장에는 입찰하는 사람들이 넘쳐날까?

투자의 개념으로 본다면 얼마든지 가능하다. 내가 이 아파트 사건에 입찰할 때 통장 잔고는 5,000만 원이 채 되지 않았다. 겨우 입찰보증금 정도를 가지고 있었던 셈이다. 그런데 어떻게 자신 있게 입찰해서 낙찰까지 받을 수 있었을까?

이유는 확신과 전세가다. 최소 1억 원 이상의 차익은 얻을 수 있다는 확신이 있었고 전세 시세가 4억 7,000만 원 내외였다. 높은 이자율의 대출을 받더라도 어떻게든 잔금을 치르고 전세를 주면 처음 전세를 놓을 때까지는 이자비용이 부담되겠지만, 전세를 놓으면 실투자금은 5,000만 원 이내가 된다고 판단했다. 전세가는 그 아파트의 사용가치이므로 매매가보다 비교적 정확하다.

대출이자를 아까워하지 말자

부동산은 다른 재화에 비해 고가의 상품이다. 그러니 대출에 대한 생각과 대출을 받는 스킬이 중요하다는 것은 아무리 강조해도 지나치지 않다. 대출 한도는 당신의 신용상태를 참고하므로 당신을 평가한 지표이기도 하다.

앞으로 투자를 오래 하고 싶다면 대출은 은행에서만 받을 수 있다는 고정관념부터 깨길 바란다. 나는 필요에 따라 내가 낙찰받은 부동산을 담보로 90% 이상의 대출을 받기도 했다. 지식산업센터, 모텔 등 상업용 부동산은 80% 이상 대출받는 게 예사다.

하지만 아파트, 빌라 등 주거용 상품은 정부의 강도 높은 대출 규제를 받는다. 가끔은 제도권 금융기관이 아닌 곳에서도 대출을 받는데 이자율이 6~12%에 달하기도 한다. 은행 이자보다 엄청나게 높다.

여기서 반응이 엇갈릴 것 같다.

'그렇게 높은 이자를 부담해야 한다고? 그러다 잘못되면?'

대부분 두려움 때문에 투자에 나서지 못한다. 하지만 나는 행동하는 편이다. 내 투자에 대한 확신이 있다면 두려움보다 해보자는 생각이 훨씬 크다. 이자 부담은 최대 몇 달만 이겨내면 된다. 전세금을 받아 대출금을 전액 상환할 것이기 때문이다. 이럴 때는 금리의 높고 낮음보다 중도상환 수수료가 더 중요한 체크 사항이 된다.

한번 생각해보라. 1억 원 이상 벌 수 있다는 확신이 있는데 이자 1,000만 원 더 주는 게 뭐 아깝겠는가.

이렇게 하라는 게 절대 아니며, 옳다 그르다의 문제도 아니다. 생각의 차이다. 많은 사람이 투자할 대상은 많은데 통장 잔고는 늘 부족하다고 한탄한다. 한 번의 투자를 마무리하는 데 4년이 걸린다면 4년 동안 꼼짝없이 멈춰 있어야 할까? 그렇지 않다. 나는 돈이 없을수록 더 자주 움직여야 한다고 생각한다. 생각이 멈춰 있으면 돈도 멈추게 되고, 돈이 멈추면 자산 증식도 멈춘다. 자본주의 사회에서는 돈을 찍어내는 것도 중요하지만 찍어낸 돈이 잘 도는 게 더 중요하다.

부자는 훨씬 유리하다. 돈이 많으니 대출 규제를 신경 쓰지 않아도 되기 때문이다. 좋은 부동산 매물을 발견하면 그냥 현금으로 사면 된다. 하지만 나처럼 대다수의 사람은 억 단위의 부동산을 사기에는 자금이 늘 부족하다.

나는 1억 원 벌어 이자 1,000만 원 더 내고 10억 원 벌어 이자 1억 원 내는 것을 아까워하지 않는다. 이래서 어렵고 저래서 안 되고, 리스크가 조금이라도 있으면 움직이지 못하는 사람들이 많다. 불확실성을 싫어하고 손실을 두려워하는 것은 인간의 본성이다. 그러니 100% 안전한 투자를 하고 싶어 하는 심정도 충분히 이해한다. 그런데 바로 그 덕에 약간의 리스크를 감수하는 이들이 기회를 얻는다.

당신이 망설이다 기회를 놓치거나 투자를 실행하지 못하는 건 높은 금리 때문이 아닐 것이다. 자신과 투자 대상에 대한 확신이 부족하기 때문이다. 그러면 다른 사람의 말에 휘둘리기 쉽다. 당신이 가지고 싶은, 투자하려는 대상이 무엇인가? 아파트? 지식산업센터? 뭐가 됐든 그것 하나를 깊이 파고들어 확신을 가져야 한다. 혼자 하기 어렵다면 좋은 멘토를 만나는 데 온 힘을 쏟으시라. 마음먹기에 따라 양질의 블로그 글, 유튜브 영상, 좋은 칼럼 등을 공짜로 볼 수 있는 시대다. 내가 원하는 상품의 전문가들과 소통할 수 있는 채널 역시 다양해졌다. 긍정적인 투자 마인드와 강한 정신력을 유지하기 위해 부단히 노력하라.

레버리지 활용도 실력이다

모든 부동산의 대출이 막힌 건 아니다

고정 소득이 있음에도 대출받는 것을 두려워하는 사람들이 많다. 종잣돈도 없고 대출도 싫다면 무슨 돈으로 투자할 수 있다는 말인가? 우리는 어린 시절부터 빚은 무서운 것이고 저축만이 살길이라고 교육받았다. 성실하게 아껴 써야 하고 남의 돈을 쓰는 것은 멀리하는 게 좋다고 배웠다. 하지만 시대가 달라졌다. 보통의 재주를 가진 사람이 그렇게 열심히만 살다가는 경제적 자유는 고사하고 노인이 되어서도 일을 해야 할 확률이 높다. 나이를 먹을수록 의료비 지출이 늘어날 것이고, 물가와 세금이 현재 소득보다 커지기 마련이다.

아직도 감을 잡지 못했는가? 실물자산으로 최대한 인플레이션을 헤지해야 한다. 그래야 다음 기회가 있다.

부동산은 자산 중 가장 안정적이고 비싼 재화다. 타고난 금수저이거나 월 소득이 크게 높지 않다면 대출을 받아 사는 게 정상이다. 자금이 부족하면 아무리 좋은 부동산을 발견해도 살 수 없다. 그래서 돈이 돈을 번다는 말이 나오는 것이다.

정부에서도 무조건 모든 부동산 상품에 대출 규제를 가하는 게 아니다. 현재 정부에서 강력한 대출 규제를 하는 부동산은 정확히 말해 주거용 상품이다. 내가 최근 낙찰받은 물건 중에서 상가는 80%, 지식산업센터는 85%의 대출을 받았다. 적용받은 금리는 2.5~2.9%였다.

좋은 대출 vs. 나쁜 대출

은행도 바보가 아니다. 최소 억 단위의 큰돈을 빌려줄 때는 사전에 담보가치와 대출 신청자의 소득 및 신용상태를 본다. 신용등급이 최소 4~5등급 이내에는 들어야 1금융권(시중은행)에서 대출을 받을 수 있다. 등급 기준은 연체 이력 여부, 기존 대출, 소득과 재산에 비해 빚은 적정한지 등을 종합적으로 고려해 수치화한다.

대출은 크게 포지티브 론(positive loan)과 네거티브 론(negative loan)으로 나눌 수 있다. 사는 순간부터 감가되는 물건이나 사치품 등을 구입할 목적으로 돈을 빌리는 것은 네거티브 론이고 가난의 지름길이다. 반대로 자산으로서 가치가 있는 상품의 구입, 배움, 사업의 확장, 내 집 마련 등을 위해 돈을 빌리는 것은 포지티브 론이다.

우리는 신용 사회를 살아가고 있다. 당신의 신용상태가 수익률에 영향을 미친다. 대출 한도와 금리에 직접적인 영향을 주는 것이다. 만일 당신이 2.5% 이자율로 돈을 빌려 5%의 수익을 얻을 수 있다면 이것은 아주 좋은 대출이다. 이런 일들이 한두 개씩 모여 당신을 경제적 자유로 이끌어준다. 그러니 증빙 가능한 소득과 몸값을 높이기 위해 애쓰는 게 좋다. 소득이 높을수록 레버리지를 크게 활용할 수 있고 조건이 좋아지니 투자가 더 쉬워진다.

대출 자체가 나쁜 게 아니다. 대출 한도와 금리는 자본주의 사회에서 당신을 평가한 증거 중 하나다. 그러니 신용을 목숨처럼 여겨야 한다. 잘 빌리고 잘 갚으면 신용등급도 좋아진다.

주식은 노 레버리지, 부동산은 풀 레버리지

나는 그동안 능력 이상으로 무리하게 대출을 활용해왔음을 고백한다. 그만큼 절박했고 확신이 있었기에 가능한 일이었다. 내가 생각하는 가장 큰 위험은 대출 금액 자체가 아니라 아무것도 하지 않는 것이다. 현재의 부자들은 여러 금융기관과 거래처, 사람들과 좋은 신용상태를 오랫동안 유지해온 이들이다. 그래서 필요할 때 최적의 조건으로 원하는 만큼 돈을 빌릴 수 있다. 부자들도 단위만 다를 뿐 물건만 좋다면 어떻게든 더 낮은 이자율에 대출을 받으려고 온갖 노력을 아끼지 않는다.

나는 부동산뿐 아니라 주식과 채권 등에도 투자하고 있는데 개인적인 생각은 이렇다.

'주식은 노(no) 레버리지, 부동산은 풀(full) 레버리지!'

주식만큼은 절대 레버리지를 사용하지 않는다. 부동산보다 상대적으로 변동성이 커서 개인이 대응하기가 너무나 어렵기 때문이다. 종일 쳐다볼 수도 없는 노릇이고 일개 개인이 기관과 외국인을 상대하기엔 역부족이란 생각이 든다. 그렇다면 그저 좋은 주식을 사놓고 기다리는 수밖에 없다. 사고팔기를 반복함으로써 거래세와 세금만 내는, 별 볼 일 없는 투자를 하지 않으려면 어쩔 수 없는 일이다. 좋은 주식은 시간이라는 양분을 먹고 자란다. 그에 비해 부동산은 레버리지를 극대화할 때 좋은 결과를 가져다주는 경우가 많다.

돈 되는 꿀팁

대출 가능 금액은 어떻게 정해질까?

대출 자체를 싫어하는 사람이 많다. 하지만 최소한의 자본으로 최대한의 결과를 내기 위해서 대출은 필수다. 나는 한 건의 투자를 위한 통장 잔고가 충분하더라도 대출을 최대한 받는다. 투자는 한 번 하고 팔 때까지 멈춰 있는 게 아니라 평생 해야 하는 것이기 때문이다. 여러 건을 경험하기 위해서라도 대출은 필수다.

대출 가능 금액은 낙찰 후 낙찰자의 소득자료를 제출해야 정확히 나오지만 대출 한도를 어느 정도는 알아야 자금 계획을 세울 수 있다.

경매에서 대출 금액에 영향을 미치는 조건을 알아보자.

〈표 1-5〉 조정 대상 지역의 시가별 LTV와 DTI 수준

구분		조정 대상 지역	
		LTV	DTI
시가 9억 원 이하	서민 실수요자	60%	60%
	무주택 세대	50%	50%
	1주택 세대	0%	–
	1주택 세대 예외	50%	50%
	2주택 이상 세대	0%	–
시가 9억 원 초과	원칙	0%	–
	예외: 9억 원 이하분	50%	50%
	예외: 9억 원 초과분	50%	
시가 15억 원 초과	초고가주택	50% / 30% (9억 원 이하분/9억 원 초과분)	–

출처: 국토교통부

- 낙찰자의 신용도: 신용이 낮으면 금리가 올라간다. 반대로, 신용이 높으면 당연히 금리가 내려간다.
- 낙찰자의 직업: 비슷한 연수입이라도 자영업자보다 고정적인 소득이 있는 직장인의 대출 조건이 유리하다.
- 낙찰자의 기존 대출 여부: 소득 대비 부채가 차지하는 비중을 나타내는 총부채상환비율(DTI), 부채원리금상환비율(DSR) 등을 계산해서 기존 대출이 많으면 대출 한도가 줄어들거나 대출이 거절될 수 있다.
- 입찰 대상 물건의 종류: 아파트는 제공되는 시세가 비교적 정확해 대

출을 받는 데에도 무리가 없지만, 빌라는 담보가치에 비해 대출액이 적게 나올 수 있다.

- 감정가 이상 낙찰일 경우: 감정가 이상 과도한 금액으로 낙찰받은 경우에는 낙찰가 기준으로 대출이 나오지 않는다. 금융기관의 자체 감정을 통해 대출 가능 금액을 산출한다.
- 보유 부동산 현황: 무주택인지 1주택 이상인지 등에 따라 주택담보대출비율(LTV)이 달라지고 대출이 거절되기도 한다.

대출 한도는 개인의 소득, 신용, 기존 대출 금액 등에 따라 달라진다. 부동산 정책이 자주 바뀌기에 정책적인 리스크도 있다.

법원에 가면 대출 상담사들이 경매법정 밖에서 명함을 열심히 나눠준다. 많게는 10여 장을 받는데 모두 잘 챙겨 오자. 대출 조건과 한도에 대해 가장 잘 아는 사람들이니 말이다.

본인의 소득과 현재 상황을 충분히 설명하고 입찰하고자 하는 경매 사건번호, 대출 한도에 대해 문의하면 대부분 친절하게 답변해준다. 단 명함에 있는 번호로 무작정 전화해서 "이 물건 대출 얼마나 나올까요?"라는 질문은 하지 말자.

- 사건번호
- 본인의 소득 수준
- 기존 대출 여부
- 보유 부동산 현황

최소한 위와 같은 기본 사항을 구두나 문자로 알리거나 소득 금액증명원 등 소득 관련 자료를 보내야 보다 정확한 대출 가능 금액을 알 수 있다.

기회는 나를 기다려주지 않는다

공동투자자를 모으는 동안 팔려버린 역세권 아파트

지하철 3호선을 타고 교대역과 남부터미널역을 지나면 다음 역이 양재역이다. 이 부근에 분리형 원룸 한 채를 갖고 있다. 전세를 놓기 위해 주변 부동산중개소를 다닐 때의 일이다. 그때나 지금이나 매물 찾는 게 내 취미다.

눈에 띄는 부동산중개소에 들어섰다.

"괜찮은 물건 없나요?"

"30평대 후반의 아파트가 하나 있는데요."

중개소 사장님과 함께 사무실을 나서는데 금방 물건이 떡 하니 나타난다. 나 홀로 우뚝 솟은 단독 아파트다. 고개를 돌려서 주변을 탐색한다. 양재역에서 걸어서 5분 거리, 역세권이다. 학교도 보인다.

"학교가 있네요."

"초등학교, 중학교, 고등학교 다 있어요. 걸어서 2~3분 걸리나?"

양재역만 가까운 게 아니다. 신분당선까지 있다. 더블 역세권이다. 더욱이 강남 8학군이다. 입지가 기가 막힌다.

아파트가 가까워지니 건물이 낡았다는 게 눈에 띈다. 낡은 건 나쁜 물건일까? 거주용으로 구입하려는 이들에게는 낡은 건 나쁜 거다. 하지만 투자하는 사람들은 낡음을 다르게 본다. 이 낡음이 가치를 갖는지 확인하기 위해 한 가지 정보를 확인한다.

"대지지분이 몇 평인가요?"

'좋은 물건 있나요?'보다 '대지지분 넓은 물건 있나요?'라고 물어보면 중개소 사장님이 당신을 바라보는 눈이 달라진다. 재건축이든 재개발이든, 수익을 담보해주는 건 일반인들이 생각하는 막연한 '좋은 물건'이 아니라 대지지분이니까.

사장님이 장부를 들춰보더니 이렇게 답한다.

"19평 반이네요."

그다음이 가격이다.

"7억에 나온 물건인데 내가 깎아서 6억 5,000까지는 낮췄어요. 잘 이야기하면 6억 1,000이나 2,000까지도 맞출 수 있을 것 같은데…."

이 말은 무슨 뜻일까?

첫째, 매매가를 7억 원으로 치면 대지지분 평당 가격이 약 3,600만 원이요, 6억 5,000만 원으로 치면 3,300만 원 수준이라는 얘기다. 양재역 부근에서 이 정도의 대지지분 평당 가격은 본 적이 없다.

둘째, 아마도 7억 원이 아니라 6억 5,000만 원에 나온 물건 같았다. 부동산 사장님이 낮춘 게 아닐 수 있다는 얘기다. 사장님은 거래를 성사시키는 게 목적이니까 거의 습관처럼 '싼 물건'을 강조한다. 그리고 6억 1,000만~2,000만 원까지 낮출 수 있다는 말은 급매물이라는 뜻일 테고, 급한 건 아파트 주인이라는 말이다.

마지막으로 전세가를 물었다. 5억 원이란다.

조금 더 살펴본 뒤 사장님과 헤어졌다. 사고 싶었다. 1억 원 정도를 마련하면 살 수 있을 것 같았다. 하지만 당장 가용 자금이 2,000만 원밖에 없었다. 나에겐 두 가지 대안이 있었다.

- 대출받기: 정부의 대출 규제가 심해지고 있었고, 개인적으로 대출에 대한 부담이 있었다.
- 공동 투자자 모으기: 5명을 모은다면 1인당 2,000만 원이면 된다.

후자를 염두에 두고 지인들에게 전화를 걸어서 의사를 타진했다. 그러나 채 3명도 못 모았는데 아파트는 누군가의 주머니 속으로 사라졌다.

그때가 2017년 봄을 지날 무렵이었는데, 2년 뒤인 2019년 5월쯤 다시 알아보니 그 집 매매 가격이 약 9억 원이었다. 2년 만에 최소 2억 원 이상 오른 것이다.

1,000만 원을 더 줘도 사야만 하는 오래된 빌라

응암역 인근은 직장인들이 선호하는 동네다. 상암동으로 나가면 신축이 많아서 가격이 비싸지만, 응암역 주변에는 저렴한 집이 많다. 마침 그 동네에 토지가 하나 나와서 시세를 파악하려고 근처 부동산중개소에 들렀다. 그리고 여느 때처럼 똑같은 질문을 던졌다.

"혹시 이 동네에 대지지분 넓고 지은 지 오래된 빌라 없나요?"

대지지분은 아파트보다는 빌라 물건을 볼 때 더욱 중요하다. 아파트보다는 빌라가 재개발, 재건축을 하기에 훨씬 용이하기 때문이다.

부동산중개소 사장님은 '음, 너냐?' 하는 얼굴이다. 나 같은 사람들을 위해 준비된 물건은 따로 있다.

소개받은 물건은 1986년도에 지어진 빌라였다. 한눈에 봐도 낡은 집이었다. 12세대가 살고 있었고 대지지분은 100평이 넘었다. 위치도 좋다. 도로와 붙어 있고 역에서 도보로 1분 30초밖에 걸리지 않았다.

급매로 나온 물건은 빌라 1층 1세대로 대지지분이 10평이고 매매가가 9,000만 원이었다. 대지지분 평당 가격이 900만 원이니 말이 안 되게 싼 수준이었다. 건축업자에게 평당 2,200만~2,500만 원에 충분히 팔 수 있을 것 같았다. 혹시 건축업자들이 달려든 적은 없을까?

"예전에 건축업자가 새로 지으려고 했었죠. 근데 한두 세대가 반대해서 결국 못 했어요."

이 말은 첫째 보는 눈은 다 비슷하다는 거고, 둘째 앞으로도 달려들 건축업자가 분명 있을 거라는 얘기다. 마지막으로 전세가를 물어보니

〈그림 1-4〉 급매로 나왔던 오래된 빌라

출처: 네이버 지도 거리뷰(https://map.naver.com/)

대략 5,000만 원에서 6,000만 원 사이란다. 만일 전세를 6,000만 원에 맞추면 실투자금 3,000만 원으로 충분히 투자가 가능했다.

하지만 아쉽게도 며칠 전 낙찰 잔금을 치른 터라 수중에 3,000만 원이 없었다. 어머니께 사정을 설명하고 물건을 잡자고 했다. 하지만 서울에 그렇게 싸게 나온 물건이 있다는 게 믿기지 않았던 어머니는 끝내 포기하고 말았다. 아는 분에게 전화를 걸었더니 더 들어봐야 귀만 아프단다.

"당장 우리가 잡자!"

그분과 함께 계약을 하기 위해 부동산중개소에 들렀는데, 3시간 전에 팔렸다고 했다. 매매가는 그새 1,000만 원이 올라 1억 원이었다. 나는 그가 왜 1,000만 원을 더 주고 샀는지 알고 있다. 그런 물건은 앞뒤재지 말고 잡아야 한다.

맹지의 빌라가 3억이나 오른 이유

배 아픈 이야기 하나 더 해야겠다. 2000년 후반에 어머니께서 오래된 단독주택 한 채를 샀다. 여섯 쌍둥이 가운데 하나로 똑같이 생긴 집 여섯 채가 두 줄로 나란히 서 있었다.

앞줄 세 채는 대지가 40평이었고 뒷줄 세 채는 대지가 45평이었다. 뒷줄 집들이 5평이 더 큰 이유는 도로와 떨어져 있어서 진입로까지 포함시켜야 했기 때문이다. 부동산 투자자들의 눈으로 보면 일종의 맹지나 다름이 없다. 집이 낡고 오래되어 재건축을 예상해볼 수 있었는데, 문제는 그 집만 단독으로 재건축을 할 수는 없다는 점이었다. 어떤 부동산 투자자가 도로와 격리된 맹지 같은 물건에 손을 대려고 하겠는가.

그러나 우리는 상황이 달랐다. 어머니가 사두신 집과 뒷집을 묶어서 한꺼번에 재건축을 한다면? 그건 말이 된다.

마침 뒷집에서 3억 5,000만 원에 팔고 싶다며 우리에게 제안을 해왔다. 그때가 2008년이었다. 하지만 당시는 여력도 없었고 내가 부동산을 모르던 시절이기도 했다. 그러다가 2015년쯤 자금도 생기고 부동산이 뭔지 알게 되어 매입 의사를 밝혔는데 이제는 안 팔겠단다. 당시 부동산 시세는 4억 원 안쪽으로, 햇수로 7년이 지났지만 매매가가 세월만큼 크게 오르진 않은 셈이었다.

〈그림 1-5〉 재건축이 예상됐던 쌍둥이 건물

출처: 네이버 지도 거리뷰(https://map.naver.com/)

그로부터 3년 후인 2018년에 강원도 원주 사람이 뒷집을 6억 8,000만 원에 샀다는 얘길 들었다. 너무 비싼 거 아니냐고? 아니다. 그때 어머니 집이 8억 원까지 올랐으니 맹지라는 단점을 고려해도 충분히 합리적인 가격이었다.

이 세 가지 이야기의 공통점은 무엇일까? 첫째는 시대에 따라 투자 방식은 달라질 수 있지만 돈이 되는 물건은 계속 시중에 나온다는 것이다. 그리고 둘째는 내가 준비되어 있지 않으면 좋은 물건이 나와도 잡을 수 없다는 것이다.

이런 경험을 통해 내가 내린 결론은, 가진 돈이 적은 상태에서는 아무리 물건이 좋아도 그림의 떡이니 처음에는 소액 투자부터 시작해서 점차 투자금을 불려가야 비로소 본 게임에 뛰어들 수 있다는 것이다. 그 큰 게임을 위해 필요한 최소한의 액수가 2,000만 원이다.

경매에 관한 고정관념을 깨면 수익이 보인다

경매가 대중화됐지만, 아직도 막연한 두려움을 가진 사람들이 많다. 부동산 투자를 오래 한 사람들 중에서도 경매에는 손을 대지 않는다는 이들도 있다. 왜 그러는지 이유를 물어보면 다음과 같은 얘기를 한다.

"하자가 많은 물건들만 나오는 거라고 들었는데…."

"권리관계가 너무 복잡한 거 아니에요?"

"용어가 너무 복잡해서 시작할 엄두가 안 나요."

"잘못 낙찰받으면 엄청나게 고생한다고 해서 도전하기 두려워요."

"전 소유자나 채무자들 괴롭혀서 내쫓는 거 아니에요?"

"잘못 받으면 조폭들하고도 상대해야 한다고 하던데…."

"명도하러 갔더니 사람이 죽어 있더라는 이야기를 들었는데 그 말 들으니 무서워서 못 하겠어요."

아직도 부동산 경매를 잘못 인식하는 사람들이 많다. 지금이라도 경매에 대한 선입견을 깨야 한다.

특히 낙찰 이후 명도를 겁내는 사람들이 많다. 명도란 낙찰받은 부동산에 살고 있는 사람을 내보내는 것을 말한다. 신규 분양을 받거나 중개소를 통해 부동산을 구입했을 때는 이런 절차가 필요치 않지만, 경매는 거주자가 자발적으로 파는 것이 아니기 때문에 낙찰자가 능력껏 부동산을 확보해야 한다. 바로 이런 점 때문에 어렵다고 생각하는데, 실상은 그렇지 않다. 간단한 내용증명과 협상력, 절차에 필요한 양식을 갖추는 것만으로도 얼마든지 매끄럽게 명도를 마칠 수 있다.

부동산 경매에 쓰이는 용어들은 일상에서 거의 쓰지 않는 것들이다. 경매 절차도 복잡한 것 같고, 공부를 열심히 해야만 정복할 수 있는 것처럼 보인다. 바쁜 삶을 살아가느라 시간을 내서 공부하고 입찰한다는 게 말처럼 쉬운 일도 아니다.

이런 이유들 때문에 경매를 시작조차 못 하는 사람들이 많다. 하지만 여기서 알아둬야 할 것이 있다. 단 몇 가지의 어려워 보이는 문제와 절차들 때문에 수많은 장점을 가진 부동산 경매를 포기한다는 것은 경제적 자유로 가는 쉽고 빠른 길 중 하나를 버리는 셈이라는 것이다.

경매는 전혀 어렵지 않고 복잡하지도 않다. 두려워할 필요가 없으며, 가장 안전한 투자법 중 하나다.

하자가 많은 물건들만 경매로 나온다던데요?

경매 물건은 왜 나오는 것일까? 대부분의 물건은 채무자가 돈을 빌릴 당시에 담보가 설정된 것이다. 채무자가 돈을 갚지 못할 상황에 처하게 된다면 채권자는 어떻게 해야 할까? 당연히 빌려준 돈을 돌려받기 위해 담보 부동산을 처분해야 한다. 집에 중대한 하자가 있고 안 좋은 물건이라서 경매로 나오는 것이 아니란 얘기다. 경매 시장에는 인테리어비만 5,000만 원 이상 들여 완벽하게 수리한 아파트가 나올 수도 있고, 역세권의 입지 좋은 로열층 아파트가 나올 수도 있으며, 부동산에서 일반 매물로는 볼 수 없는 유명한 상가나 노른자위의 자투리 땅이 나올 수도 있다. 투자자가 권리분석과 가격분석을 철저히 해서 낙찰만 받는다면 그다음 절차는 법원에서 알아서 착착 진행해준다.

물론 매주 쏟아지는 경매 물건 중에는 가치가 떨어지는 물건들도 있다. 그렇다고 낙찰이 안 되는 것도 아니다. 인기가 없는 물건이라 할지라도 권리상 문제가 없고 정말 싸게 낙찰받을 수 있다면 수익을 낼 기회는 얼마든지 있기 때문이다.

한 수강생의 사례다. 관악구에 있는 반지하 주택을 낙찰받았다. 낙찰받고 보니 내부가 엉망진창이었다. 천장은 썩을 대로 썩어 곰팡이가 피어 있었고 바닥에는 물이 고여 있었다. 출입문을 닫으면 환기를 할

〈그림 1-6〉 낙찰 후 대대적인 인테리어로 가치를 높인 사례

수 없는 구조인 데다 화장실까지 외부에 있어 불편함이 이만저만이 아닌 집이었다. 이런 이유로 유찰이 거듭됐기에 그분이 감정가의 반도 안 되는 가격에 낙찰받을 수 있었다. 낙찰 후 인테리어 공사를 해서 하자를 없앤 끝에 살고 싶은 집으로 탈바꿈시켜놓았다. 그 덕에 인테리어가 끝나자마자 전세 세입자를 구했다. 전세금은 인테리어비용(약 2,200만 원)과 낙찰대금을 합친 것보다 1,000만 원이 더 높아 당장 1,000만 원의 수익을 거뒀다. 남들이 꺼리는 물건을 낙찰받아 하자를 해결하고 가치를 극대화하니 수익이 저절로 따라온 것이다.

권리관계가 너무 복잡한 거 아니에요?

입찰 전 가장 중요한 것이 권리분석이다. 권리분석이란 낙찰자에게 인수되는 권리가 있는지 없는지를 파악하는 것이다. 경매에 부쳐지는 물건 중에는 특수 물건이라 해서 권리관계가 복잡한 것들도 있다. 이런 물건들은 유료 경매 사이트에서 빨간 글씨로 '특수 물건'이라고 표시해주니 어렵게 느껴진다면 입찰을 하지 않으면 된다.

그 외 대부분은 권리상 문제가 전혀 없거나, 문제가 있더라도 어렵지 않게 해결할 수 있는 것들이다. 복잡한 특수 물건을 낙찰받아 해결한다고 해서 수익이 더 큰 것도 아니니 쉽고 단순하게 스트레스 없이 가자. 쉽고 간단한 분석만으로도 수익을 낼 수 있는 물건들은 정말 많다. 이 책에서 설명하는 내용을 그대로 실천하기만 한다면 경매가 더는 어렵거나 두렵게 느껴지지 않을 것이다.

전 소유자나 임차인이 끝까지 버티면 어떻게 하죠? 험악한 사람들이 위협할까 봐 무서워요.

한마디로 쓸데없는 걱정이다. 명도는 법적 절차만 잘 따르면 아무 문제 없이 해결된다. 부동산 경매를 시행하는 곳이 어디인가? 바로 법원이다. 법원이 채무자를 대신해 부동산 담보 물건을 처리해주고, 돈을 받아야 하는 채권자에게 돌려준다. 어떤 거래보다 안전하고 정확하며 신뢰할 수 있다.

임차인과 큰 마찰이 생길 이유도 없다. 보증금을 한 푼도 돌려받지 못하고 억울하게 쫓겨나는 경우는 거의 없으니 말이다. 최소한의 금액은 받을 수 있도록 주택임대차보호법이 시행되고 있다. 계약 기간을 다 채우지 못하고 건물을 비워야 하는 상황이 올 수도 있지만, 경매 절차가 마무리되기까지 충분한 시간이 있기 때문에 어느 정도 대비를 할 수 있다.

가장 골치 아픈 상황은 점유자가 과도한 이사비용을 요구하는 것인데 이 역시 걱정할 필요가 없다. 경매에는 낙찰자가 사용할 수 있는 강력한 무기가 존재한다. 바로 부동산인도명령제도다. 직접 신청해도 되고, 잔금일에 등기 전문 법무사사무소에 얘기하면 10만 원 정도의 비용을 받고 대신 신청해준다. 절차가 쉽고 시간도 오래 걸리지 않는다. 인도명령이 결정되어 양쪽 당사자에게 송달되면 강제집행 신청을 할 수 있다. 법으로 정해져 있는 절차대로만 진행하면 점유자를 내보내는 것은 전혀 어려운 일이 아니다.

다시 한 번 말하지만 부동산 경매는 단점보다 장점이 훨씬 많다. 잘못된 인식을 갖고 부동산 경매를 멀리하는 것은 좋은 기회를 날려버리는 것과 같다. 조금만 공부하고 조금만 관심을 갖는다면 저렴한 가격에 내 집을 마련하거나 자산을 늘려갈 수 있다.

부동산 경매하기 전 알아두면 좋을 것들

- 싸고 안전한 상품은 없다(가격이 낮을수록 리스크가 크다).
- 원하는 부동산의 목표 수익(률)부터 확실히 정하자.
- 가진 돈에 부동산을 맞추지 말고, 대출을 많이 받더라도 제대로 된 부동산을 사자.
- 내가 원하는(기준에 맞는) 부동산을 발견했다면, 즉시 행동하자.
- 경험이 부족할수록 대출과 세금을 두려워한다. 경험이 쌓이고 성과가 나오기 전까지는 두려움과 불안함에 '이렇게까지 해야 하나' 하는 생각이 들기도 할 것이다. 그 시기를 견뎌야 한다. 사람은 누구나 불확실성을 두려워한다.
- 아무것도 하지 않고 가만히 있는 것이 가장 큰 리스크다.

핵심만 쏙쏙!
경매에 관해
알아야 할 모든 것

경매를 하기 전에 알아야 할 것은 많지 않다.
경매란 채권회수를 위해 파는 행위라는 것,
그리고 세 가지 서류와 네 가지 가격뿐이다.

간단 정리!
부동산 경매 절차

경매 신청

부동산 경매가 진행되기 위해서는 채권자의 신청이 있어야 한다. 채무자가 빌린 돈의 원금과 이자를 약정된 날짜에 갚지 못하면, 채권자는 기한의 이익을 상실했다는 통지를 한 후 소재지 관할 법원에 채무자의 부동산을 팔아달라고 요청할 수 있다. 채무자의 부동산을 팔아서 생긴 돈으로 자신의 채권(돈)을 회수하려는 것이다. 이것이 부동산 경매의 목적이다.

법원은 채권자의 경매신청서와 첨부 서류를 검토하고 심사하여 적법하다고 인정되면 경매개시결정을 하고 관할 등기소 등기관에게 경매가 개시됐다는 사실을 등기사항전부증명서(등기부)에 공시하도록 촉탁한다. 등기부에 경매개시결정이 기입되는 순간부터 채무자의 재산에 압류의 효력이 발생한다. 즉 해당 부동산에 경매가 시작됨을 누구든지 볼 수 있게 알리는 것이다.

집행법원은 채무자(소유자)에게 '당신의 재산이 경매로 진행된다'라는 사실을 반드시 알려주어야 한다. 이를 '경매개시결정 정본을 송달한다'라고 표현한다. 송달이 되지 않으면 경매는 진행될 수 없고, 만일 진행된다고 해도 추후 무효 사유가 된다.

강제경매와 임의경매

우리가 돈을 빌리는 방법에는 크게 두 가지가 있다.

첫째, 차용증을 써주고 빌리는 방법이다. 돈을 빌려준 사람을 채권자라 하고, 돈을 빌린 사람을 채무자라 한다.

채권자와 채무자는 선과 악으로 구분되는 개념이 아니다. 다만 채무자가 자기 책임을 다하지 못할 때는 법이 개입할 수 있다. 예를 들어 채권자가 차용증으로 법원에 경매를 신청하면, 법원은 확인 절차를 거쳐 채무자에게 빌린 돈을 갚으라고 선고한다. 채권자는 법원으로부터 대여금을 반환하라는 확정판결을 받아 경매를 신청할 수 있는데, 이를 '강제경매'라 한다. 판결문을 받을 때까지 최소 몇 달 이상의 시간이 소요되는데, 악의를 가진 채무자라면 소송 기간에 자신의 부동산을 타인에게 양도하거나 거액의 담보대출을 받을 수도 있다. 그래서 채권자는 통상 채무자 소유의 부동산을 가압류한 후 강제경매 절차를 진행한다.

둘째, 자신의 집(또는 등기된 자산)을 담보로 빌리는 방법이다. 앞서 잠깐 언급했듯이, 금융기관에서는 돈을 빌려주면서 근저당권을 설정한다. 우리가 은행에서 담보대출을 받을 때 여러 가지 계약서를 작성하는데 대표적인 것이 근저당권 설정 계약서다. 채무자가 이자를 내지 못하는 등 기한의 이익을 상실할 경우, 채권자인 은행은 소송 없이 바로 채무자의 부동산을 팔아달라고 법원에 신청할 수 있다. 이렇게 진행되는 경매를 '임의경매'라 한다. 별도의 집행권원이 없어도 근저당권 등 담보권의 실행으로 경매가 진행되는 방식이다. 또는 법원의 판결문, 확정된 지급명령, 화해조서, 공정증서, 공증문서 등으로 강제경매를 신청해서 채무자의 부동산을 압류한 후 매각할 수도 있다.

민사집행법 제81조 첨부서류

① 강제경매신청서에는 집행력 있는 정본 외에 다음 각호 가운데 어느 하나에 해당하는 서류를 붙여야 한다.

1. 채무자의 소유로 등기된 부동산에 대하여는 등기사항증명서
2. 채무자의 소유로 등기되지 아니한 부동산에 대하여는 즉시 채무자명의로 등기할 수 있다는 것을 증명할 서류. 다만, 그 부동산이 등기되지 아니한 건물인 경우에는 그 건물이 채무자의 소유임을 증명할 서류, 그 건물의 지번·구조·면적을 증명할 서류 및 그 건물에 관한 건축허가 또는 건축신고를 증명할 서류

배당요구 종기 결정 및 공고

매각 대금으로 채권자에게 돈을 나누어주는 것을 '배당'이라고 한다. 받을 돈이 있는 채권자는 1명일 수도, 여러 명일 수도 있다. 따라서 돈 받을 순서를 정해야 하는데, 그 순서는 법원에서 작성하는 배당표에 따른다. 배당표를 짜기 위해 법원은 배당요구 종기일까지 해당 부동산의 채권자들에게 배당요구에 필요한 서류를 제출하라고 통지한다.

여기서 두 가지로 나뉘는데, 반드시 배당요구를 해야 하는 채권자와 배당요구를 하지 않아도 배당을 받을 수 있는 채권자다.

반드시 배당요구를 해야 배당을 받을 수 있는 채권자는 다음과 같다.

- 집행력 있는 정본을 가진 채권자
- 주택임대차보호법에 의한 소액임차인과 확정일자부 임차인
- 저당권자, 가압류채권자, 민법 및 상법 기타 법률에 따라 우선변제권이 있는 채권자
- 근로기준법에 의한 임금채권자
- 상법에 의한 고용 관계로 인한 채권이 있는 자
- 경매개시결정 등기 후 체납된 조세 및 기타 공과금 채권
- 경매개시결정 등기 후 담보가등기권자와 전세권자, 기타 일반채권자

배당요구를 하지 않아도 되는 채권자는 다음과 같다.

- 경매를 신청한 채권자
- 첫 경매개시결정 등기 전에 이미 등기를 마친 담보권자
- 임차권등기권자
- 체납처분에 의한 압류등기권자
- 배당요구 종기까지 한 경매 신청에 의해 이중 개시결정이 된 경우 뒤의 압류채권자
- 가압류 집행을 한 채권자
- 국세, 지방세 및 압류한 교부 청구권자
- 최선순위가 아닌 용익권자, 저당권자, 담보가등기권자로서 경매로 등기가 소멸하는 채권자

민사집행법 제84조 배당요구의 종기결정 및 공고

① 경매개시결정에 따른 압류의 효력이 생긴 때(그 경매개시결정전에 다른 경매개시결정이 있은 경우를 제외한다)에는 집행법원은 절차에 필요한 기간을 감안하여 배당요구를 할 수 있는 종기(終期)를 첫 매각기일 이전으로 정한다.

② 배당요구의 종기가 정하여진 때에는 법원은 경매개시결정을 한 취지 및 배당요구의 종기를 공고하고, 제91조제4항 단서의 전세권자 및 법원에 알려진 제88조제1항의 채권자에게 이를 고지하여야 한다.

③ 제1항의 배당요구의 종기결정 및 제2항의 공고는 경매개시결정에 따른 압류의 효력이 생긴 때부터 1주 이내에 하여야 한다.

매각 준비

감정평가

부동산을 팔려면 시세가 얼마인지 알아야 한다. 이에 공인된 감정평가기관에 의뢰하여 회신된 평가 금액을 최초 매각 가격으로 정한다.

현황조사

법원은 집행관에게 해당 부동산의 현황, 점유 관계, 차임과 보증금, 기타 현황에 대한 현황조사보고서 작성을 명한다. 집행관은 2주 이내에 조사를 완료하여 제출해야 한다.

매각물건명세서 작성

부동산의 표시, 점유자의 권원과 기간, 월차임, 전입신고일 또는 사업자등록일, 확정일자 등을 기재한 문서다. 현황조사보고서, 감정평가서와 함께 누구든지 볼 수 있도록 법원에 비치한다.

민사집행법 제84조 배당요구의 종기결정 및 공고

④ 법원사무관등은 제148조제3호 및 제4호의 채권자 및 조세, 그 밖의 공과금을 주관하는 공공기관에 대하여 채권의 유무, 그 원인 및 액수(원금·이자·비용, 그 밖의 부대채권(附帶債權)을 포함한다)를 배당요구의 종기까지 법원에 신고하도록 최고하여야 한다.

민사집행법 제85조 현황조사

① 법원은 경매개시결정을 한 뒤에 바로 집행관에게 부동산의 현상, 점유관계, 차임(借賃) 또는 보증금의 액수, 그 밖의 현황에 관하여 조사하도록 명하여야 한다.

매각기일 및 입찰 방법 등의 지정, 공고

매각 방법은 매각일 14일 전에 공고하며, 입찰 예정자가 매각기일에 기일입찰표를 제출하는 방법으로 한다. 법원경매정보 사이트, 여러 유료 경매 사이트, 신문 공고 등을 통해 해당 부동산의 매각물건명세서와 현황조사보고서, 감정평가서 등의 경매 정보를 확인할 수 있다.

민사집행법 제104조 매각기일과 매각결정기일 등의 지정

① 법원은 최저매각가격으로 제102조제1항의 부담과 비용을 변제하고도 남을 것이 있다고 인정하거나 압류채권자가 제102조제2항의 신청을 하고 충분한 보증을 제공한 때에는 직권으로 매각기일과 매각결정기일을 정하여 대법원규칙이 정하는 방법으로 공고한다.

② 법원은 매각기일과 매각결정기일을 이해관계인에게 통지하여야 한다.

③ 제2항의 통지는 집행기록에 표시된 이해관계인의 주소에 대법원규칙이 정하는 방법으로 발송할 수 있다.

④ 기간입찰의 방법으로 매각할 경우에는 입찰기간에 관하여도 제1항 내지 제3항의 규정을 적용한다.

민사집행법 제106조 매각기일의 공고내용

매각기일의 공고내용에는 다음 각호의 사항을 적어야 한다.

1. 부동산의 표시
2. 강제집행으로 매각한다는 취지와 그 매각방법
3. 부동산의 점유자, 점유의 권원, 점유하여 사용할 수 있는 기간, 차임 또는 보증금약정 및 그 액수
4. 매각기일의 일시·장소, 매각기일을 진행할 집행관의 성명 및 기간입찰의 방법으로 매각할 경우에는 입찰기간·장소
5. 최저매각가격
6. 매각결정기일의 일시·장소
7. 매각물건명세서·현황조사보고서 및 평가서의 사본을 매각기일 전에 법원에 비치하여 누구든지 볼 수 있도록 제공한다는 취지
8. 등기부에 기입할 필요가 없는 부동산에 대한 권리를 가진 사람은 채권을 신고하여야 한다는 취지
9. 이해관계인은 매각기일에 출석할 수 있다는 취지

입찰(매각일)

해당 물건지의 관할 법원에서 매각을 실시하며 본인이 직접 입찰할 때 필요한 것은 다음 세 가지다.

- 입찰보증금(최저 매각 금액의 10%)
- 도장
- 신분증

법원별로 입찰 마감 시간은 차이가 있는데 보통 11시가 조금 넘어서 마감하고, 오후 1시 전후에 결과가 나온다. 매각 담당 집행관이 입찰자들의 입찰 가격을 비교해 공개하는데, 최고가를 써낸 사람이 최고가매수신고인(낙찰자)이 된다. 최고가매수신고인과 차순위매수신고인(차순위매수신고 자격에 해당하는 자가 신청한 경우)을 제외한 입찰자의 매수 보증금은 즉시 반환한다.

민사집행법 제103조 강제경매의 매각방법

② 부동산의 매각은 매각기일에 하는 호가경매(呼價競賣), 매각기일에 입찰 및 개찰하게 하는 기일입찰 또는 입찰기간 이내에 입찰하게 하여 매각기일에 개찰하는 기간입찰의 세 가지 방법으로 한다.

매각허가결정 및 확정

법원은 경매 절차에 특별한 하자가 없다면 입찰일로부터 7일 후 매각허가결정을 한다. 그리고 이해관계인의 항고가 없으면 허가결정일로부터 7일 후 매각허가확정이 된다. 최고가매수신고인은 매각허가결정이 내려지면 매수인의 자격을 취득하며, 법원의 결정에 이의가 있는 이해관계인은 즉시항고를 할 수 있다.

민사집행법 제120조 매각결정기일에서의 진술

① 법원은 매각결정기일에 출석한 이해관계인에게 매각허가에 관한 의견을 진술하게 하여야 한다.

② 매각허가에 관한 이의는 매각허가가 있을 때까지 신청하여야 한다. 이미 신청한 이의에 대한 진술도 또한 같다.

민사집행법 제123조 매각의 불허

① 법원은 이의신청이 정당하다고 인정한 때에는 매각을 허가하지 아니한다.

② 제121조에 규정한 사유가 있는 때에는 직권으로 매각을 허가하지 아니한다. 다만, 같은 조 제2호 또는 제3호의 경우에는 능력 또는 자격의 흠이 제거되지 아니한 때에 한한다.

잔금 납부 및 소유권 이전 또는 재매각

매각허가결정이 확정되면 법원은 잔금 지급 기한을 정하여 매수인(낙찰자)에게 우편으로 통지한다. 지급 기한은 보통 확정일로부터 1개월 이내다. 매수인은 입찰 시 납부한 보증금을 제외한 나머지 잔금을 법원이 정한 기간까지 납부해야 한다. 잔금 납부일이 소유권 취득일이 된다.

한편 낙찰자가 지급 기한 이내에 잔금을 내지 않으면 입찰할 때 냈던 보증금 10%는 원칙적으로 돌려받을 수 없다. 이렇게 되면 계약이 불발된 것으로 보고 법원은 다시 팔기 위한 준비를 하는데 이를 '재매각'이라 한다. 재매각 시에는 입찰보증금을 20% 이상으로 상향 조정한다.

민사집행법 제142조 대금의 지급

① 매각허가결정이 확정되면 법원은 대금의 지급기한을 정하고, 이를 매수인과 차순위매수신고인에게 통지하여야 한다.

② 매수인은 제1항의 대금지급기한까지 매각대금을 지급하여야 한다.

배당

낙찰자가 잔금을 납부하면 법원은 배당기일을 정해 채권자에게 배당표 순서에 따라 돈을 나누어준다. 배당은 경매의 목적이자 마지막 절차로, 배당이 완료되면 해당 경매 사건은 종결된다.

민사집행법 제148조 배당받을 채권자의 범위

제147조제1항에 규정한 금액을 배당받을 채권자는 다음 각호에 규정된 사람으로 한다.

1. 배당요구의 종기까지 경매신청을 한 압류채권자
2. 배당요구의 종기까지 배당요구를 한 채권자
3. 첫 경매개시결정 등기 전에 등기된 가압류채권자
4. 저당권·전세권, 그 밖의 우선변제청구권으로서 첫 경매개시결정 등기 전에 등기되었고 매각으로 소멸하는 것을 가진 채권자

〈표 2-1〉 배당 순서

순위	구분	권리 종류
0	경매 집행비용	경매 진행에 따른 비용
1	필요비, 유익비	경매 목적 부동산에 투입된 필요비, 유익비
2	소액보증금 선순위 임금채권	임대차보호법에 의한 보증금 중 일정액 근로기준법에 의한 근로자 임금채권 (3개월치 임금, 3년분 퇴직금 등)
3	당해세	경매 목적물 자체에 부과된 국세와 지방세
4	담보물권	확정일자부 임차인의 보증금 담보물권: 근저당, 가등기, 전세권, 임차권
5	일반 임금채권	2순위 변제 후 잔여금액
6	조세채권	담보물권 후순위 조세채권
7	공과금	건강보험료, 국민연금, 산재보험료 등
8	일반채권	가압류, 가처분 등의 일반채권

출처: 대한민국 법원

임차인의 배당 순서

① 대항력 및 확정일자를 갖춘 임차인

임차인이 배당요구의 종기까지 배당요구를 한 경우, 그 우선변제권 발생일을 기준으로 근저당권 등 다른 배당채권자와의 선후에 따라 배당순위가 결정되고, 이에 따라 배당금이 정해진다(주택임대차보호법 제3조의2 제2항 참조).

② 임차권등기를 한 임차인

- 경매개시결정 전에 임차권등기를 마친 임차인은 배당요구 없이도 당연히 배당을 받게 된다(민사집행법 제148조 제3호 참조).
- 경매개시결정 후에 임차권등기를 마친 임차인은 배당요구의 종기까지 배당요구를 한 경우에만 배당에 참가할 수 있다(민사집행법 제148조 제2호 및 민사집행규칙 제91조 제1항 참조).

③ 최우선변제권을 가지는 소액임차인

소액임차인이 첫 경매개시결정 등기 전에 대항력을 갖추고 배당요구의 종기까지 배당요구를 한 경우에는 보증금 중 일정액을 다른 담보물권자보다 우선하여 배당받는다(주택임대차보호법 제8조 제1항 참조).

경매 신청 단계부터 첫 입찰일까지 보통 6개월 이상의 시간이 걸린다. 이해관계인이 많거나 채무자 등에게 송달이 되지 않으면 1년 이상이 걸리기도 한다. 일반적인 경매 사건이라면 명도를 완료하기까지 잔금일로부터 평균 2개월 정도가 걸린다고 할 수 있다.

이상의 내용을 도식화하면 〈그림 2-1〉과 같다.

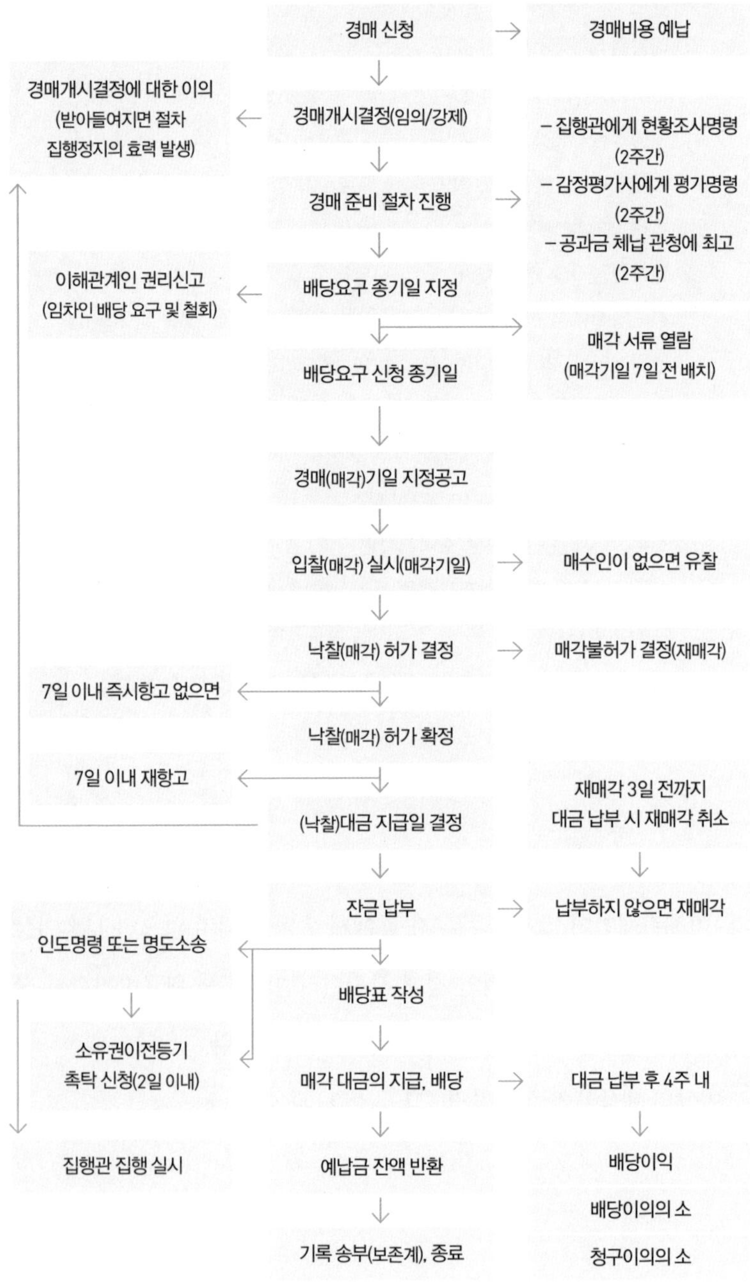
〈그림 2-1〉 경매 절차
경매 신청
경매비용 예납
경매개시결정에 대한 이의
(받아들여지면 절차
집행정지의 효력 발생)
경매개시결정(임의/강제)
– 집행관에게 현황조사명령
(2주간)
– 감정평가사에게 평가명령
(2주간)
– 공과금 체납 관청에 최고
(2주간)
경매 준비 절차 진행
이해관계인 권리신고
(임차인 배당 요구 및 철회)
배당요구 종기일 지정
매각 서류 열람
(매각기일 7일 전 배치)
배당요구 신청 종기일
경매(매각)기일 지정공고
입찰(매각) 실시(매각기일)
매수인이 없으면 유찰
낙찰(매각) 허가 결정
매각불허가 결정(재매각)
7일 이내 즉시항고 없으면
낙찰(매각) 허가 확정
7일 이내 재항고
재매각 3일 전까지
대금 납부 시 재매각 취소
(낙찰)대금 지급일 결정
잔금 납부
납부하지 않으면 재매각
인도명령 또는 명도소송
배당표 작성
소유권이전등기
촉탁 신청(2일 이내)
매각 대금의 지급, 배당
대금 납부 후 4주 내
집행관 집행 실시
예납금 잔액 반환
배당이익
배당이의의 소
기록 송부(보존계), 종료
청구이의의 소

꼭 알아야 할 세 가지 경매 서류

경매 필수 서류, 무엇을 봐야 할까?

열심히 공부하는 당신, 머지않아 더 많은 물건을 다룰 수 있게 될 것이다. 처음에는 공부할 게 너무 많다는 생각에 무엇부터 봐야 할지 정하기가 어렵겠지만, 쉽게 생각하자. 리스크를 낮추기 위해서는 다음 3종의 문서만 살펴도 충분하다.

그 서류는 감정평가서, 현황조사서, 매각물건명세서이며 법원경매정보 사이트에서 누구나 확인할 수 있다. 각 서류에 어떠한 내용이 들어 있는지, 그 내용을 어떻게 받아들이고 활용할 수 있는지 알아보자.

〈그림 2-2〉 감정평가표 예

(부동산)감정평가표

페이지: 1

이 감정평가서는 감정평가에 관한 법규를 준수하고 감정평가이론에 따라 성실하고 공정하게 작성하였기에 서명날인합니다.

감 정 평 가 사

(주)에이원감정평가법인 북부지사 지사장 북부지사장 (인)

감정평가액	삼백만원정(₩883,000,000.-)			
의 뢰 인	의정부지방법원 고양지원 사법보좌관	감정평가목적	법원경매	
채 무 자	-	제 출 처	의정부지방법원 고양지원 경매2계	
소 유 자 (대상업체명)	(2020타경)	기 준 가 치	시장가치	
		감정평가 조 건	-	
목 록 표 시 근 거	귀 제시목록	기 준 시 점	조 사 기 간	작 성 일
		2020.05.26	2020.05.25 - 2020.05.26	2020. 05. 26

	공부(公簿)(의뢰)		사 정		감 정 평 가 액	
	종 류	면적 또는 수량	종 류	면적 또는 수량	단 가	금 액
감정평가내용	구분건물	1세대	구분건물	1세대	-	883,000,000
		이	하	여	백	
	합 계					₩883,000,000

심사확인

본인은 이 감정평가서에 제시된 자료를 기준으로 성실하고 공정하게 심사한 결과 이 감정평가 내용이 타당하다고 인정하므로 이에 서명날인합니다.

심 사 자 : 감 정 평 가 사

(주)에이원감정평가법인

에이원 감정평가법인

출처: 에이원감정평가법인

감정평가서

경매 사건을 접수한 법원은 해당 부동산에 대한 감정평가명령을 내린다. 공인된 감정평가 기관에 의뢰하여 회신된 평가 금액을 최초 매각 금액으로 정한다. 부동산의 감정 일자와 입찰일 간에 6개월에서 1년 이상 차이가 나는 경우도 많은데, 이는 현재 시세를 반영하지 못하는 결과로 이어진다. 부동산의 시세는 고정되어 있지 않기 때문이다.

만일 부동산 상승기일 때 6개월 전 가격을 기준으로 삼는다면 입찰마다 필패할 것이 자명하다. 반대로 하락기일 때는 감정가를 믿고 입찰하면 낙찰받기는 쉽겠지만 수익을 내기가 어려워질 수도 있다.

감정평가는 기계가 아닌 사람이 하는 일이다 보니 평가 자체에 오류가 발생하기도 한다. 감정평가가 과도하게 잘못되거나 중요 사항이 누락된 경우 이의 신청을 할 수 있지만 받아들여지는 경우는 드물다. 지인이 서울 한 빌라의 감정가를 신뢰하고 시세보다 높게 낙찰받은 적이 있는데, 내가 감정평가에 대한 이의 신청을 했지만 결국 받아들여지지 않았다. 인근 중개소 여러 곳을 돌며 실제 시세는 매우 낮다는 확인서를 첨부했음에도 말이다. 그러니 감정평가 금액을 전적으로 신뢰하여 입찰가를 산정해선 안 된다.

감정평가서는 다음과 같이 구성되어 있다.

- 감정평가의 근거(명세표)
- 위치 및 지적도

- 내부 구조도
- 현장 사진

여기에는 중요한 정보가 많이 담겨 있는데, 간혹 경매로 나온 물건이 해당 물건의 일부인 경우가 있다. 아파트 같은 집합건물은 낙찰 후 잔금을 내면 해당 호수가 온전히 내 소유가 된다. 하지만 시골 농가나 주택 등은 우사, 창고, 옥탑방, 간이 화장실 등의 감정평가가 되어 있는지 잘 살펴볼 필요가 있다('제시 외 건물'로 표시되기도 한다). 이런 것들이 감정평가에 포함되어 있다면 낙찰 후 잔금을 내는 순간 내 것이 된다. 하지만 감정평가에 포함되어 있지 않다면 잔금을 낸다고 하더라도 여전히 전 소유자의 것이므로 필요한 것은 따로 돈을 주고 매입해야 한다.

현황조사서

이 문서는 법원 집행관이 직접 해당 주소로 찾아가서 살고 있는 사람에게 점유권원과 이유를 묻고 그 답변을 적은 문서다. 사실대로 말하는 사람이 대부분이지만 거짓말을 하는 사람도 있다. 집행관에게는 사실만을 말하라고 강제할 수 있는 권한이 없으며, 집행관의 개인적인 의견이 포함될 수 있다.

필요한 모든 정보를 알 수도 없고 현황조사서의 빈칸을 딱 떨어지는

〈그림 2-3〉 현황조사서 예

현황조사서 기본내역

법원	고양지원	명령회차	1 회

기본정보

사건번호 : 2020타경 부동산임의경매 조사일시 : 2020년05월15일14시10분

부동산 임대차 정보

부동산 임대차정보

번호	소재지	임대차관계
1	경기도 고양시 일산서구	1명

부동산의 현황 및 점유관계 조사서

1. 부동산의 점유관계

부동산의 점유관계

소재지	1. 경기도 고양시 일산서구
점유관계	임차인(별지)점유
기타	임차인 가족이 거주

2. 부동산의 현황

철근콘크리트구조 (철근)콘크리트지붕

임대차관계조사서

1. 임차 목적물의 용도 및 임대차 계약등의 내용

임차 목적물의 용도 및 임대차 계약등의 내용

[소재지] 1. 경기도 고양시 일산서구

	점유인		당사자구분	임차인
1	점유부분		용도	주거
	점유기간	2019.8.12~현재		
	보증(전세)금	400,000,000	차임	
	전입일자	2019.08.12	확정일자	

출처: 스피드옥션

답으로 채울 수도 없다. 실제로 임차인의 정보가 누락되거나, 점유자의 거짓 진술이 적히거나, 전입일 또는 사업자등록일이 잘못 적히는 경우도 있다. 결국 임차인에 대한 정보의 진정성을 판단하는 건 입찰자의 몫이란 얘기다.

그럼에도 현황조사서는 소유자나 임차인 점유, 유치권자의 점유 시기, 임차인의 대항력 유무를 알 수 있는 기본적인 자료가 된다. 예를 들어 유치권 성립 조건 중 하나는 경매개시결정 등기 이전부터 목적물을 점유해야 한다는 것이다. 그런데 현황조사서상 해당 점유에 대한 기록이 전혀 없다면, 추후 분쟁 시 유치권 성립 여부에 대한 판단에서 유치권을 주장하는 자에게 불리하고 낙찰자에게 유리한 증거가 된다.

참고로 이 서류는 1회 매각기일 14일 이전부터 누구나 볼 수 있다.

매각물건명세서

부동산의 표시, 점유자의 권원과 기간, 월차임, 전입신고일 또는 사업자등록일, 확정일자 등을 기재한 문서다. 입찰 예정자의 의사결정을 위한 판단 자료로 가장 신뢰할 수 있는 문서다. 매각일 일주일 전까지 법원에 비치해두므로 누구든 볼 수 있다.

이 문서에는 특별매각 조건의 내용이 작성된다. 입찰자가 매각물건명세서를 신뢰하고 입찰했는데 잘못된 기재 등으로 인수해야 할 권리가 발생한다면, 매각 불허가 신청 등을 통해 입찰보증금 10%를 안전하게 돌려받을 수 있다.

입찰 전에 확인해야 할 가장 중요한 것이 매각물건명세서다. 특히 다음 사항을 유념해서 봐야 한다.

- 최선순위 설정일자: 말소기준권리일(뒤에서 자세히 다룬다.)
- 배당요구 종기일: 채권자, 임차인 등 받을 돈이 있는 이해관계인이 자신의 권리만큼 돈을 달라고 신청할 수 있는 마지막 날이다.
- 비고란(※): 주의사항이 적히는 난인데, 아무것도 적혀 있지 않다면 권리관계가 깨끗한 물건이라는 뜻이다. 반대로 어떤 인수 사항이 적혀 있으면 위험 요소가 있다는 신호다. 예를 들어 '대항력 있는 임차인으로 전액 배당 안 될 시 인수 금액 발생할 수 있음'이라는 내용이 적혀 있기도 한다. 초보자는 공란이거나 '해당 사항 없음'이라고 적혀 있을 때만 입찰에 들어가는 게 좋다.

〈그림 2-4〉 매각물건명세서 예

의정부지방법원 고양지원

2020타경[illegible]

매각물건명세서

사 건	2020타경[illegible] 부동산임의경매	매각 물건번호	1	작성 일자	2020.10.20	담임법관 (사법보좌관)	[illegible]
부동산 및 감정평가액 최저매각가격의 표시	별지기재와 같음	최선순위 설정	2018. 12. 13. 근저당			배당요구종기	2020.07.31

부동산의 점유자와 점유의 권원, 점유할 수 있는 기간, 차임 또는 보증금에 관한 관계인의 진술 및 임차인이 있는 경우 배당요구 여부와 그 일자, 전입신고일자 또는 사업자등록신청일자와 확정일자의 유무와 그 일자

점유자 성 명	점유 부분	정보출처 구 분	점유의 권 원	임대차기간 (점유기간)	보 증 금	차 임	전입신고 일자, 사업자등록 신청일자	확정일자	배당 요구여부 (배당요구일자)
[illegible]	[illegible]	현황조사	주거 임차인	2019.8.12.~ 현재	400,000,000		2019.08.12		
[illegible]	전부	권리신고	주거 임차인	2019.08.12.~ 2021.08.11.	400,000,000		2019.08.12.	2019.08.12.	2020.05.15
주택도시보증공사	전부	권리신고	주거 임차인	2019.08.12.~ 2021.08.11.	400,000,000		2019.08.12.	2019.08.12.	2020.07.10

〈비고〉

주택도시보증공사 : 공동임차인 [illegible], [illegible]의 임차보증금 양수인임

※ 최선순위 설정일자보다 대항요건을 먼저 갖춘 주택·상가건물 임차인의 임차보증금은 매수인에게 인수되는 경우가 발생 할 수 있고, 대항력과 우선변제권이 있는 주택·상가건물 임차인이 배당요구를 하였으나 보증금 전액에 관하여 배당을 받지 아니한 경우에는 배당받지 못한 잔액이 매수인에게 인수되게 됨을 주의하시기 바랍니다.

등기된 부동산에 관한 권리 또는 가처분으로 매각으로 그 효력이 소멸되지 아니하는 것

매각에 따라 설정된 것으로 보는 지상권의 개요

비고란

주1 : 매각목적물에서 제외되는 미등기건물 등이 있을 경우에는 그 취지를 명확히 기재한다.

2 : 매각으로 소멸되는 가등기담보권, 가압류, 전세권의 등기일자가 최선순위 저당권등기일자보다 빠른 경우에는 그 등기일자를 기재한다.

출처: 스피드옥션

유료 경매 사이트에서도 위험 요소가 있는 사건은 빨간색으로 경고해준다(〈그림 2-5〉 참고). 물론 경고 문구가 있는 모든 사건이 해결해야 할 하자가 있는 것은 아니다. 하지만 초보라면 굳이 이런 사건에 입찰할 필요가 없다. 경고 문구가 없는 물건도 얼마든지 있으니 말이다.

〈그림 2-5〉 유료 경매 사이트의 경고 문구 예

	사건번호		소재지	용도	감정가/최저가	매각기일	상태	조회
☐	2018-2521 물번[1] 경매1계		광주광역시 북구 용봉동 17-1외 6필지 굿모닝타운 제지1층 제106호 [대지권 113.3평] [전용 179.1평] [유치권,대항력있는임차인,병합사건,관련사건]	상가 (점포)	901,000,000 901,000,000	2021-01-06	재진행 1회 (100%)	268
☐	2018-2521 물번[2] 경매1계		광주광역시 북구 용봉동 17-1외 6필지 굿모닝타운 제2층 제208호 [대지권 234.2평] [전용 370.2평] [유치권,병합사건,관련사건]	상가 (점포)	2,931,000,000 2,931,000,000	2021-01-06	재진행 2회 (100%)	199
☐	2018-2521 물번[3] 경매1계		광주광역시 북구 용봉동 17-1외 6필지 굿모닝타운 제4층 제411호 [대지권 117.1평] [전용 185.1평] [유치권,병합사건,관련사건]	상가 (점포)	1,489,000,000 1,489,000,000	2021-01-06	재진행 2회 (100%)	101
☐	2020-9167 경매1계		전라남도 담양군 무정면 동산리 14 [토지 243.2평] [건물 79.7평] [유치권]	상가	179,903,000 179,903,000	2021-01-06	신건 첫매각 (100%)	102
☐	2020-10389 경매1계		광주광역시 광산구 송정동 265-1외2필지 [토지 433.2평] [건물매각제외,공동담보]	답	1,299,205,000 1,299,205,000	2021-01-06	신건 첫매각 (100%)	98
☐	2020-67880 경매1계		광주광역시 남구 양과동 1045 [토지 105.5평] [지분매각,분묘기지권,공유자우선매수신고,관련사건]	묘지	32,085,000 22,460,000	2021-01-06	유찰 1회 (70%)	59
☐	2019-12376 물번[2] 경매2계		경상남도 거제시 장승포동 579-10 [토지 509.4평] [건물매각제외]	임야	726,404,800 726,404,800	2021-01-07	재진행 첫매각 (100%)	121
☐	2020-3527 경매8계		광주광역시 광산구 소촌동 533-2외 1필지 한광아파트 제지하층 제101호 [대지권 23.8평] [전용 74.5평] [공유물분할경매]	아파트	115,000,000 41,216,000	2021-01-07	유찰 4회 (36%)	262
☐	2020-67996 경매8계		전라남도 나주시 봉황면 죽석리 598-21 [토지 32.7평] [건물매각제외,관련사건]	대지	32,508,000 22,756,000	2021-01-07	유찰 1회 (70%)	79

출처: 스피드옥션

한 번 보고 바로 따라 하는 입찰 당일 체크리스트

법원 가기 전 반드시 준비할 것

본인 입찰 시

- 신분증: 신분증이 없으면 입찰이 불가능하다. 나는 혹시라도 분실할 경우를 대비해 운전면허증과 주민등록증을 따로따로 보관한다.
- 도장: 본인이 본인 명의로 낙찰받을 거라면 인감도장일 필요가 없다. 막도장을 가지고 가면 된다. 혹시 도장을 가져오지 않았더라도 당황하지 말자. 법원 앞 도장 가게에서 막도장 하나 파서 사용하면 된다.
- 보증금: 법원별로 은행이 입점해 있다. 많은 법원에 신한은행이 있으

나 성남지원은 우리은행, 지방법원은 농협, 통영지원은 SC제일은행 등 법원별로 입점 은행이 다르다. 통장에는 돈이 있는데 인출을 하지 못해 입찰하지 못하는 일이 없도록 사전에 준비하자. 패찰이 돼 입찰 보증금을 돌려받은 경우에도 바로 법원 내 은행으로 가서 입금해둬야 분실할 우려가 없다.

법인 대표자가 법인 이름으로 입찰할 때는 기일입찰표, 법인 대표자 신분증, 법인 인감도장이 필요하다. 그리고 제일 중요한 것으로 법인 등기부등본이 필요하다. 이게 없으면 1등 해도 무효다.

오래전 일이다. 하루에 4개의 경매 사건에 입찰했다. 4개의 사건 가운데 1개에 등기부등본을 첨부하지 못했다. 그 사실을 까맣게 모르고 있었는데, 집행관이 나를 불러 "최고가로 쓴 것은 맞는데 법인 등기부등본이 누락되어 있네요."라고 말했다. 나는 어떻게 했을까? 당황하지 않고 "즉시 보정하겠습니다."라고 하고는 패찰된 다른 사건의 입찰봉투에서 서류를 빼서 즉시 제출했다.

이런 점을 악용하는 이들도 있다. 7억 원에 입찰해서 낙찰받았는데 2등이 5억 원을 썼다면 2등과의 가격 차이가 너무 크다. 1등은 했지만 잔금을 내기 싫어질 것이다. 그럴 경우를 생각해서 고의로 법인 등기부등본을 누락해서 제출한 뒤, 2등과의 가격 차이를 보고 추가로 제출하거나 내지 않는 것이다. 다만 서류 미비를 이유로 즉각 탈락시키는 등 법원별, 매각 담당 집행관별로 실무 처리에 차이가 있다.

대리 입찰 시

- 본인의 인감증명서
- 본인의 인감이 날인된 기일입찰표와 위임장
- 대리인 신분증과 도장
- 입찰보증금

여기서 '본인'이란 낙찰 후 잔금을 내면 해당 사건의 '소유자'가 되는 사람을 말한다. 위임장은 입찰표 뒷면에 인쇄되어 있는 것을 쓰거나 별도의 양식을 사용해도 된다. 경매 정보 사이트에서 출력할 수 있으니 미리 작성해 가도 된다.

공동 입찰 시

대출 규제로 마음이 맞는 사람들끼리 공동 투자도 많이 하는 추세다. 이때 필요한 서류는 다음과 같다.

- 기일입찰표
- 위임장
- 공동입찰신고서
- 공동입찰자목록
- 대표자(대리인) 1인의 도장 및 신분증
- 대표자(대리인) 1인을 제외한 공동 입찰자의 인감도장 날인
- 대표자(대리인) 1인을 제외한 공동 입찰자의 인감증명서

〈그림 2-6〉 기일입찰표 양식

[전산양식 A3360] 기일입찰표(흰색)　　　　용지규격 210mm×297mm(A4용지)

(앞면)

기 일 입 찰 표

지방법원 집행관 귀하　　　　입찰기일 :　　년　월　일

사건번호			물건번호	* 물건 번호가 여러 개 있는 경우는 꼭 기재
입찰자	본인	성 명	(인)	전화번호
		주민(사업자)등록번호		법인등록번호
		주 소		
	대리인	성 명		본인과의 관계
		주민등록번호		전화번호
		주 소		

입찰가격	천억	백억	십억	억	천만	백만	십만	만	천	백	십	일	원

보증금액	백억	십억	억	천만	백만	십만	만	천	백	십	일	원

보증의 제공방법	□현금·자기앞수표 □보증서	보증을 반환받았습니다. 입찰자 (인)

주의사항

1. 입찰표는 물건마다 별도의 용지를 사용하십시오, 다만, 일괄입찰 시에는 1매의 용지를 사용하십시오.
2. 한 사건에서 입찰물건이 여러 개 있고 그 물건들이 개별적으로 입찰에 부쳐진 경우에는 사건번호 외에 물건번호를 기재하십시오.
3. 입찰자가 법인인 경우에는 본인의 성명란에 법인의 명칭과 대표자의 지위 및 성명을, 주민등록란에는 입찰자가 개인인 경우에는 주민등록번호를, 법인인 경우에는 사업자등록번호를 기재하고, 대표자의 자격을 증명하는 서면(법인의 등기부 등·초본)을 제출하여야 합니다.
4. 주소는 주민등록상의 주소를, 법인은 등기부상의 본점소재지를 기재하시고, 신분확인상 필요하오니 주민등록증을 꼭 지참하십시오.
5. 입찰 가격은 수정할 수 없으므로, 수정을 요하는 때에는 새 용지를 사용하십시오.
6. 대리인이 입찰하는 때에는 입찰자란에 본인과 대리인의 인적사항 및 본인과의 관계 등을 모두 기재하는 외에 본인의 위임장(입찰표 뒷면을 사용)과 인감증명을 제출하십시오.
7. 위임장, 인감증명 및 자격증명서는 이 입찰표에 첨부하십시오.
8. 일단 제출된 입찰표는 취소, 변경이나 교환이 불가능합니다.
9. 공동으로 입찰하는 경우에는 공동입찰신고서를 입찰표와 함께 제출하되, 입찰표의 본인란에는"별첨 공동입찰자목록 기재와 같음"이라고 기재한 다음, 입찰표와 공동입찰신고서 사이에는 공동입찰자 전원이 간인하십시오.
10. 입찰자 본인 또는 대리인 누구나 보증을 반환받을 수 있습니다.
11. 보증의 제공방법(현금·자기앞수표 또는 보증서)중 하나를 선택하여 ☑표를 기재하십시오.

〈그림 2-7〉 대리 입찰과 공동 입찰 시 위임장 양식

위 임 장

대리인	성 명		직 업	
	주민등록번호		전화번호	
	주 소			

위 사람을 대리인으로 정하고 다음 사항을 위임함.

다 음

지방법원 타경 호 부동산
경매사건에 관한 입찰행위 일체

본인 1	성 명		직 업	
	주민등록번호	- (인감인)	전화번호	
	주 소			

본인 2	성 명		직 업	
	주민등록번호	- (인감인)	전화번호	
	주 소			

본인 3	성 명		직 업	
	주민등록번호	- (인감인)	전화번호	
	주 소			

* 본인의 인감 증명서 첨부
* 본인이 법인인 경우에는 주민등록번호란에 사업자등록번호를 기재

지방법원 귀중

〈그림 2-8〉 공동 입찰 시 공동입찰자신고서 양식

[전산양식 A3364]

공 동 입 찰 신 고 서

법원 집행관 귀하

사 건 번 호 :

물 건 번 호 :

공동입찰자 : 별지 목록과 같음

위 사건에 관하여 공동입찰을 신고합니다.

2020년 월 일

신청인 외 인(별지목록 기재와 같음)

※ 1. 공동입찰을 하는 때에는 입찰표에 각자의 지분을 분명하게 표시하여야 합니다.
2. 별지 공동입찰자 목록과 사이에 공동입찰자 전원이 간인하십시오.

용지규격 210mm × 297mm(A4용지)

〈그림 2-9〉 공동 입찰 시 공동입찰자목록 양식

공 동 입 찰 자 목 록

번 호	성 명	주 소		지분
		주민등록번호	전화번호	
1				
2				
3				
4				
5				
6				
7				
8				
9				
10				

입찰 시에는 공동 입찰자 중 1명이 대표로 참석해도 되고 제3자가 대리인 자격으로 참석해도 된다. 공동입찰신고서와 공동입찰자목록에는 간인을 해야 한다. 간인이 누락되어 있으면 매각 담당 집행관에 따라 보정을 지시하거나 무효 처리할 수 있다. 그리고 지분 비율이 다르다면 지분을 반드시 표시해야 한다. 보통 투자금에 따라 지분 비율을 기재하며, 만약 표시하지 않으면 동일한 지분 비율로 간주한다.

법원 가기 전 꼭 확인할 사항

- 입찰 시간: 대개 오전 10시에서 11시 20분까지다. 법원별로 조금씩 달라 12시까지 하는 곳도 있으니 미리 확인해야 한다.
- 관할법원 위치: 〈표 2-2〉를 참고하자. 특히 명칭을 정확히 봐야 한다. 예를 들어 인천에는 '인천지방법원'과 '인천지방법원 부천지원'이 있다. '인천지방법원'이라는 단어만 보고 '부천지원'에 가는 초보 입찰자들을 보기도 했다. 두 법원 간의 거리가 상당해서 잘못 찾아가면 그날 입찰은 포기해야 한다.
- 주차장 위치: 자차를 이용해서 입찰하러 갈 경우 법원 인근 주차장도 확인해두어야 한다. 경매가 있는 날 법원 주차장은 항상 혼잡하다고 보면 된다. 가까운 거리에 있는 공영주차장이나 유료 주차장을 파악해두면 법원 내 주차를 하지 못해 입찰을 포기해야 하는 일을 방지할 수 있다.

〈표 2-2〉 서울 및 수도권 관할법원

법원		주소와 연락처	관할 지역
서울	중앙지방법원	[06594] 서울 서초구 서초중앙로 157 02-530-1114	서울 종로구, 중구, 성북구, 강남구, 서초구, 관악구, 동작구
	동부지방법원	[05856] 서울 송파구 법원로 101 02-2204-2114	성동구, 광진구, 강동구, 송파구
	남부지방법원	[08088] 서울 양천구 신월로 386 02-2192-1114	영등포구, 강서구, 양천구, 구로구, 금천구
	북부지방법원	[01322] 서울 도봉구 마들로 749 02-3399-7005	도봉구, 노원구, 동대문구, 중랑구, 강북구
	서부지방법원	[04207] 서울 마포구 마포대로 174 02-3271-1114	용산구, 서대문구, 마포구, 은평구
수도권	의정부지방법원	[11616] 경기도 의정부시 녹양로 34번길 23 031-828-0114	의정부시, 양주시, 남양주시, 구리시, 연천군, 포천시, 가평군, 동두천시, 철원군
	고양지원 (의정부지법)	[10413] 경기도 고양시 일산동구 장백로 209 031-920-6114	고양시, 파주시
	수원지방법원	[16512] 경기도 수원시 영통구 법조로 105 031-210-1114	수원시, 안양시, 용인시, 화성시, 오산시, 군포시, 의왕시, 과천시
	안산지원 (수원지법)	[15472] 경기도 안산시 단원구 고잔동 711 031-481-1114	안산시, 광명시, 시흥시
	성남지원 (수원지법)	[13143] 경기도 성남시 수정구 산성대로 451 031-737-1114	성남시, 광주시, 하남시
	여주지원 (수원지법)	[12638] 경기도 여주시 현암로 21-12 031-880-7516	여주군, 이천시, 양평군
	평택지원 (수원지법)	[17848] 평택시 평남로 1036 031-650-3114	평택시, 안성시
인천	인천지방법원	[22220] 인천광역시 미추홀구 소성로 163번길 17 032-860-1113~4	인천광역시
	부천지원 (인천지법)	[14602] 경기도 부천시 상일로 129 032-320-1114	부천시, 김포시

출처: 대한민국 법원

입찰표 제출

입찰 당일 경매법정에 가면 테이블 위에 기일입찰표와 위임장, 매수신청보증봉투(입찰보증금봉투), 입찰봉투(대봉투) 등이 비치되어 있다. 입찰보증금(최저 매각 금액의 10%)을 넣어 입찰하는 것은 절대로 잊지 말자.

입찰표 작성 방법

입찰표에는 다음의 사항을 기재한다.

- 사건번호
- 이름
- 전화번호
- 주민(사업자)등록번호
- 주소
- 입찰 가격
- 보증 금액
- 보증의 제공 방법(이건 그냥 체크하면 된다.)

초보자라면 입찰표를 미리 작성해 가는 것이 좋다. 시간에 쫓기거나 긴장해서 실수를 저지르는 경우가 많기 때문이다. 수강생들을 대상으로 모의 입찰을 해보면 보증 금액에 얼마를 써야 하는지 헷갈려 하는 사람들이 있다. 보증 금액은 보통 최저 매각 가격의 10%다. 하지만 재매각 사건인 경우 최저 매각 가격의 20~30%일 수도 있으니 보증금이 최저가의 몇 %인지 사전에 확인해야 한다(재매각의 경우는 20% 이상).

매수신청보증봉투 작성 방법

매수신청보증봉투는 흔히 '입찰보증금봉투'로 불린다.

사건번호와 물건번호(물건번호가 있는 경우만 기입), 제출자 이름을 적고 앞뒤로 도장을 찍으면 된다. 인감도장일 필요는 없다. 본인 도장이기만 하다면 막도장도 상관없다.

입찰봉투 작성 방법

본인 난에 이름을 적고 날인한다. 뒷면에도 사건번호와 물건번호를 적고 세 군데에 날인한다. 작성을 마친 입찰표와 보증금을 넣은 입찰보증금봉투를 입찰봉투에 넣고 신분증과 함께 제출한다. 집행관이 신분증과 입찰봉투를 확인한 후 입찰자용 수취증을 잘라 입찰자에게 준다. 패찰할 경우 신분증 및 입찰자용 수취증이 있어야 보증금을 돌려받을 수 있다.

낙찰에 성공했다면

해당 물건의 입찰자 중 가장 높은 가격을 쓴 사람이 낙찰자가 된다. 낙찰 후 집행관이 호명하면 앞으로 나가서 신분증을 보여준 뒤 안내에 따라 서류 몇 군데에 서명 및 날인을 하면 된다(이때가 가장 짜릿한 순간이다).

서명과 날인이 끝나면 입찰보증금 영수증을 받는다. 최고가매수신고인이라는 증표다. 경매법정 밖으로 나오면 대출 중개인들이 몰려와 명함을 건네줄 것이다. 이 순간만큼은 낙찰의 기쁨을 마음껏 누리면 된다. 낙찰 영수증이 쌓이는 만큼 경제적 자유를 누리는 날도 가까워진다고 보면 된다. 낙찰 영수증을 꾸준히 모으기 위해 노력하자. 낙찰 영수증은 당신의 투자 경력이 쌓이는 것을 상징하며, 자산이 늘어나고 있다는 증거다.

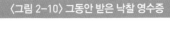

〈그림 2-10〉 그동안 받은 낙찰 영수증

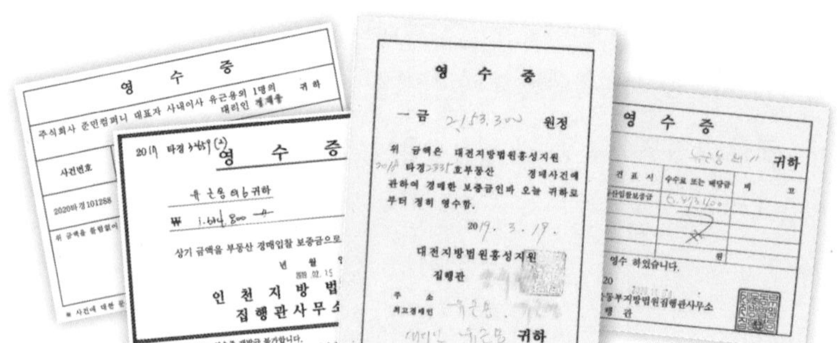

돈 되는 꿀팁

흔히 하는 경매 실수, 미리 알고 조심하자

입찰 가격은 절대 수정해선 안 된다

입찰표에 입찰 가격을 기입한 후에는 절대 수정해선 안 된다. 고친 흔적이 있다면 바로 무효 처리된다. 숫자는 정확하게 기재해야 하고 숫자를 알아보기 어렵게 썼거나 금액을 수정하고 싶다면 반드시! 꼭! 무조건! 입찰표를 새로 작성해야 한다. 가끔 "수정테이프로 지우고 다시 쓰면 안 되나요?"라고 묻는 사람들이 있는데 절대 안 된다.

입찰표를 꼭 법원에서 적을 필요는 없다. 법원 홈페이지 또는 유료 경매 사이트 등에서 입찰표 양식을 내려받아 미리 작성해 가도 된다.

수기가 아닌 컴퓨터로 작성해도 괜찮다. 단 누가 보더라도 알아볼 수 있게 정확히 써야 한다. 혹시라도 입찰 당일 입찰가를 수정하고 싶은 상황이 올 수도 있으니, 가격을 달리해서 작성한 입찰표를 2~3장 준비해 가는 것도 방법이다.

수표는 반드시 전날 또는 당일 집 근처 은행에서 준비하자

입찰 당일에는 변수가 많다. 차가 많이 막히고 주차할 공간이 없어 헤매다가 법원에 늦게 도착하는 경우가 의외로 많다. '법원 가서 수표도 찾고 입찰표도 작성해야지'라고 계획했다가 입찰표를 제출하지 못하는 경우를 수도 없이 봤다. 물건이 많은 날이면 법원 은행은 입찰보증금을 찾는 사람들로 무척 혼잡하다.

수강생 중 한 분은 입찰 마감 20분 전부터 기다렸는데 수표를 찾지 못해 입찰을 포기해야 했다. 전날 또는 입찰 당일 법원으로 출발하기 전 집 주변 은행에서 입찰보증금을 준비한 후 출발하자.

신분증은 꼭 챙기자

입찰표를 제출할 때는 신분증이 반드시 필요하다. 가끔 지갑을 놓고 와서 입찰에 참여하지 못하는 사람들이 있다. 나도 그런 경험을 한 적이 있다. 입찰하기 위해 집을 나섰는데 법원에 도착해서야 지갑을 놓고 왔다는 사실을 알아차렸다. 다시 돌아가 지갑을 가지고 올 수는 없는 노릇이었다. 허탈한 마음으로 '얼마에 낙찰되는지 확인이나 하고 가자'라고 생각하며 지켜보고 있었는데, 내가 적어 온 낙찰가보다 120만 원 적은 금액으로 낙찰이 됐다. 입찰에 참여했다면 짜릿한 차이로 낙찰을 받을 수 있는 상황이었다.

이 일을 계기로 항상 신분증을 2개씩, 따로따로 가지고 다닌다. 지갑에는 운전면허증을 넣어두고 가방에는 주민등록증을 넣어둔다.

입찰보증금봉투에 보증금을 정확하게 넣자

보증금이 부족할 경우 입찰 자체가 무효 처리된다. 지금까지 전국 법원을 돌아다니면서 이런 경우를 열 번 정도는 본 것 같다. 생각보다 자주 일어나는 일이다. 입찰보증금은 1원이라도 모자라면 안 된다. 정확한 금액을 넣어야 하는데, 정해진 입찰보증금보다 더 많이 넣는 것은 상관없다. 낙찰되면 나머지 금액은 돌려받기 때문이다. 현금으로 보증금을 납부하면 실수가 많이 발생하니 꼭 수표 1장으로 미리 준비하는 습관을 들이자.

입찰보증금봉투에 보증금을 정확히 넣었는지 한 번 더 확인해야 한다. 보증금을 넣지 않아 무효 처리되는 경우도 자주 발생하기 때문이다. 2018년에 서울의 한 토지 물건에 입찰한 적이 있다. 입찰자 수는

5명이었고 다들 두근거리는 마음으로 결과를 기다리고 있었다. 그런데 할아버지 한 분이 입찰보증금봉투에 보증금을 넣지 않아 무효 처리가 됐다. 입찰봉투를 돌려받는 순간 우연히 입찰가를 볼 수 있었는데 내가 적은 것보다 200만 원 정도 더 높았다. 그분이 무효 처리된 덕에 내가 낙찰받을 수 있었던 것이다.

개별매각 사건의 물건번호를 반드시 기재하자

일괄매각과 개별매각이 있다. 일괄매각은 하나의 경매 사건에서 진행되는 부동산이 2개 이상일지라도 하나로 묶어 매각하는 것을 말한다.

개별매각은 사건은 하나지만 2개 이상의 물건을 따로 매각하는 것이다. 개별매각물건 입찰은 사건번호뿐만 아니라 물건번호도 반드시 함께 기재해야 한다. 물건번호를 적지 않으면 무효 처리된다. 여러 개의 물건 중 어떤 물건에 입찰한 것인지 알 수 없기 때문이다.

토지·건물 일괄매각인지 지분 물건인지 반드시 확인하자

경매 진행 중인 물건들 중 대부분이 토지·건물 일괄매각이다. 그런데 토지만 매각하거나 건물만 매각하는 경우가 있다. 또 토지와 건물 지분매각인 경우도 있다.

〈그림 2-11〉 물건번호 예

☐	제주 2018-6503 물번[3]	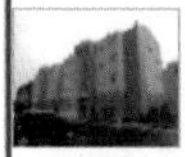 **제주특별자치도 제주시 도평동 7 청목 더웰도평 제102동 제3층 제301호** [대지권 37.5평] [전용 20평] [유치권,선순위전세권,대항력있는임차인,병합사건,관련사건]	다세대 (빌라)	286,000,000 23,554,000	2020-12-21 (입찰 14일전)	유찰 7회 (8%)	710
☐	제주 2018-6503 물번[2]	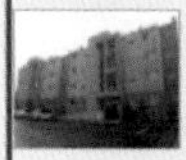 **제주특별자치도 제주시 도평동 7 청목 더웰도평 제101동 제3층 제304호** [대지권 37.5평] [전용 20평] [유치권,선순위전세권,병합사건,관련사건]	다세대 (빌라)	286,000,000 16,488,000 매각 19,333,000	2020-11-16 [입찰1명]	매각 (6%) (7%)	1242
☐	제주 2018-6503 물번[5]	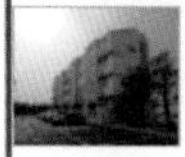 **제주특별자치도 제주시 도평동 7 청목 더웰도평 제104동 제1층 제102호** [대지권 37.5평] [전용 20평] [유치권,선순위전세권,대항력있는임차인,병합사건,관련사건]	다세대 (빌라)	295,000,000 17,007,000 매각 25,000,001	2020-11-16 [입찰2명]	매각 (6%) (8%)	770
☐	제주 2018-6503 물번[7]	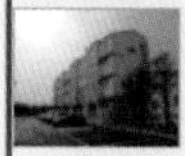 **제주특별자치도 제주시 도평동 7 청목 더웰도평 제104동 제1층 제104호** [대지권 37.5평] [전용 20평] [유치권,선순위전세권,대항력있는임차인,병합사건,관련사건]	다세대 (빌라)	295,000,000 24,295,000 매각 30,000,010	2020-11-16 [입찰2명]	매각 (8%) (10%)	514
☐	제주 2018-6503 물번[6]	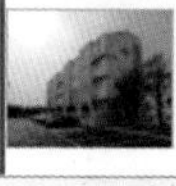 **제주특별자치도 제주시 도평동 7 청목 더웰도평 제104동 제1층 제103호** [대지권 37.5평] [전용 20평] [유치권,선순위전세권,병합사건,관련사건]	다세대 (빌라)	295,000,000 34,707,000 매각 38,000,000	2020-07-27 [입찰1명]	잔금납부 (12%) (13%)	596

출처: 스피드옥션

다음은 지분매각인데 투자자가 일괄매각인 줄 알고 입찰했다가 소중한 보증금을 날릴 뻔했던 사례다. 이런 실수는 절대 하면 안 된다.

지분 물건 낙찰 실수 사례 1

2020년 5월 11일 입찰했던 토지와 건물 지분매각 건이다. 전체 지분 중 21분의 6만 진행되는 물건이었다. 신건이었지만 미래가치를 보고 나도 입찰에 참여했다. 총 4명의 입찰자가 있었고 나는 1억 135만 원을 적었는데 1등과의 차이가 7,000만 원 정도였다. 뭔가 이상했다. 1억 7,000만 원에 낙찰을 받으면 아무리 해도 이익은커녕 큰 손해를 입는 상황이었기 때문이다. 보증금을 돌려받으려고 법대 앞으로 갔는

〈그림 2-12〉 아파트 경매 정보 예

서울북부지방법원 대법원바로가기 법원안내 가로보기 세로보기 세로보기(2)

2019 타경 (강제)	매각기일 : 2020-05-11 10:00~ (월)	경매9계 02-910-3679

소재지	(01899) 서울특별시 노원구 월계동 [도로명] 서울특별시 노원구				
용도	아파트	채권자	이OO	감정가	90,000,000원
지분대지권	11.69㎡ (3.54평)	채무자	이OO	최저가	(100%) 90,000,000원
지분전용	22.25㎡ (6.73평)	소유자	이OOOO	보증금	(10%)9,000,000원
사건접수	2019-11-14	매각대상	토지/건물지분매각	청구금액	1,946,450원
입찰방법	기일입찰	배당종기일	2020-01-30	개시결정	2019-11-18

기일현황

회차	매각기일	최저매각금액	결과
신건	2020-03-30	90,000,000원	변경
신건	2020-05-11	90,000,000원	매각

/입찰4명/낙찰170,010,000원(189%)
2등 입찰가 : 101,350,000원
최종기일 결과 이후 취하된 사건입니다.

변경공고 변경일자 : 2020-03-19

변경내용	2020.03.19. 변경 후 추후지정

감정평가현황 하원감정 , 가격시점 : 2019-12-01 시세 실거래가 전월세 감정평가서

토지	건물	제시외건물(포함)	제시외건물(제외)	기타(기계기구)	합계
72,000,000원	18,000,000원	×	×	×	90,000,000원
비고	※ 실측면적 : 건물면적(72.75㎡), 지하실(5.12㎡) 토지면적(40.92㎡)중 지분경매로 6/21만 진행합니다.				

출처: 스피드옥션

데 낙찰받은 모녀의 얼굴이 새파랗게 질려 있었다. 알고 보니 생애 첫 입찰이었는데 지분 물건인 줄 모르고 입찰가를 적었던 것이다. 입찰보증금을 포기할 수밖에 없는 상황이었지만 채권자가 경매를 취하해서 다행히 돌려받았다고 한다. 정말 운이 좋았던 경우라고 할 수 있다.

지분 물건 낙찰 실수 사례 2

경매뿐 아니라 공매에서도 이런 실수를 하는 경우가 많다. 경기도 수원시 팔달구에 있는 아파트가 눈에 띄었다. 2분의 1 지분 물건이었고 미래가치가 뛰어나다는 판단하에 과감하게 신건 입찰을 진행했다. 당

〈그림 2-13〉 지분 물건 공매 정보 예

물건관리번호 : 2020- 물건상태 : 낙찰(공유자매각결정) 공고일자 : 2020-04-08 조회수 : 2635

[주거용건물 / 아파트]

경기도 수원시 팔달구

일반공고 | 매각 | 인터넷 | 압류재산(캠코) | 일반경쟁 | 최고가방식 | 총액

처분방식 / 자산구분	매각 / 압류재산(캠코)
용도	아파트
면적	대 20.225㎡, 건물 42.45㎡
감정평가금액	288,500,000원
입찰방식	일반경쟁(최고가방식) / 총액
입찰기간 (회차/차수)	2020-05-18 10:00 ~ 2020-05-20 17:00 (018/001)
유찰횟수	1 회
배분요구종기	2020-05-04
최초공고일자	2020-04-08
공매대행의뢰기관	수원세무서
집행기관	한국자산관리공사
담당자정보	경기지역본부 / 조세정리1팀 / 1588-5321
최저입찰가(예정금액)	288,500,000원

사진 | 360° | 지도 | 지적도

위치도 | 감정평가서

[입찰유형]

- ☐ 전자보증서가능
- ☑ 공동입찰가능
- ☑ 2회 이상 입찰가능
- ☑ 대리입찰가능
- ☐ 2인 미만 유찰여부
- ☑ 차순위 매수신청가능

※ 공매재산명세서는 입찰시작 7일 전부터 입찰마감 전까지 입찰정보 탭에서 확인할 수 있습니다.

출처: 온비드

연히 낙찰될 것으로 생각했는데, 입찰 결과 발표 문자를 보니 패찰이었다. 바로 온비드(onbid.co.kr)에 접속해 입찰자와 입찰 금액을 확인해보니 1등과 2등 낙찰가 차이가 무려 2억 9,900만 원을 넘었다. 이 역시 낙찰자가 2분의 1 지분 물건인지 모르고 입찰에 참여한 것이다. 낙찰자는 한 번의 실수로 입찰보증금 약 3,000만 원을 날리고 말았다.

입찰보증금을 돌려받는 경우와 돌려받지 못하는 경우

다음의 경우 최고가를 써냈더라도 입찰이 무효 처리된다. 단 보증금은 돌려받을 수 있다.

- 다른 법원에 가서 입찰한 경우
- 최저가보다 낮은 가격으로 입찰한 경우
- 대리 입찰 시 본인의 인감증명서를 첨부하지 않거나 인감증명서상 도장과 일치하지 않는 날인인 경우
- 입찰가를 수정한 경우

다음의 경우는 낙찰은 됐지만 포기할 수밖에 없어 입찰보증금을 돌려받지 못한다.

- 입찰가에 0을 하나 더 쓴 경우: 낙찰은 받을 수 있겠지만 잔금을 내기 어렵다. 잔금을 내지 못하면 입찰보증금은 몰취된다.
- 물건번호를 잘못 기재한 경우: 엉뚱한 호실이나 다른 부동산에 입찰해놓고 덜컥 낙찰받아 잔금을 내지 못하면 보증금은 몰취된다.
- 대출이 나오지 않는다는 등의 사유로 입찰보증금 외 잔금을 내지 못한 경우

경매일이 바뀌거나 취소되는 경우

변경

예정된 입찰일에 경매를 진행할 수 없을 때 채권자의 신청에 따라 또는 담당 경매계의 직권으로 기일을 새로 정하는 것을 말한다. 채무자가 돈을 갚겠다고 채권자에게 의사 표시를 하거나 송달 불능, 코로나19 등 기타 사유로 입찰이 곤란한 경우가 이에 해당한다. 또는 채무자가 채권자와 합의가 됐다며 합의서를 제출할 때도 있다.

취하

경매를 신청한 사람이 '경매를 진행하지 않겠습니다'라고 법원에 의사를 밝힌 것을 말한다. 여러 이유가 있겠으나 채무자에게 전액 변제를 받았거나 경매가 오히려 손해라고 판단했을 경우에 취하를 한다. 낙찰자가 잔금을 납부하기 전까지 언제든 취하 신청이 가능하다는 사실을 기억하자. 낙찰이 됐다고 끝이 아니라 잔금을 내야 내 것이 된다.

종국

우리 입장에서는 경매의 마지막 절차를 대금 납부로 생각하지만, 실제로는 배당까지 완료돼야 경매 절차가 마무리된다. 배당을 할 때 누군가가 "이 배당에 이의가 있습니다!" 하고 손을 번쩍 들 수 있다. 이처럼 이해관계인이 '배당이의'를 신청하면, 아직 경매가 완료된 게 아니어서 이를 '미종국'이라 한다. 배당이의 없이 완료되어야 '종국'이 된다.

경매에서 다루는 네 가지 가격

가장 중요한 가격은 시세다

경매에서 다루는 돈은 크게 네 가지다. 시세, 입찰가, 대출 가능 금액, 실투자금이다. 이 네 가지는 서로 연동되어 있다. 시세를 알아야 입찰가를 쓸 수 있고, 대출 가능 금액을 알아야 내 돈(실투자금)이 얼마나 필요한지 알 수 있다. 그리고 최종적으로 이 네 가지가 조합되어 얼마의 투자로 얼마를 벌 수 있는지 계산할 수 있다.

경매 투자는 부동산을 시세보다 싸게 사기 위한 것임을 잊지 말아야 한다. 낙찰을 받는다고 해도 급매가와 비슷하거나 시세보다 높은 금액이라면 원래 목적에서 벗어난다. 가끔 보면 경매 현장 분위기에 휩쓸려 처음 생각했던 입찰가보다 높게 써내는 사람이 있는데, 이렇게 낙찰을 받으면 '역시 경매로 돈 버는 건 어려운 일이야'라며 부정적인 선입견을 강화할 수 있다. 애초에 계획했던 수익률을 맞출 수 없기 때문이다.

초보자일수록 입찰 당일 경매법정에서 본인이 입찰하는 물건에 사람이 많이 몰릴 것 같은 불안함 때문에 입찰가를 높게 쓰곤 한다. 이런 착오를 줄이려면 입찰 전에 사전 조사를 철저히 해야 한다. 기억하자. 낙찰 자체가 아니라 '시세보다 싸게'가 중요하다는 것.

입찰가를 정하는 기준은 시세와 수익률

먼저 가장 중요한 시세와 입찰가부터 알아보자. 괜찮은 물건이라고 판단되면 시세 파악에 나서야 하는데, 특히 유념해야 하는 것이 다음 세 가지다.

- 실거래가: 실거래가 데이터가 많을수록 시세를 파악하기가 쉽고 결과를 신뢰할 수 있다. 이례적인 한두 건의 고가나 저가는 실제 거래된 가격이라고 해도 신뢰하기 어렵다.
- 전세 및 월세 가격: 전세를 주어 실투자금을 최소화하거나 월세를 주어 대출 이자를 충당할 수 있으니 이 가격들도 중요하다.

- 급매가: 초보라면 급매가보다 싸게 사는 것을 목표로 하자. 현재 시장에 나온 매물 가운데 최저가 매물(거래 가능한 진성 매물이어야 한다) 시세를 알고 있으면 입찰가를 잡기가 수월하다.

실제 내가 낙찰받은 물건을 사례로 들어보겠다. 인천광역시 서구 가정동에 13층짜리 아파트 한 채가 경매로 나왔다. 기초 정보는 다음과 같다.

- 감정가: 2억 8,000만 원
- 입찰 최저가: (70%) 1억 9,600만 원
- 입찰보증금: (10%) 1,960만 원
- 전용면적: 126.79㎡(38.35평)
- 유찰 횟수: 1회

이번이 첫 경매라면 감정가가 최저가(최저 매각가)였을 것이다. 즉 감정가보다 높은 액수를 적어 내야 한다는 말이다. 그런데 이 물건은 1회 유찰된 경력이 있다. 1회 유찰될 때마다 가격은 낮아진다. 최저가 금액 앞의 괄호에 '70%'라고 적혀 있는 건 감정가의 70% 수준까지 떨어졌다는 뜻이다. 법원에 따라 차이가 있는데 통상 저감률은 20% 또는 30%다.

참고로 유찰은 몇 번이나 계속될 수 있을까? 경매는 공매와 달리 이론적으로는 10회, 20회 또는 그 이상 유찰될 수 있다. 그러나 경매라

〈그림 2-14〉 아파트 경매 정보 예

인천지방법원 대법원바로가기 법원안내 가로보기 세로보기 세로보기(2)

2018 타경 (임의)	물번2 [배당종결]	매각기일 : 2018-12-24 10:00~ (월)		경매3계 032-860-1603	
소재지	(22799) 인천광역시 서구 가정동 [도로명] 인천광역시 서구				
용도	아파트	채권자	우OOO	감정가	280,000,000원
대지권	43,252㎡ (13,08평)	채무자	송OO	최저가	(70%) 196,000,000원
전용면적	126,79㎡ (38,35평)	소유자	송OO	보증금	(10%)19,600,000원
사건접수	2018-04-02	매각대상	토지/건물일괄매각	청구금액	175,639,669원
입찰방법	기일입찰	배당종기일	2018-06-11	개시결정	2018-04-03

기일현황

회차	매각기일	최저매각금액	결과
신건	2018-11-26	280,000,000원	유찰
2차	2018-12-24	196,000,000원	매각
유OO/입찰7명/낙찰241,900,000원(86%) 2등 입찰가 : 234,770,200원			
	2018-12-31	매각결정기일	허가
	2019-01-30	대금지급기한 납부 (2019.01.28)	납부
	2019-03-20	배당기일	완료
배당종결된 사건입니다.			

출처: 스피드옥션

는 게 채권자에게 돈을 돌려주기 위해 하는 것이므로 채권자가 단돈 1만 원이라도 가져갈 수 없다면 경매 절차를 더는 진행하지 않는다.

KB부동산에서 실거래가 확인하기

아파트, 오피스텔

아파트나 오피스텔이라면 부동산 거래 사이트에서 확인할 수 있는 정보도 신뢰할 만하므로 시세를 파악하기가 쉬운 편이다. 비슷한 조건의 물건들을 검색하는 거래 사례 비교법을 활용하고, 포털 사이트의 부동산 매물 정보를 충분히 활용하면 된다.

그렇다면 특정 아파트의 시세는 어떻게 확인할 수 있을까? 시세를 파악하려면 먼저 '기준'이 필요하다. 옆 단지 아파트가 내 아파트의 시세를 결정해주지는 않기 때문이다. 해당 아파트 단지에서 나온 매물들을 모델로 삼을 수 있는데, 그 매물 중에서 평수나 층수가 내 조건에 맞는 것을 찾아야 한다. 예를 들면 '평수는 54평이고, 층수는 21층짜리 아파트의 17층'이라는 식으로 찾으면 된다. 참고로, '21층 아파트의 17층'처럼 지상에서 60~90% 높이의 층수가 일명 로열층으로, 전망이 좋아서 인기가 많다.

아파트 시세를 확인하는 데 가장 많이 쓰이는 사이트가 KB부동산 리브온(onland.kbstar.com)이다. 리브온에 접속해서 경매 물건 주소(인천광역시 서구 가정동)를 입력하여 〈표 2-3〉과 같은 정보를 얻었다.

이 중에서 전용면적이 같은 것을 찾아보자. 두 번째 항목이 '147.09/126.79'다. 입찰 대상의 전용면적이 126.79이므로 다른 면적의 실거래가와 혼동하지 않도록 주의한다. 앞서 설명한 것처럼 매매가, 전세가, 월세가 모두 입찰하는 데 필요한 정보다. 해당 아파트 단지 내에 비슷한 매물이 있는지 찾아본다. 그리고 현재 매물의 가격 수준과 최근 거래된 가격 수준을 비교해보면 시세가 상승세인지 하락세인지 추세를 알 수 있다.

먼저 층과 실거래가 정보를 확인한다. 현재 이 정도 물건은 어느 가격에 거래되고 있는지 확인하는 절차다. 확인해보니 2018년 11월 11층이 2억 5,750만 원에 거래되었다. 이를 기준으로 하면 이 물건의 시세를 대략 알 수 있다. 최저로 잡아보면 2억 5,000만 원 수준이다.

〈표 2-3〉 KB부동산에서 제공하는 아파트 시세 예(2018년 11월 기준)

(단위 : 만 원)

공급/전용면적(㎡)	매매가			전세가			월세가	
	하위 평균가	일반 평균가	상위 평균가	하위 평균가	일반 평균가	상위 평균가	보증금	월세
102.01/84.06	20,250	21,000	23,000	13,800	15,000	16,000	3,000	60~70
147.09/126.79	24,500	25,500	27,000	14,500	15,250	16,000	3,000	68~75
177.31/152.99	26,000	27,000	28,000	15,500	16,500	17,500	–	–

출처: KB부동산 리브온

빌라, 다가구주택

빌라, 다가구주택 등은 아파트에 비해 시세를 파악하기가 쉽지 않다(초보자는 특히 빌라 거래를 주의해야 한다). 수수료 절감을 이유로 공인중개사 없이 임대인이 직접 전·월세, 매매 거래를 하는 경우도 있고, 업·다운 계약이 있을 수 있다. 게다가 거래가 많지 않아 시세를 제대로 파악하기가 어렵다.

하지만 빌라, 다가구주택도 아파트처럼 인접 주택 거래 사례 비교법으로 시세를 파악할 수 있다. 다가구주택은 토지에 대한 개별공시가, 건물과 토지의 주택공시가라는 가격을 가진다. 세금 징수나 감정평가의 기준이 되는 가격이다. 시세를 알고 싶은 빌라, 다가구주택의 주변에 실제 거래된 주택들을 찾아서 그 매매 가격과 토지면적으로 평당 가격을 환산해본다. 나아가 매매 금액이 개별공시지가와 주택공시가 대비 얼마의 비율로 거래됐는지도 파악해본다. 이런 방법으로 단독주택, 상가주택, 다가구주택의 시세를 파악하는 것도 하나의 방법이다. 다만 주택마다 대지와 건축물의 건평과 연면적이 다르고, 층수·방향·상태·구조·도로 인접 여부도 다르므로 가격이 크게 차이 날 수 있다는 점을 고려해야 한다.

국토교통부에서 실거래가 확인하기

국토교통부에서는 부동산 거래 가격 및 거래 동향을 보다 정확하고 신속히 파악할 수 있도록 부동산거래신고제를 통해 수집된 실거래 자료를 공개하고 있다. 이를 활용하면 최저가·최고가, 상·하한가, 시세 변동 추이를 파악할 수 있다. 국토교통부 실거래가 공개시스템(rt.molit.go.kr) 사이트를 방문하면 된다.

국토교통부 매매 실거래 공개는 2006년 1월부터 부동산거래신고 및 주택거래신고를 한 주택(아파트, 연립·다세대, 단독·다가구), 오피스텔, 토지, 상업·업무용 부동산 그리고 2007년 6월 29일 이후 체결된 아파트 분양·입주권을 대상으로 한다. 그리고 전·월세가 실거래가 공개는 2011년 1월부터 읍·면·동 주민센터에 신고된 확정일자 자료와 일부 공개 가능한 대법원 등기소의 주택(아파트, 연립·다세대, 단독·다가구, 오피스텔) 확정일자 자료를 대상으로 한다.

부동산 거래 통계를 볼 수 있는 또 다른 사이트로 한국감정원 부동산통계정보시스템 R-ONE(www.r-one.co.kr)이 있다. R-ONE의 감정가로 시세를 파악하고자 하는 사람들도 있는데 이는 잘못된 방법이다. 이곳의 자료는 활용 목적과 집계 기준, 관리 범위 등에서 국토교통부 실거래가 공개시스템에서 제공하는 자료와 차이가 있기 때문이다. 경매는 접수 후 종결까지 최소 6개월에서 최대 1년 이상 걸리기도 한다. 따라서 감정평가를 한 시점과 투자자가 시세를 파악하고자 하는 시점이 달라 현재 시세를 정확히 보여주지 못한다. 한마디로 감정가는 입찰하는 데 고려 대상이 아니라고 생각하는 것이 좋다. 게다가 감정가에는 감정평가사 개인의 주관적인 평가 요소가 반영될 여지도 있다.

실제로 감정가의 130%를 넘는 가격에 낙찰되는 일도 종종 있다. 고가 낙찰처럼 보일 수 있지만, 현재 시세가 그만큼 올랐다는 뜻이다. 이를 고려하지 않고 감정가를 기준으로 하여 입찰가를 써내서는 낙찰에 성공하기가 매우 어렵다.

네이버 부동산에서 실거래가 확인하기

네이버 부동산(land.naver.com)을 통해서도 국토교통부에서 제공하는 과거 매매와 전·월세 실거래가를 확인할 수 있다. 2018년에 거래됐던 물건 중에서 입찰하려는 물건과 비슷한 층의 가격을 찾아보자.

〈그림 2-15〉 네이버 부동산에서 실거래가 검색 결과

단지정보 시세/실거래가 동호수/공시가격 학군정보 사진

매매 실거래가 2021.01. 국토교통부 기준

계약월	매매가
2020.12.	2억 9,000(2일,9층)
2020.09.	2억 6,800(23일,12층)
2020.06.	2억 7,500(6일,7층)
2020.05.	2억 6,000(19일,2층)
2020.04.	2억 9,500(21일,12층) 2억 6,500(15일,5층) 2억 4,000(15일,18층) 2억 5,700(2일,2층)
2020.02.	2억 3,500(11일,18층) 2억 6,000(6일,1층)
2020.01.	2억 6,500(18일,6층)
2019.12.	2억 5,500(15일,1층)
2019.10.	2억 7,000(28일,18층) 2억 4,000(25일,12층) 2억 7,500(1일,10층)
2019.09.	2억 7,800(6일,11층)
2018.12.	2억 3,500(25일,3층)
2018.11.	2억 3,000(15일,7층) 2억 6,300(14일,13층) 2억 5,750(8일,11층)

출처: 네이버 부동산(https://land.naver.com/)

〈그림 2-16〉 네이버 부동산에서 전세·월세 실거래가 검색 결과

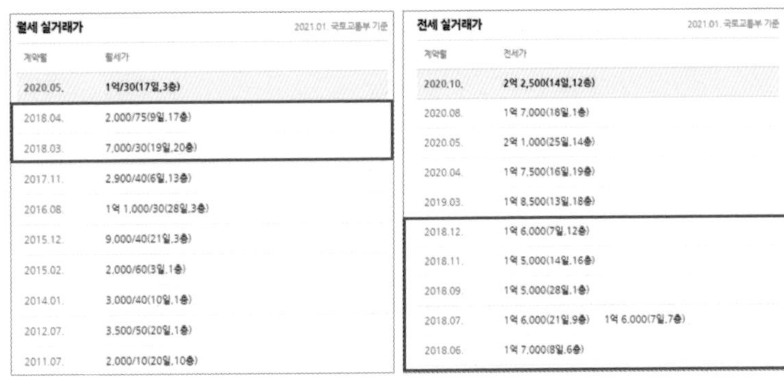

월세 실거래가 2021.01. 국토교통부 기준

계약월	월세가
2020.05.	1억/30(17일,3층)
2018.04.	2,000/75(9일,17층)
2018.03.	7,000/30(19일,20층)
2017.11.	2,900/40(6일,13층)
2016.08.	1억 1,000/30(28일,3층)
2015.12.	9,000/40(21일,3층)
2015.02.	2,000/60(3일,1층)
2014.01.	3,000/40(10일,1층)
2012.07.	3,500/50(20일,1층)
2011.07.	2,000/10(20일,10층)

전세 실거래가 2021.01. 국토교통부 기준

계약월	전세가
2020.10.	2억 2,500(14일,12층)
2020.08.	1억 7,000(18일,1층)
2020.05.	2억 1,000(25일,14층)
2020.04.	1억 7,500(16일,19층)
2019.03.	1억 8,500(13일,18층)
2018.12.	1억 6,000(7일,12층)
2018.11.	1억 5,000(14일,16층)
2018.09.	1억 5,000(28일,1층)
2018.07.	1억 6,000(21일,9층) 1억 6,000(7일,7층)
2018.06.	1억 7,000(8일,6층)

출처: 네이버 부동산(https://land.naver.com/)

로열층 기준으로 2억 4,000만 원부터 2억 6,000만 원 정도에 거래가 됐다. 경매의 장점은 시세보다 저렴하게 살 수 있다는 것인 만큼 나는 거래된 물건들보다 최소 2,000만 원 정도는 저렴하게 사는 것을 목표로 정했다.

대형 평수라서 전세가는 그리 높지 않았다. 1억 5,000만~6,000만 원 수준이었다. 로열층이나 저층이나 전세가는 크게 차이가 없었다. 낙찰을 받아 전세를 놓는다고 했을 때 투자금이 많이 들어갈 수밖에 없는 상황이었다.

반면 월세 시세는 보증금 편차가 상당히 컸다. 인근 부동산중개소에 확인해보니 2,000만 원에 80만 원 또는 3,000만 원에 70만 원이 적당하다고 했다. 낙찰을 받으면 전세가 아닌 대출과 월세보증금을 통해 투자금을 최소화하는 것을 목표로 잡았다.

현장에서 최저가, 최고가 수준 확인하기

인터넷으로 손품을 팔아 얻을 수 있는 최대한의 정보를 얻었다면 현장으로 나가 내가 파악한 정보가 확실한지 확인할 필요가 있다. 과거 실거래가와 전·월세 수준을 파악한 정보를 토대로 현재 시장에 나온 최고가·최저가를 파악해야 한다. 인근 부동산 세 곳에 문의한 결과 수리 여부에 따라 2억 6,000만 원에서 2억 7,000만 원까지 받을 수 있다고 했다. 보수적으로 2억 6,000만 원에 매도한다고 했을 때 과연 얼마 정도를 남길 수 있는지 고민해봐야 했다.

요즘에는 부동산 카페와 맘 카페가 활성화되어 있다. 맘 카페에서는 부동산뿐만 아니라 학군, 살림, 교육, 육아 등의 정보가 활발하게 공유된다. 언뜻 무관해 보이지만 이런 정보들도 부동산 투자에 도움이 된다. 내가 입찰하고자 하는 물건의 장단점은 물론, 그 동네에 살면서 불편한 점과 향후 지역 발전 계획 등 다양한 정보도 얻을 수 있다.

부동산을 팔 때도 중개소 몇 곳에만 매물 의뢰를 하기보다 지역 부동산 카페, 피터팬, 맘카페 등 여러 온라인 커뮤니티에 매물을 올리면 노출이 많이 되어 더 빠르게 매도할 수 있다. 파는 것도 기술인 시대다.

입찰가, 나는 이렇게 산정했다

〈그림 2-14〉를 다시 확인해보자. 인천광역시 가정동 경매 물건의 최저가는 1억 9,600만 원이었다. 우리에게는 두 가지 숫자가 있다. 경매 최저가와 우리가 파악한 현재 시세(2억 5,000만 원)가 그것이다. 이 가운데 무엇을 기준으로 입찰가를 써야 할까?

이 책을 열심히 읽었다면 답은 자연스럽게 알 것 같다. 최저가가 아니라 보수적인 시세가 기준이 되어야 한다. 당신은 얼마의 수익을 남기길 원하는가?

왕초보라도 조금만 열심히 움직이면 1,000만~2,000만 원의 수익을 얻는 것은 어렵지 않다. 초보자라면 기대 수익의 수준을 입찰가에 반영하는 것도 방법이다. 우리가 알아본 시세를 참고해 입찰가를 계산해보면 다음과 같다.

2억 6,000만 원(우리가 알아본 시세) – 1,000만~2,000만 원(기대 수익)
= 2억 4,000만~2억 5,000만 원(입찰가)

단지 1,000만 원 남기려고 경매를 하는 것은 아니다. 하지만 당신은 아직 초보자임을 명심하라. 나는 이 아파트에 입찰할 때 2억 4,190만 원을 써내서 낙찰받았다. 당시 2등은 얼마나 썼을까? 2억 3,477만 원이었다. 2등보다 700만 원 이상 써서 약간 속이 쓰린 것도 사실이다.

그럼에도 내가 파악한 시세를 기준으로 잡고, '내가 이 물건을 2억 5,000만 원에 팔 때 1,000만 원을 남길 수 있으려면 얼마를 써야 할까?'를 생각하고 들어갔다. 그렇게 첫 경매를 성공시키는 게 중요하다.

경매 성공 경험이 쌓일수록 생각지 못한 추가 수익을 얻는 경우도 많았다.

기대 수익을 좀더 높게 잡는다면 이런 계산 결과가 나올 수 있다.

2억 5,000만 원 – 2,000만~3,000만 원
= 2억 3,000만~2억 4,000만 원

아마도 당시 2등은 이렇게 계산해서 입찰가를 정했을 것이다.

조금 더 공부하면서 현실적인 입찰가를 쓰고 싶다면 예전에 낙찰된

〈그림 2-17〉 과거 매각통계

선택	사건번호 물건번호 담당계	소 재 지	용도	감정가 최저가	매각기일 [입찰인원]	결과 유찰수 %	조회수
☐	2020-591 경매21계	인천광역시 서구 가정동 [illegible] [대지권 8.7평][전용 25.4평]	아파트	228,000,000 159,600,000 매각 223,180,000	2020-08-10 [입찰10명] [illegible]	배당종결 (70%) (98%)	250
☐	2019-8025 경매5계	인천광역시 서구 가정동 [illegible] [대지권 8.7평][전용 25.4평] [중복사건]	아파트	230,000,000 161,000,000 매각 202,478,000	2020-01-10 [입찰11명] [illegible]외1인	배당종결 (70%) (88%)	740
☐	2019-11472 경매12계	인천광역시 서구 가정동 [illegible] [대지권 15.8평][전용 46.3평] [중복사건,관련사건,임금채권]	아파트	275,000,000 192,500,000 매각 261,500,000	2019-12-20 [입찰8명] [illegible]	배당종결 (70%) (95%)	337
☐	2019-501807 경매12계	인천광역시 서구 가정동 [illegible] [대지권 13.1평][전용 38.4평]	아파트	259,000,000 181,300,000 매각 230,570,000	2019-09-03 [입찰10명] [illegible]	배당종결 (70%) (89%)	344
☐	2018-11352 물번[2] 경매4계	인천광역시 서구 가정동 [illegible] [대지권 7.9평][전용 20.5평] [관련사건,임금채권]	아파트상가	93,000,000 65,100,000 매각 70,000,000	2019-02-12 [입찰1명] [illegible]	배당종결 (70%) (75%)	372
☐	2018-9618 물번[2] 경매3계	인천광역시 서구 가정동 [illegible] [대지권 13.1평][전용 38.4평]	아파트	280,000,000 196,000,000 매각 241,900,000	2018-12-24 [입찰7명] [illegible]	배당종결 (70%) (86%)	286

출처: 스피드옥션

물건의 입찰가를 보면서 감을 키우는 것이 좋다. 우선 내가 입찰하려는 아파트와 최대한 유사한 인근 아파트를 찾는다. 주변 아파트 중에도 분명 경매로 매각된 물건이 있기 마련이다. 유료 경매 정보 사이트를 이용하면 그 아파트들의 감정가가 얼마였는지, 몇 명이 입찰했는지, 낙찰가가 얼마인지, 2등 입찰가는 얼마를 써냈는지 등을 쉽게 알 수 있다.

돈 되는 꿀팁

남들은 잘 모르는 입찰가 산정의 비결

관리비 조사 단계에서 입찰가 산정에 도움이 될 팁을 얻을 수 있다.

아파트라면 대부분 관리사무소 연락처가 알려져 있다. 관리사무소에 전화를 걸어서 "미납된 관리비가 얼마인가요?"라고 물어보자. 그러면 관리사무소에서는 "3개월분 50만 원입니다."라는 식으로 답변을 해준다. 그런 다음에는 경매 관련 문의 전화를 몇 번이나 받았느냐고 물어보자. 관리사무소의 답변은 대체로 다음 세 가지다.

- 업무를 못 할 지경이에요.
- 하루 한두 건은 오는 것 같아요.

- 지금 전화 주신 분이 처음이에요.

실제로 나는 입찰 당일 아침, 법원에 가기 전 관리사무소에 들른 적이 있다. 사무소 직원에게 미납 관리비를 알아보러 온 사람이 내가 처음이라는 얘길 들었다. 그래서 나는 단독 낙찰을 염두에 두고 최저가 수준의 입찰가를 적어 냈다. 결과는? 단독으로 낙찰을 받았고, 아직도 보유 중이다. 발품은 팔면 팔수록 돈이 된다.

한 가지 주의할 점은 미납 관리비 문의 전화는 최대한 입찰일 직전에 하는 게 좋다는 것이다. 그러지 않으면 내가 데이터 제공자가 될 수 있다.

경매법정에 가기 전 알아두면 좋을 것들

- 부동산 경매 전혀 어렵지 않다. 절차에 따라 필요한 서류를 준비하여 입찰하면 된다.
- 감정평가서, 현황조사서, 매각물건명세서는 반드시 꼼꼼하게 살펴보자.
- 경매에서 다루는 네 가지 가격, 즉 시세, 입찰가, 대출 가능 금액, 실투자금에 익숙해지자. 특히 입찰가를 산정할 때 중요한 가격은 현재 시세다.
- 미납 관리비 문의 전화는 입찰일 직전에 하자(입찰 당일 관리사무소에 들러 경리 담당자와 얘길 나눠보면 더 정확하고 유의미한 정보를 얻을 수 있다).

등기부 볼 줄 몰라도 당장 경매에 도전할 수 있다

기본 지식을 마스터했으니 이제 실전을 맛볼 차례다.
낙찰보다 수익과 매도가 중요하다는 것을 깨달았다면
이 장을 제대로 읽은 것이다. 기억할 건 그것뿐이다.

깔끔하게 성공한 첫 번째 낙찰

첫 낙찰, 최고의 물건을 발견하다

"2018년이 끝나기 전에 반드시 주거용 부동산을 낙찰받겠습니다!"

2018년 12월 24일, 사랑하는 사람과 데이트하기에도 바쁜 이날 나는 인천지방법원으로 향했다.

2018년이 가기 전 반드시 주거용 부동산을 낙찰받겠다는 정민우 대표님과의 약속을 지키기 위해서였다. 하지만 몸이 쉽게 움직여지지 않았다. 그동안 해온 투자 방법이 있다 보니 새로운 투자 세계에 선뜻 발이 나가지가 않았다. 하지만 올해도 얼마 남지 않았다. 실없는 사람으로 보이기 싫어 마음이 급해졌다. 남은 며칠 동안 눈에 불을 켜고 물건을 검색했다.

꾸준히 검색한 결과 나에게 딱 맞는 물건을 발견했다. 인천 서구 가정동에 있는 44평 중대형 평수의 아파트였다. 인천2호선인 가정중앙시장역과 도보 5분 거리, 석남역과는 도보 8분 거리였고 50m 이내에 가석초등학교와 가정고등학교가 있었다. 낙찰만 받는다면 임대수요는 충분할 것으로 판단했다. 짐작했듯 제2장에서 입찰가 산정 예시로 들었던 경매 물건의 이야기가 맞다. 여기서는 경매 물건을 고른 과정부터 명도까지의 과정을 상세히 설명하겠다.

경매 사이트에서 물건 정보를 살펴보니 전용면적 126.79㎡(38.35평), 감정가 2억 8,000만 원인데 1회 유찰돼 최저가가 감정가의 70%인

〈그림 3-1〉 첫 낙찰 물건의 경매 정보

열기 인천지방법원 대법원바로가기 법원안내 가로보기 세로보기 세로보기(2)

2018 타경 (임의)	물번2 [배당종결]	매각기일 : 2018-12-24 10:00~ (월)		경매3계 032-860-1603	
소재지	(22799) 인천광역시 서구 가정동 [도로명] 인천광역시 서구				
용도	아파트	채권자	우000	감정가	280,000,000원
대지권	43,252㎡ (13,08평)	채무자	송00	최저가	(70%) 196,000,000원
전용면적	126,79㎡ (38,35평)	소유자	송00	보증금	(10%)19,600,000원
사건접수	2018-04-02	매각대상	토지/건물일괄매각	청구금액	175,639,669원
입찰방법	기일입찰	배당종기일	2018-06-11	개시결정	2018-04-03

기일현황

회차	매각기일	최저매각금액	결과
신건	2018-11-26	280,000,000원	유찰
2차	2018-12-24	196,000,000원	매각
유○○/입찰7명/낙찰241,900,000원(86%) 2등 입찰가 : 234,770,200원			
	2018-12-31	매각결정기일	허가
	2019-01-30	대금지급기한 납부 (2019,01,28)	납부
	2019-03-20	배당기일	완료
배당종결된 사건입니다.			

본건

출처: 스피드옥션

〈그림 3-2〉 7호선 부평구청역~산곡역~석남역 연장 구간

출처 : 인천광역시

1억 9,600만 원으로 떨어진 물건이다. 중대형 평수지만 구축이라 가격이 상대적으로 저렴했다.

여기에 집값을 높여주는 큰 호재도 두 가지나 있었다.

첫 번째 호재는 7호선이 석남역까지 연결된다는 것이었다. 2021년 개통을 앞두고 있다. 이 아파트에서 석남역까지의 거리는 600~700m다. 7호선이 개통되면 분명 아파트 시세에 영향을 미칠 것으로 생각했다. 2·3·9호선과 신분당선이 주목받는 동안에도 7호선은 대중의 관심권에 들지 못했다. 하지만 지금은 숨겨진 황금 노선의 역할을 톡톡히 하고 있다. 출퇴근 인구가 많은 가산디지털단지를 지나 고속터미널과 강남까지 지나는 노선이니 말이다. 이뿐만이 아니다. 석남역이 개통된 후 석남역에서 청라까지 연장(2단계) 공사를 시작할 계획이다. 이렇게 되면 청라에서 김포공항 그리고 일자리가 많은 마곡까지의 접근성도 획기적으로 좋아진다.

〈그림 3-3〉 인천대로 일반화 사업 구간

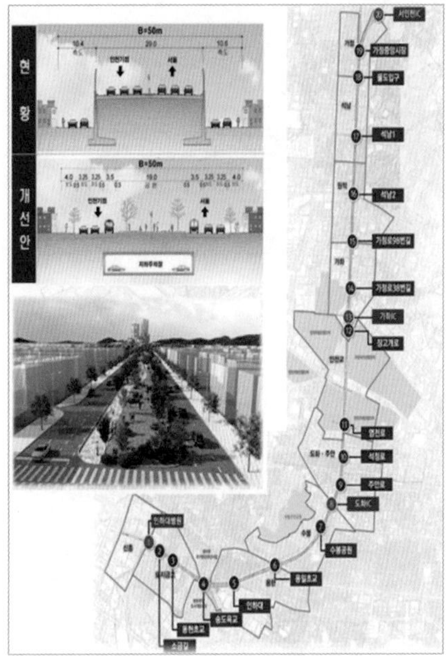

출처 : 인천광역시

두 번째 호재는 경인고속도로 일반화 사업이다. 경인고속도로는 2017년 12월 1일 고속도로에서 일반도로로 전환됐고, 현재는 인천대로로 불린다. 이 도로를 옹벽과 방음벽을 제거한 후 숲과 공원으로 탈바꿈시키고 S-BRT(Super Bus Rapid Transit; 고급형 간선급행버스체계) 도입, 차도 지하화를 추진할 예정이다. 경인고속도로 일반화-지하화 그리고 국회대로 지하화까지 진행되면 인천~여의도가 한 번에 연결된다. 여기에 새로운 교통수단인 S-BRT까지 운행하게 되면 교통이 놀랍도록 좋아진다. 또한 방음벽으로 단절되어 심하게 낙후됐던 곳에 사람들이 모여들기 시작하면 개발의 바람이 한층 더 불어올 것으로 생각했다.

가슴 뛰는 첫 번째 아파트 낙찰의 순간

입찰 당일이 됐다. 첫 번째 아파트 입찰이고 거래가 활발하게 이뤄지는 평수가 아니었기 때문에 입찰가를 보수적으로 잡았다. 2억 6,000만 원에 매도한다고 할 때 1,500만 원 정도의 수익을 얻겠다고 생각했다. 그렇다면 2억 4,500만 원에 낙찰을 받아야 했지만, 취·등록세 등 부대 비용을 고려한다면 입찰가가 조금 더 낮아져야 했다.

그런 고민 끝에 최종 입찰가를 2억 4,190만 원으로 정했다(입찰가 산정 과정은 제2장 참조). 감정가 대비 86%다.

마침내 7명의 입찰자 중 2등과 약 700만 원 차이로 낙찰받았다. 크리스마스이브에 입찰을 하러 온 보람이 있었고 정민우 대표님과의 약속도 지킬 수 있었다.

감정가의 70%를 대출받아 잔금을 납부하다

낙찰을 받았으니 그다음 절차를 진행해야 한다. 입찰보증금 10%를 제외한 90%의 잔금을 납부 기한까지 마련해야 했다. 경매 투자의 가장 큰 장점은 대출이 잘 나온다는 것이다. 대출 관련 담당자들에게 문의한 후 최종적으로 조건이 가장 좋았던 농협을 선택했다.

대출은 다음 수준까지 받을 수 있었다.

- KB부동산 시세의 70%
- 감정가의 70%
- 낙찰가의 90%

나는 감정가(2억 8,000만 원)의 70%인 1억 9,600만 원을 대출받았다.

잡음 없이 끝난 명도 과정

낙찰을 받고 해당 물건지로 이동했다. 벨을 눌렀지만 아무도 없는 것 같았다. 쪽지를 붙이고 돌아왔더니 저녁에 전화가 왔다. 현재 그 아파트에 거주하고 있는 세입자였는데, 그 사람도 경매가 진행 중이라는 사실을 알고 있었다. 배당을 받는 세입자이다 보니 이야기가 잘 통했다. 다음 날 그 집에서 만나기로 했다.

약속한 시간에 방문해서 보니 집 내부가 생각보다 깔끔했다. 세입자분이 적극적으로 안내해주면서 집 상태를 꼼꼼하게 설명해주셨다. 채무자가 2014년에 이사하면서 수천만 원을 들여 인테리어를 한 집이라고 한다. 안방에 붙박이장과 화장대가 설치되어 있어서 세입자를 새로 들일 때 큰 메리트가 될 것으로 보였다. 집을 둘러보면서 가장 아쉬웠

〈그림 3-4〉 낙찰받은 물건의 내부 모습

〈그림 3-5〉 명도확인서

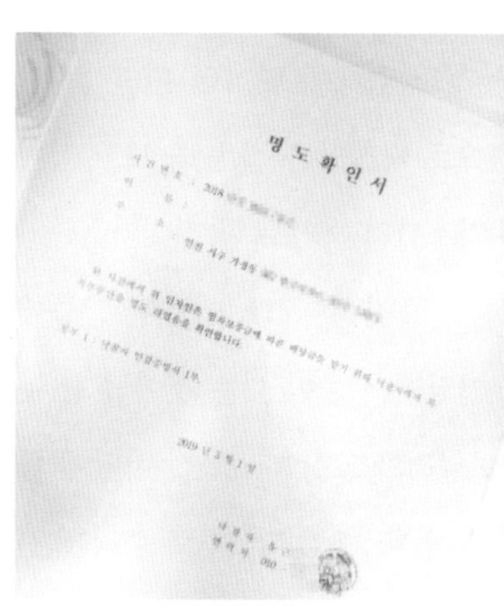

명 도 확 인 서

〈그림 3-6〉 세입자 이사하는 날

던 것은 장판 색상이었지만 내가 거주할 것이 아니었기 때문에 따로 교체할 생각은 하지 않았다.

조망도 끝내줬다. 남향이 아니고 동향이라 살짝 아쉬웠지만 앞을 가리는 것이 하나도 없었다. 가석초등학교와 가정고등학교 뒤에는 산이 자리 잡고 있는데 베란다를 통해 밖을 볼 때마다 힐링이 될 것 같았다. 내가 이곳에 거주한다면 베란다 일부를 개조해 밖을 보며 차를 마시는 공간 또는 작은 서재로 만들고 싶다는 생각이 들었다.

전액 배당을 받는 소액임차인이라 어떤 저항도 없었다. 서로 웃으며 기분 좋게 마무리됐고 짐이 다 빠지는 것을 확인한 후 명도확인서와 인감증명서를 건네드렸다.

3,000만 원 투자로 월 30만 원의 수익구조를 만들다

이제 내부를 깨끗하게 청소하고 부동산에 내놓는 일만 남았다. 집을 청소할 때 가족이 총출동했다. 전문 청소 업체에 맡기면 편하겠지만 어머니께서 아들이 경매를 통해 처음으로 낙찰받은 집을 꼭 보고 싶어 하셨다. 그리고 이왕 보러 가는 김에 청소까지 하기로 한 것이다.

구석구석 청소를 하다 보니 수리할 곳들이 몇 군데 보였다. 그중에서 가장 심각한 문제가 주방 베란다 천장에서 물이 새는 것이었다. 누수 전문가를 불러 확인해보니 윗집 보일러가 고장 나 그 집 바닥에 물이 고였고 고인 물이 우리 집으로 흘러내리고 있었다. 바로 수리를 진

〈그림 3-7〉 가족이 총출동하여 청소 완료

행했더니 더는 누수가 발생하지 않았다. 물에 젖어 보기 싫게 변한 벽지는 윗집에서 새로 도배를 해줬다.

완벽히 수리를 끝낸 뒤 최종적으로 월세를 받기로 결정했다. 몇 군데 부동산에 물건을 내놓았고, 10일 정도 후 보증금 2,000만 원에 월세 80만 원으로 세입자를 들였다. 원래는 3,000만 원에 80만 원을 받길 원했지만 통 크게 보증금 1,000만 원을 깎아드렸다.

이번 투자가 어느 정도의 성과를 냈는지 계산해보자.

- 낙찰가: 2억 4,190만 원
- 법무비용: 386만 8,220원
- 대출금: 1억 9,300만 원(농협)
- 보증금: 2,000만 원
- 투자자금: 3,276만 8,220원

전용면적 126.79㎡(38.35평) 아파트를 낙찰받는 데 비용이 3,276만 8,220원밖에 들지 않았다. 인테리어가 이미 완벽히 되어 있었기 때문에 수리비용은 0원이었고 관리비가 미납되어 있지도 않았다. 대출 이자가 월 50만 원 정도인데 월세에서 이를 제하더라도 한 달에 꼬박꼬박 30만 원씩 수익이 생기는 구조가 만들어졌다. 중·대형 아파트 투자로 월세 수입까지 얻을 수 있다니, 이게 바로 경매 투자의 매력이 아닐까? 해당 물건은 호재가 모두 반영되어 가치가 상승할 때 매도(3억 원 이상)할 예정이다.

아파트 투자를 하려면 투자금이 많아야 한다고 생각하는 사람들이 많다. 물건에 따라 다르겠지만 투자금 5,000만 원 이하로도 얼마든지 낙찰받아 수익을 낼 수 있다.

경매 사이트 이렇게 활용하라

나와 맞는 경매 사이트 찾기

경매의 모든 과정을 알았으니 경매 정보를 모아놓은 사이트를 활용하는 방법을 익혀보자. 모든 경매는 법원경매정보 사이트에서 확인할 수 있는데 유료 경매 사이트를 활용하면 물건을 훨씬 쉽게 찾을 수 있다. 대표적인 사이트로 스피드옥션(speedauction.co.kr), 지지옥션(ggi.co.kr), 굿옥션(goodauction.com), 부동산태인(taein.co.kr) 등이 있다. 검색 방법과 제공하는 정보는 비슷하지만 부동산 종류별로 조사 방법이 특화된 곳도 있다. 처음부터 1년 결제를 하기보다는 한 달 정도 이용해보고 자신에게 가장 적합한 사이트를 선택하면 된다.

이 책에서는 스피드옥션 기준으로 경매 사건을 검색해본다.

검색조건 설정

스피드옥션 메인 화면에서 상단 메뉴 가장 왼쪽 '경매검색'을 클릭한다(〈그림 3-8〉). '종합검색–검색조건입력' 화면이 뜨면 다음 사항들을 설정한다(〈그림 3-9〉).

- 소재지: 초보일수록 자신이 사는 지역이나 잘 아는 지역을 선택하는 것이 좋다.
- 현황용도: 물건 유형을 선택하는 항목이다. 주거용·상업용·토지 등

〈그림 3-8〉 스피드옥션 메인 화면

출처: 스피드옥션

으로 크게 분류되어 있고, 다음 단계로 아파트·주택·오피스텔 등으로 나뉘어 있다.

- 건물 면적: 제곱미터(㎡)로 표시되며, 구간으로 설정할 수 있다.

설정을 마치고 하단의 '검색하기'를 누르면 매물이 뜬다(〈그림 3-9〉).

〈그림 3-9〉 '경매검색' 화면

종합검색

Home > 경매물건정보 > 종합검색

종합검색 | 차량/선박검색 | 집합)주거용 85㎡이하 | 용도별검색 | 금액별검색 | 신건검색 | 유찰횟수검색 | 매각결과검색

검색조건입력

법원	본원전체 / 지원전체	사건번호	전체 타경
소재지	전체 / 구/군 선택 / 동/읍 선택	명칭검색	소재지/건물명칭
현황용도	전체 복수해제	매각기일	2020-12-12 ~ 2021-03-14

주거용	아파트	주택	다세대(빌라)	다가구(원룸등)	근린주택
	오피스텔(주거)	도시형생활주택	빌라형아파트	농가주택	
상업용	근린시설	근린상가	상가	상가(점포)	상가(주택)
	아파트형공장	숙박시설	주유소	오피스텔(업무)	병원
	아파트상가	창고	상가(사우나)	목욕탕	노유자시설
	장례식장	공장			
토지	대지	임야	전	답	과수원
	잡종지	공장용지	도로	구거	유지
	목장용지	수도용지	철도용지	체육용지	창고용지
	제방	하천	유원지	사적지	광천지
기타	축사	콘도	학교	주차장	묘지
	광업권	어업권	농가관련시설	종교시설	기타
	염전	양어장			
차량외	승용자동차	승합자동차	화물자동차	중장비	덤프트럭
	선박	SUV	차량기타		

감정가	최소 ~ 최대	최저가	최소 ~ 최대
건물면적	㎡ ~ ㎡	대지면적	㎡ ~ ㎡
유찰수	최소 ~ 최대	경매결과	진행물건
정렬순서	정렬순서01 / 정렬순서02	경매종류	전체

이해관계인 예)국민은행 ◉단어일치 ○단어포함 2020 년 12 월 (경매결과 조건 확인필요)

토지이용계획 국계법에 따른 지역/지구 선택 다른법령에 따른 지역/지구 예)개발제한구역

검색하기 | 해당조건 저장하기 | 검색초기화

출처: 스피드옥션

〈그림 3-10〉 물건 정보 상세 검색

출처: 스피드옥션

물건 정보 상세 검색

매물 정보는 입찰일이 가장 빠른 순으로 정렬된다. 기일이 오래 남은 사건은 조사할 시간에 상대적으로 여유가 있지만 입찰일의 변경, 취하 등 변동성이 더 크다. 목록 중에서 궁금하거나 시선을 끄는 물건이 있으면 클릭해본다(그런 물건이 보이지 않는다면 아무리 시간이 지나도 입찰은 어렵다고 보면 된다).

〈그림 3-10〉처럼 해당 물건에 대한 자세한 정보가 나온다. 우선 감정가, 최저가, 매각기일, 청구 금액, 사진과 지도 등을 종합적으로 살펴본다. 만약 임차인이 있다면 임대보증금, 월세, 전입일, 확정일자 등도 확인한다.

〈그림 3-10〉 상세 페이지 오른쪽에 감정평가서, 현황조사서, 매각물건명세서 세 가지 모두를 클릭해 살펴본다. 입찰하려는 사건이 아파

〈그림 3-11〉 임차인 관련 사항 검색

임차인현황 ▸ 건물소멸기준 : 2018-12-13 | 배당종기일 : 2020-07-31 　　매각물건명세서 　예상배당표

순위	성립일자	권리자	권리종류(점유부분)	보증금금액	신고	대항	참조용 예상배당여부 (최저가기준)
1	전입 2019-08-12 확정 2019-08-12 배당 2020-07-10	주택도시보증공사	주거임차인 전부	【보】 400,000,000원	O	없음	배당금: 155,314,400원 미배당: 244,685,600원 일부배당(미배당금 소멸예상)

● 임차인(별지)점유

- : 임대차보증금 양수인 주택도시보증공사 있음 주택도시보증공사 : 임차인 의 임차보증금 양수인임

건물 등기 사항 ▸ 건물열람일 : 2020-05-19 　　등기사항증명서

구분	성립일자	권리종류	권리자	권리금액	상태	비고
갑1	2013-05-14	소유권			이전	보존
갑2	2018-12-13	소유권		(거래가) 883,000,000원	이전	매매
을1	2018-12-13	(근)저당		458,400,000원	소멸기준	(주택) 소액배당 10000 이하 3400 (상가) 소액배당 5500 이하 1900
을1-3	2020-03-30	(근)저당질권		458,400,000원	소멸	
갑4	2020-04-28	임의경매		청구: 393,524,875원	소멸	

출처: 스피드옥션

〈그림 3-12〉 해당 사건 등기사항전부증명서

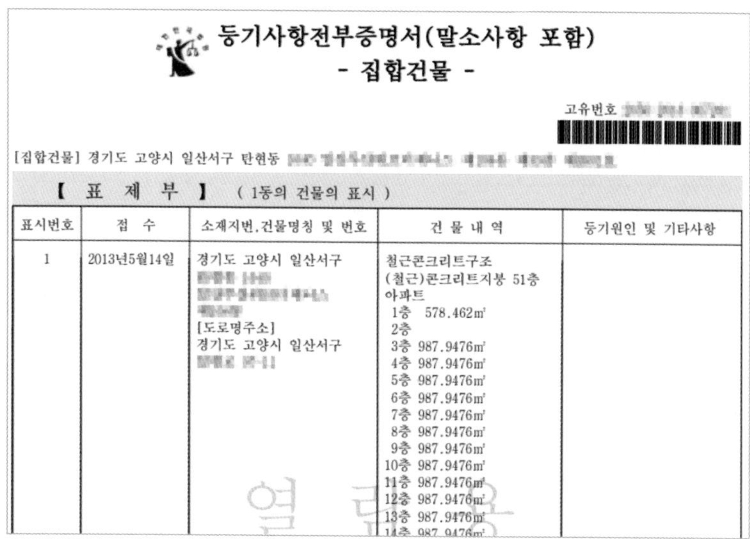

등기사항전부증명서(말소사항 포함)
- 집합건물 -

고유번호

[집합건물] 경기도 고양시 일산서구 탄현동

【 표 제 부 】 (1동의 건물의 표시)

표시번호	접 수	소재지번,건물명칭 및 번호	건 물 내 역	등기원인 및 기타사항
1	2013년5월14일	경기도 고양시 일산서구 [도로명주소] 경기도 고양시 일산서구	철근콘크리트구조 (철근)콘크리트지붕 51층 아파트 1층 578.462㎡ 2층 3층 987.9476㎡ 4층 987.9476㎡ 5층 987.9476㎡ 6층 987.9476㎡ 7층 987.9476㎡ 8층 987.9476㎡ 9층 987.9476㎡ 10층 987.9476㎡ 11층 987.9476㎡ 12층 987.9476㎡ 13층 987.9476㎡ 14층 987.9476㎡	

출처: 대법원 인터넷등기소

〈그림 3-13〉 주요 등기사항 요약

주요 등기사항 요약 (참고용)

[주 의 사 항]

본 주요 등기사항 요약은 증명서상에 말소되지 않은 사항을 간략히 요약한 것으로 증명서로서의 기능을 제공하지 않습니다. 실제 권리사항 파악을 위해서는 발급된 증명서를 필히 확인하시기 바랍니다.

고유번호

[집합건물] 경기도 고양시 일산서구 탄현동

1. 소유지분현황 (갑구)

등기명의인	(주민)등록번호	최종지분	주 소	순위번호
	-*******	단독소유	경상북도 경산시	2

2. 소유지분을 제외한 소유권에 관한 사항 (갑구)

순위번호	등기목적	접수정보	주요등기사항	대상소유자
4	임의경매개시결정	2020년4월28일 제64876호	채권자	

3. (근)저당권 및 전세권 등 (을구)

순위번호	등기목적	접수정보	주요등기사항	대상소유자
1	근저당권설정	2018년12월13일 제148121호	채권최고액 금458,400,000원	
1-1	근저당권이전	2020년3월30일 제49873호		
1-2	근저당권이전	2020년3월30일 제49874호	근저당권자	
1-3	근질권	2020년3월30일 제49875호	채권최고액 금458,400,000원 채권자	

[참 고 사 항]

가. 등기기록에서 유효한 지분을 가진 소유자 혹은 공유자 현황을 가나다 순으로 표시합니다.
나. 최종지분은 등기명의인이 가진 최종지분이며, 2개 이상의 순위번호에 지분을 가진 경우 그 지분을 합산하였습니다.
다. 지분이 통분되어 공시된 경우는 전체의 지분을 통분하여 공시한 것입니다.
라. 대상소유자가 명확하지 않은 경우 '확인불가'로 표시될 수 있습니다. 정확한 권리사항은 등기사항증명서를 확인하시기 바랍니다.

출처: 스피드옥션

트라면 감정평가서를 보지 않고 입찰하는 경우도 많지만, 나머지 두 가지는 입찰 전에 반드시 확인해야 한다.

'등기(집합)'를 클릭하면 해당 집합건물에 대한 등기사항전부증명서를 볼 수 있다. 직접 열람할 경우 700원의 비용이 들어가지만 대부분의 유료 경매 사이트에서 정보 중 하나로 제공하고 있다. 경매 입찰자가 등기사항전부증명서(이하 등기부)를 반드시 볼 필요는 없지만, 그 부동산에 대한 이력을 볼 수 있으니 클릭해보길 추천한다.

괜찮은 물건을 찾았다면

〈그림 3-10〉에서 '관심등록' 버튼을 클릭한다. 그러면 관심물건으로 등록되어 입찰일에 따라 캘린더에 표시된다. 이렇게 작성된 입찰 캘린더는 스피드옥션에서 제공하는 유용한 기능 가운데 하나다. 로그인할 때 팝업창을 통해 진행 또는 변경 사항을 알려주거나 내가 관심 둔 경매 사건들을 월별로 한눈에 볼 수 있다. 특히 '변경', '신건', '매각', '유찰 3회' 등이 붉은 글씨로 적혀 있어 입찰과 낙찰 관련 정보를 쉽게 확인할 수 있다.

인쇄도 할 수 있다. '요약 인쇄'라는 항목을 클릭하면 캘린더를 1장짜리로 출력할 수 있으니 집이나 회사의 책상에 붙여두는 것도 좋다. 중요한 것은 자주 들여다보는 것이다. 퇴근 후에 따로 시간을 내서 보려면 쉽지 않다. 점심시간 등 자투리 시간을 잘 활용하자.

언제, 얼마나 찾을까?

스피드옥션 메인 화면(〈그림 3-8〉)에 '관심저장물건'이라고 쓰여 있고,

〈그림 3-14〉 스피드옥션에서 제공하는 개인 입찰 캘린더

출처: 스피드옥션

그 옆에 숫자가 뜬다.

나의 현재 관심저장물건은 6,553건이다. 10년 차 유저이니 1년에 약 500건의 경매 사건을 관심물건으로 등록했다는 얘기다. 많아 보이지만 날짜로 나누어보면 하루 한두 건 수준이다. 처음부터 욕심내지 말고 꾸준히 보는 게 좋다. 지금은 기계처럼 검색하고 짧은 시간 동안 필요한 정보만 본다. 나도 10년 전에는 경매 사건 하나를 보는 데 30분이 걸리기도 했지만, 지금은 30분이면 10개 이상의 경매 매물을 검색할 수 있게 됐다. 익숙해질 때까지 하루 20분씩 경매 사건 검색 및 낙찰 결과 확인을 지속하길 권한다.

물건은 찾겠는데 입찰하러 법원에 가는 건 두렵다면?

공매는 범용공동인증서 또는 온비드전용인증서만 있으면 집이든 회사든, 한밤중이든 새벽이든 얼마든지 입찰할 수 있다. 반면 경매는 꼭 법원에 가야 한다. 그래서 직장인의 경우 반차나 월차를 내고 가는 사람들도 많다. 하지만 입찰 시마다 휴가를 낸다는 게 쉬운 일은 아니다. 더욱이 입찰한다고 다 낙찰받는 것도 아니니 패찰이 몇 번 되면 그만 포기해버리고 만다. 이런 문제를 해결하기 위해서는 낙찰될 때까지 입찰하겠다는 마인드가 중요하다. 입찰가를 대충 쓰고 '운 좋으면 되겠지' 하는 마음이라면 법원에 가는 것보다 집에서 편히 쉬는 것을 추천한다.

그리고 꾸준히 입찰할 수 있는 시스템을 만드는 게 중요하다. 지칠 때 조언을 해주거나 함께 투자하는 지인들이 옆에 있으면 동기부여가 되고 자극도 받을 수 있다. 이 밖에 매번 입찰을 위해 법원에 가는 것이 쉬운 일은 아니므로 입찰을 위임할 수 있는 가족, 지인, 친구 등이 필요하다. 퇴직하신 부모님께 대신 입찰을 부탁하며 용돈을 드리는 사람들도 많다.

성공 투자의 결실은 달콤하지만 그 과정은 외롭다. 익숙해지기 전까지는 누구나 겪는 일이니 할 수 있다는 자신감을 가져보자. 초보라면 같은 목적을 지닌 사람들과 의견을 교환하고 시야를 넓힐 수 있는 자리에 지속적으로 참석하는 게 좋다.

가장 중요한 것은 포기하지 않는 마음가짐

경매 정보 제공 사이트는 사용자가 편리하게 검색할 수 있도록 대부분 정보를 담아놓는다. 초보자들이 두려워하는 권리분석 역시 잘되어 있다. 하지만 프로그램을 돌려서 제공하는 것이다 보니 100% 신뢰하기는 어렵다. 이 책에서 배운 대로만 해보자.

경매 투자에서 권리분석이 차지하는 비율은 5%도 되지 않는다. 나머지 95%는 해당 부동산의 가치를 파악하는 것이다. 실제로 지인 중에는 이곳저곳을 다니며 경매 공부만 수년째 하는 분도 있고, 등기부 한 번 본 적 없던 왕초보가 2~3시간 배워 입찰해서 낙찰받아 오기도 했다.

경매 물건을 검색하며 가슴 뛰는 물건을 찾아보자. 권리분석은 위험을 피하기 위한 최소한의 공부면 족하고, 패찰을 하더라도 포기하지 않는다는 마인드가 더 중요하다. 몇 번의 패찰을 경험하고 경매는 돈이 되지 않는다면서 경매 시장을 떠나는 사람이 부지기수다. 그렇기에 당신에게 기회가 있는 것이다.

처음 입찰해서 낙찰을 받는 운 좋은 사람도 있지만, 대다수는 몇 번씩 도전한 다음에 그런 결과를 얻는다. 꾸준히 입찰하다 보면 어느 순간 낙찰과 수익이라는 선물이 당신에게 다가와 있을 것이다.

지식은 결코 경험을 이길 수 없다. 대부분의 일이 그렇지만, 특히 경매 투자는 한 번이 어렵지 두 번째부터는 훨씬 쉬워진다는 것을 명심하자.

경매는 '검색 → 조사 → 입찰 → 낙찰 → 등기(대출) → 명도 → 수익실현'이라는 사이클로 이뤄진다. 단계별로 집중력을 발휘해보자. 몇 번의 낙찰로 전 과정을 쉽게 진행할 수 있으며 경매가 쉽게 느껴지는 경험을 할 것이다.

경매는 연습과 실전이 답이다

1단계: 관심 있는 물건 저장하기

쇼핑하듯 사고 싶은 것을 저장한다. 가슴 뛰는 물건일수록 좋다. 쇼핑과 마찬가지로 장바구니에 담는다고 다 사는 것은 아니다.

2단계: 관심물건 등록 후 며칠 후 다시 보기

처음엔 가슴 뛰었던 부동산이 시간이 조금 지나면 그렇지 않기도 하고, 그보다 더 좋은 물건이 나타나기도 한다. 초보일수록 권리분석에 목을 매는데 그러다 보면 흥미를 느끼지 못하고 빨리 지칠 수 있다. 그냥 '빨간색 문구가 있는 사건 패스', '어려운 건 일단 패스' 이런 식으로 모르는 것은 과감히 넘기자. 수익은 권리분석을 잘해서 얻는 게 아니다.

초보가 도전하는 사건 대부분(아파트, 오피스텔, 빌라 등)이 권리상 하자가 없는 물건이다. 위험한 물건은 유료 경매 사이트에서 빨간색으로 경고해줄 뿐 아니라 매각물건명세서나 현황조사서 등만 잘 살펴봐도 리스크를 사전에 인지할 수 있다.

3단계: 낙찰받고 싶은 것 중 나와 맞는 부동산 추려내기

관심 가는 물건이 10개라면 5개로 줄이고, 그다음 3개로 줄이고, 최종적으로 1개로 압축한다. 휴가 내서 법원에 입찰하러 가는 시간이 기다려질 정도의 물건이어야 한다. 가슴 뛰는 물건이면 더 좋다.

4단계: (모의) 입찰

가슴 뛰는 물건을 만나면 반드시 낙찰받겠다는 각오로 입찰해야 한다. '되면 좋고 아니면 말고' 식의 입찰은 패찰을 부를 뿐이다. 투자는 운이 아니라 본인의 확신으로 결과가 정해지는 게임이다.

5단계: 입찰 결과 확인하기

입찰 결과는 낙찰 아니면 패찰 둘 중 하나다. 당신의 입찰가와 낙찰가를 비교해보라. 다른 입찰가들과 비교했을 때 터무니없는지 근소한 차이인지 알 수 있다. 패찰하더라도 무덤덤해져야 한다. 나보다 절실한 사람이 있었을 뿐이다. 아니면 내가 보지 못한 부동산의 장점을 그가 봤을 것이다. 만일 근소한 차이라면 낙찰이 멀지 않았다.

입찰가 쓰는 데 자신이 없거나 낙찰가와 계속 차이가 크다면 현실감이 떨어지거나 시세 조사를 제대로 하지 않은 것이다. 실거래가와 매물 가격은 물론 몇 명이 입찰했는지, 1등만이 아니라 2등의 입찰가는 얼마인지 매번 메모해두고 시세 변화에 관심을 가져라. 그래야 기회가 왔을 때 붙잡을 수 있다.

6단계: 꾸준한 반복 연습

경매 물건은 계속 나온다. 다섯 번의 연속된 패찰 끝에 낙찰받아 큰 수익을 낸 왕초보 투자자도 있다. 될 때까지 한다는 마인드가 중요하다.

패찰을 거듭하면, 오기가 생겨 방법을 찾는 사람과 경매는 돈이 안 된다며 포기하는 사람으로 나뉜다. 경매뿐 아니라 어떤 투자에도 적용되며 투자 스킬보다 꾸준함과 될 때까지 해본다는 마인드가 더 중요하다. 가슴 뛰는 물건 찾기, 모의 입찰 그리고 피드백. 이게 전부다.

한 분야씩 파나가도 좋다. '아파트 → 오피스텔 → 빌라 → 지식산업센터 → 상가 → 공장·건물' 순서로 해도 좋고 내가 잘 아는 지역에 나오는 모든 경매 물건을 모니터링해도 좋다.

한 지역을 몇 달만 꾸준히 봐도 물건을 보는 안목이 달라지고 예상 낙찰가가 매직아이처럼 떠오르는 경험을 하게 된다. 실제로 왕초보였던 직장인 투자자는 인천 지역 물건을 일주일에 2~3회 입찰한 결과 한 달 만에 2건을 낙찰받았다. 아파트의 위치, 연식, 세대 수, 평형대, 개발 호재 등을 종합적으로 참고한 결과 해당 법원에서 진행하는 대부분의 아파트 경매 사건 낙찰가에 놀라울 정도로 근접했다.

나 역시 귀찮은 것은 누구보다 싫어하는 성격이다. 하지만 부동산 투자와 경매를 통해 힘들고 지루한 순간(연속된 패찰, 연속된 계약 실패 등)을 잘 견뎌야 한다는 것을 배웠다. 당장 낙찰로 이어지지 않는 현장 조사의 시간 역시 낭비가 아님을 알게 됐다. 그렇게 꾸준히 10년을 한 결과 이제는 낙찰받지 않은 부동산 종류를 찾기 어려울 정도가 됐다.

경매·공매 투자를 활자로 배워 잘하기는 어렵다. 최소한의 공부는 하되 물건 검색, 조사, 입찰을 꾸준히 반복해야 한다. 경매 사이트를 하루 20분씩 꾸준히 검색하고 낙찰 결과를 확인해보자.

낙찰 확률 높이는 요령

남들과 반대로 움직이자

내가 경매를 통해 처음 아파트를 낙찰받은 날은 2018년 12월 24일이었다. 그날이 무슨 날인가. 크리스마스이브다. 가족, 연인과 함께하는 특별한 이벤트로 모두가 들떠 있는 날이다. 그 소중한 날에 법원 경매를 하러 간다고 하면 좋아할 여자친구나 아내가 있을까? 법원에 간다고 100% 낙찰받는 것도 아니니 다음에 더 좋은 물건에 입찰하고, 이런 날은 나와 함께 있자고 유혹(?)할 것이다. 대부분의 사람은 이런 말에 경매를 미루기 쉽다.

바로 그런 이유로 폭설이 내리거나 폭우가 쏟아지는 날, 샌드위치 데이라고 불리는 징검다리 휴일이나 크리스마스이브처럼 특별한 날은 평상시보다 입찰자 수가 적다. 경매에서는 종종 아주 적은 금액으로 승자와 패자가 결정되는데, 경쟁자가 한 명이라도 줄어든다면 그만큼 낙찰 확률은 높아진다.

신건 입찰로 낙찰 확률을 높이자

나는 신건 입찰을 즐긴다. 경쟁을 좋아하지 않기 때문이다. 특히 부동산 상승장일 때는 감정가보다 현재 시세가 훨씬 높은 경우가 많기 때문에 신건은 사람들의 관심도가 확실히 덜하다. 유찰되어 가격이 내려간 물건 위주로 검색하는 사람들이 대부분이기 때문이다. 여기에 기회가 있다.

다음은 송도에 있는 전용면적 25.67평짜리 아파트 경매 사례다. 감정가가 4억 7,100만 원이었는데, 입찰 당시의 시세는 5억 3,000만 원 정도였다.

송도 신축 아파트 가격과 분양권 프리미엄 가격이 치솟는 동안 상대적으로 관심을 덜 받는 지역에 있는 아파트였다(〈그림 3-15〉). 그러다가 신축과 구축 가격의 차이가 커지자 키 맞추기가 시작됐다. 신건이었지만 이 아파트에 총 10명이 입찰했고, 내가 5억 359만 원에 낙찰받았다. 낙찰 후 한 달도 되지 않아 시세는 5억 7,000만 원까지 올랐고,

〈그림 3-15〉 감정가보다 입찰가가 훨씬 높았던 경매 사례

인천지방법원 대법원바로가기 법원안내 가로보기 세로보기 세로보기(2)

2019 타경 (임의)		매각기일 : 2020-01-30 10:00~ (목)		경매10계 032-860-1610	
소재지	(21982) 인천광역시 연수구 송도동 [도로명] 인천광역시 연수구				
용도	아파트	채권자	한0000000	감정가	471,000,000원
대지권	50.1582m² (15.17평)	채무자	임00	최저가	(100%) 471,000,000원
전용면적	84.8507m² (25.67평)	소유자	임00	보증금	(10%)47,100,000원
사건접수	2019-05-15	매각대상	토지/건물일괄매각	청구금액	98,342,952원
입찰방법	기일입찰	배당종기일	2019-07-30	개시결정	2019-05-16

기일현황

회차	매각기일	최저매각금액	결과
신건	2020-01-30	471,000,000원	매각
/입찰10명/낙찰503,590,000원(107%) 2등 입찰가 : 497,789,000원			
	2020-02-06	매각결정기일	허가
	2020-03-11	대금지급기한 납부 (2020.03.09)	납부
	2020-04-16	배당기일	완료
배당종결된 사건입니다.			

출처: 스피드옥션

2021년 1월 현재 8억 원 내외로 시세가 형성되어 있다. 만약 한 번 유찰된 다음에 입찰하려 했다면 입찰 기회조차 얻지 못했을 것이다.

신건 입찰로 성공한 또 다른 사례가 있다. 서울시 중랑구 면목동에 있는 전용면적 13.46평짜리 아파트(〈그림 3-16〉)다. 감정가가 2억 9,800만 원이었는데 시세와 큰 차이가 나는 가격이었다. 손품, 발품을 팔아 저평가되어 있다는 확신을 얻었고 신건에 입찰하기로 마음먹었다.

총 3명이 입찰했는데, 2등과 700만 원 정도 차이로 내가 낙찰을 받았다. 낙찰 후 잔금 납부를 기다리는 동안 정부에서 6·17 부동산 대책을 발표했고, 그 여파로 서울 중위권 아파트 가격이 일제히 올라버렸다. 예상치 못한 일이었다.

이 물건은 잔금 납부 후 2주 만에 3억 7,000만 원에 매도 계약을 체

〈그림 3-16〉 신건 입찰로 큰 수익을 낸 사례

서울북부지방법원 대법원바로가기 법원안내 | 가로보기 세로보기 세로보기(2)

2019 타경 (강제)		매각기일 : 2020-05-11 10:00~ (월)		경매8계 02-910-3678	
소재지	(02133) 서울특별시 중랑구 면목동 [도로명] 서울특별시 중랑구				
용도	아파트	채권자	정OO	감정가	298,000,000원
대지권	25.29㎡ (7.65평)	채무자	이OO	최저가	(100%) 298,000,000원
전용면적	44.5㎡ (13.46평)	소유자	이OO	보증금	(10%)29,800,000원
사건접수	2019-07-29	매각대상	토지/건물일괄매각	청구금액	50,000,000원
입찰방법	기일입찰	배당종기일	2019-11-01	개시결정	2019-08-22

기일현황

회차	매각기일	최저매각금액	결과
신건	2020-03-30	298,000,000원	변경
신건	2020-05-11	298,000,000원	매각
/입찰3명/낙찰323,990,000원 (109%) 2등 입찰가 : 316,135,000원			
	2020-05-18	매각결정기일	허가
	2020-06-19	대금지급기한 납부 (2020.06.18)	납부
	2020-07-23	배당기일	완료
배당종결된 사건입니다.			

출처: 스피드옥션

결했다. 2,000만 원 정도의 수익을 생각하고 낙찰받았는데 6·17대책 덕분에(?) 기대 수익보다 더 큰 4,600만 원의 수익(세전)을 올린 것이다. 신건 입찰을 하지 않았다면 낙찰 기회를 얻지 못했을 테니 수익도 없었을 것이다. 참고로 매도하고 나서 2개월 뒤 최근 실거래가를 확인해보니 4억 500만 원이 찍혀 있었다(속이 쓰린 건 어쩔 수 없다).

잃지 않는 투자가 첫째 조건이다

경매의 꽃은 낙찰이 아닌 매도

경매를 하면서 가장 쉬운 건 무엇일까? 바로 '낙찰받는 것'이다. 낙찰받는 게 가장 쉽다고? 맞다! 정말 쉽다. 높게만 쓰면 되기 때문이다. 하지만 아무 생각 없이 높게만 쓰면 어떻게 될까? 낙찰은 받겠지만 손해가 클 것이다. 처음 경매를 시작하는 사람들은 낙찰이 어렵다고 생각하지만, 그게 아니다. 낙찰은 쉽다. 엑시트가 어려운 것이다. 경매의 꽃은 낙찰이 아니라 매도다. 이 점을 명심하자. 오직 낙찰만을 위해 입찰했다가 손해를 본 몇 가지 사례를 소개한다.

서울에 있는 땅이라 높게 썼는데 단독 낙찰이라고?

"용쌤, 첫 낙찰을 받았어요."

카페에 이런 제목으로 글이 올라왔다. 기쁜 마음에 게시글을 읽었는데 기쁨은 금세 안타까움과 탄식으로 바뀌었다.

그 수강생은 수업을 듣고 2주 차에 첫 번째 입찰을 했는데 6명 중 5등이었다. 비록 패찰이었지만 여러 명이 입찰한 것을 보고 '내가 사람들이 탐낼 만한 물건을 잘 고르고 있구나'라고 생각했다고 한다. 그렇게 쌓인 자신감으로 일주일 뒤 수업 때 사례로 본 물건과 비슷한 물건에 입찰했다. 하지만 자신감이 과했던 것일까. 받지 말아야 할 물건을 받고 말았다.

한 번도 유찰되지 않은 신건이었고 유찰이 안 될 좋은 물건이라고 생각해 통 크게 입찰했다고 한다. 서울에 있는 땅이라는 이유 하나만으로 말이다. 그분은 낙찰 문자를 받고 두근거리는 마음으로 상세 입찰 결과를 열어봤는데, 놀랍게도 '단독 낙찰'이었다. 그러니까 아무도 입찰하지 않은 물건에 혼자 높은 가격을 써내 낙찰받은 것이다. '등골이 오싹하다'라는 표현이 딱 들어맞는 상황이다.

나는 그분께 아쉽지만 잔금 납부를 포기하라고 말씀드렸다. 해당 지역이 언제 개발될지 불투명했고 이해관계인에게 팔 수도 없는 땅이었기 때문이다. 1,000만 원이 넘는 금액을 들여 소유권을 가져오는 건 손해만 키우는 일이었다.

너무 싸게 나와서 임장도 안 해보고 샀다고?

"용쌤! 현장에 와봤는데 폐가 수준이에요."

운전 중 한 수강생에게 전화가 왔다. 통화를 해보니 낙찰받은 물건의 잔금 납부를 하고 나서 처음으로 현장에 와봤다고 한다.

"길도 없고 완전 다 쓰러져가는 집 뒷마당이네요. 주변을 멀리까지 돌아다녀도 부동산 하나 없고요. 이럴 땐 어떻게 해야 하죠?"

생각했던 것과 달리 완전히 내버려진 땅이었던 것이다. 경매 정보지에 올라와 있는 사진으로는 관리가 어느 정도 되는 것처럼 보여 임장을 가지도 않고 낙찰을 받았는데, 사진과 현장이 너무도 달라 당황스럽다고 했다. 내가 물었다.

"그런 땅을 도대체 왜 낙찰받으신 거죠?"

"워낙 싸게 나와서요. 유찰이 많이 됐더라고요."

답변을 듣고 말문이 막혔다. 싸게 나왔다는 것, 여러 번 유찰됐다는 것만으로 입찰해서 낙찰을 받은 것이다. 서울에 거주하는 분인데 자동차로 4시간이나 걸리는 영암에 있는 땅을 말이다. 너무 멀어 주말농장으로도 사용할 수 없었다. 나조차 당황스러울 뿐이었다.

시세도 모르는 지역에서 3개나 낙찰됐다면?

"용쌤! 오늘 아파트를 3개나 낙찰받았어요. 완전 망했습니다."

또 다른 수강생의 안타까운 사연이다. 이분은 직장에 다니며 부동산 투자를 하고 있었다. 개인 명의로 여러 채의 아파트에 투자하다가 더 공격적으로 투자하기로 마음먹고 부동산 법인까지 만들었다.

법인 설립 후 수도권 지역의 아파트에 열심히 입찰했지만 결과가 좋지 않았다. 다섯 번도 넘는 연속 패찰이었다. 이쯤 되면 오기가 생기고 판단력이 흐려질 수밖에 없다. 연차나 월차까지 내고 입찰하러 갔는데 패찰만 계속된다면 기분이 어떻겠는가. 짜증이 폭발할 것이다. 더 이상 패찰은 용납할 수 없게 되고, 입찰가를 조금 높게 쓰더라도 반드시 낙찰을 받고 말겠다는 마음이 솟구친다.

그날도 휴일에 입찰하러 갈 수 있는 법원이 없을까 검색해보던 중 창원지방법원에서 경매가 진행된다는 걸 알게 됐다고 한다. 운명이라 생각하고 지방까지 내려가 한 번에 4개의 아파트에 입찰했는데 그 결과가 3개 낙찰이었다. 나머지 1개는 2등으로 패찰이었다. 낙찰을 받았으면 기뻐해야겠지만 하나씩 낙찰이 될 때마다 가슴이 철렁 내려앉으면서 불안감이 극에 달했다고 한다.

'내가 너무 높게 썼나? 이러면 안 되는데….'

'설마 4개 모두 낙찰되는 거 아니야?'

불안감은 곧 현실이 됐다. 잘 모르는 지역이다 보니 대충 감으로 입찰가를 정했고, 비행기 타고 창원까지 왔는데 빈손으로는 절대 돌아갈 수 없다는 생각에 입찰가를 높게 적어 냈다고 한다. 그래서 시세와 거의 비슷한 수준으로 낙찰을 받게 됐다.

"용쌤, 낙찰은 받았는데 방법이 없네요…. 아무래도 모두 손해 보고 팔아야 할 것 같아요."

낙찰 후 해당 물건이 있는 동네의 부동산중개소에 들러 시세를 조사해봤는데 창원 지역 부동산 경기가 좋지 않고 주변에 입주 물량까지 많다는 얘기를 들었다고 한다. 게다가 한 번에 3개나 낙찰받은 탓에 대출 또한 문제였다. 잔금을 납부하려면 카드 현금 서비스까지 받아야 하는 상황이었다. 이러나저러나 손해가 확실한데 그나마 입찰보증금을 포기하는 것이 손해 액수를 줄이는 방법이었다.

이상 세 가지 사례를 통해 느끼는 게 많을 것이다. 다시 한번 이야기하지만 경매에서 낙찰은 정말 쉽다. 입찰가를 높게만 적으면 되기 때문이다. 그러나 가장 중요한 건 잃지 않는 투자를 하는 것이고, 반드시 수익을 낼 수 있는 물건에만 입찰해야 한다는 것이다. 실패는 성공의 어머니라고 하지만 경매에서 한 번 실패를 맛보면 더 해나갈 힘을 잃게 된다. 생명과도 같은 소중한 투자금을 절대 잃어서는 안 된다. 반드시 수익 내는 투자를 해야 한다.

경매 입찰 전 알아두면 좋을 것들

- 낙찰받고자 하는 지역의 낙찰가와 입찰자 수를 꾸준히 모니터링하자(모의 입찰은 실전에 큰 도움이 된다).
- 비용이 들더라도 유료 경매 사이트 하나 정도는 가입하는 것이 좋다. 하루 15분 정도 관심물건을 검색하고 낙찰 결과를 확인하는 습관을 들이자.
- 부동산 시장 상승기에는 유찰된 사건보다 신건에 입찰하여 낙찰 확률을 높이자.
- 경매에서 낙찰은 금액만 높게 쓰면 쉽다. 중요한 것은 얼마나 수익을 내고 매도할 수 있는가다.

손품, 발품만 열심히 팔아도 1,000만 원 더 번다

반드시 오를 부동산을 싸게 사는 것이 경매다.
간단하다. 위험한 물건은 권리분석으로 피하고
반드시 오를 것이라는 확신은 손품과 발품으로 얻는다.

권리분석, 위험한 물건을 피하는 지뢰찾기 게임

권리분석, 말소기준권리 꼭 알아야 하나?

초보라면 처음부터 깊게 파고들 필요가 없다. 일단 이것만 알고 시작하자. 경매로 나오는 부동산은 저마다 다른 사연을 안고 새로운 주인을 기다리고 있다는 점이다.

사람에게 주민등록증이 있듯 부동산에는 등기사항전부증명서, 즉 등기부가 있다. 등기부는 부동산의 역사와 이력을 보여주는데 소유자의 변동, 대출자나 채무자의 이름과 주소, 근저당권자 등의 담보권 설정까지 모두 담겨 있다. 만일 등기부가 깨끗하지 않고 여러 권리가 남아 있다면 어떨까? 덕지덕지 붙은 그 권리들을 떠안으면서 부동산을 매수할 사람은 없을 것이다.

부동산 권리의 소멸과 인수

경매로 나온 부동산은 중개소를 통해 일반적인 매매 거래를 할 수 없을 정도로 채권, 채무 관계가 얽혀 있는 경우도 많다. 만일 이런 권리들이 소멸하지 않고 낙찰자에게 인수된다면 누가 입찰하려 하겠는가. 돈을 빌린 사람(채무자)이 이자를 내지 못하면 경매로 채권(돈)을 회수해야 하는데, 입찰하는 사람이 없다면 빌려준 돈을 받을 길이 막막해질 테니 말이다.

그래서 낙찰자가 잔금을 내면 소유자가 새로이 바뀜과 동시에 해당 부동산등기부에 있던 이전의 권리들이 어떤 기준에 따라 '소멸'되거나 '인수'된다.

새로운 소유자, 즉 낙찰자에게 '소멸과 인수'는 매우 중요하고, 이를 판단하는 기준이 바로 '말소기준권리'다. 일단 이것이 경매 권리분석의 핵심인데 누구나 3초 안에 권리분석을 할 수 있다.

만일 등기부상 무언가 인수해야 할 권리가 있다면, 입찰자는 자신이 인수할 금액만큼을 고려해서 입찰하든지 자신이 없다면 입찰하지 않으면 된다. 권리분석의 핵심은 낙찰자에게 인수되는 권리가 있는지 없는지를 판단하는 것이다.

권리분석이라고 하면 어려울 것 같지만 초보자들이 주로 입찰하는 아파트, 오피스텔, 빌라 등의 경매 매물 중 90% 정도는 안전한 물건이다. 권리관계가 어렵다고 많은 수익을 낼 수 있는 것도 아니고 3초 안에 끝나는 쉬운 권리분석이라고 해서 수익이 작은 것도 아니다. 초보일수록 쉽고 간단한 방법으로 입찰을 자주 하는 것이 낫다.

권리분석의 기본은 말소기준권리를 찾는 것

가장 기본이 되는 것이 '말소기준권리'를 찾는 것이다.

- (근)저당
- (가)압류
- 담보가등기
- 경매개시결정 등기
- 배당요구를 한 전세권

첫째, 말소기준권리를 찾는다.

위에 제시한 5개의 단어를 찾는 간단한 게임이다. 특히 근저당과 가압류가 80% 이상을 차지한다.

둘째, 말소기준권리 아래의 채권은 모두 삭제된다고 생각하자.

만일 말소기준권리 위에 다른 채권이 있다면 패스하면 된다. 법 전

〈그림 4-1〉 대항력 있는 임차인 예

임차인현황 ▸ 건물소멸기준 : 2018-12-18 | 배당종기일 : 2020-05-01 　 매각물건명세서 　 예상배당표

순위	성립일자	권리자	권리종류(점유부분)	보증금금액	신고	대항	참조용 예상배당여부 (최저가 기준)
1	전입 2018-10-16 확정 없음 배당 없음	[illegible]	주거임차인	【보】미상	X	있음	현황조사 권리내역 전액매수인 인수예상

● 임차인(별지)점유

건물 등기 사항 ▸ 건물열람일 : 2020-02-26 　 등기사항증명서

구분	성립일자	권리종류	권리자	권리금액	상태	비고
갑1	2011-12-13	소유권	군인공제회		이전	보존
갑2	2012-07-26	소유권	[illegible]		이전	매매
갑3	2018-12-18	가압류	신한은행	91,022,262원	소멸기준	
갑4	2018-12-27	가압류	대구은행	300,000,000원	소멸	
갑5	2019-02-11	가압류	중소기업은행	186,000,000원	소멸	
갑6	2019-08-02	가압류	한국자산관리공사	2,000,000,000원	소멸	
갑7	2019-11-11	압류	중구		소멸	(세무1과-12074) (주택) 소액배당 11000 이하 3700 (상가) 소액배당 6500 이하 2200
갑8	2020-02-12	강제경매	한국자산관리공사	청구: 405,000,000원	소멸	
갑9	2020-02-19	압류	국 - 경주세무서장		소멸	(영천지서-티6198)

출처: 스피드옥션

공자가 아닌 사람이 굳이 잘 모르는 것부터 자세히 이해하려 들면 경매 투자는 어려워진다. 공부를 위한 공부를 하게 되는 것이다. 우리는 강의를 할 게 아니라 투자를 해서 수익을 내야 한다. 쉬운 경매 사건도 많으니 굳이 어려운 건에 매달릴 필요가 없다. 무엇보다 유료 경매 사이트에서 '소멸' 또는 인수라고 친절하게 표시해준다(100% 신뢰하긴 어렵지만 웬만한 건 다 걸러준다).

셋째, 임차인이 있는지 없는지를 확인하자.

소유자가 살고 있다면 권리분석은 거기서 끝이다. 만약 임차인이 살고 있다면 '대항력'이 '있다' 또는 '없다'로 구분한다. 대항력이 없다면 안전한 물건이고, 만일 대항력이 있다면 ① 보증금을 전액 받는 경우, ② 보증금을 받지 못하는 경우로 나눈다. ①번 역시 안전한 사건이고,

〈그림 4-2〉 매각물건명세서 예

의정부지방법원 고양지원

2020타경

매각물건명세서

사 건	2020타경 부동산임의경매	매각 물건번호	1	작성 일자	2020.10.20	담임법관 (사법보좌관)	
부동산 및 감정평가액 최저매각가격의 표시	별지기재와 같음	최선순위 설정	2018. 12. 13. 근저당			배당요구종기	2020.07.31

부동산의 점유자와 점유의 권원, 점유할 수 있는 기간, 차임 또는 보증금에 관한 관계인의 진술 및 임차인이 있는 경우 배당요구 여부와 그 일자, 전입신고일자 또는 사업자등록신청일자와 확정일자의 유무와 그 일자

점유자 성 명	점유 부분	정보출처 구 분	점유의 권 원	임대차기간 (점유기간)	보 증 금	차 임	전입신고 일자, 사업자등록 신청일자	확정일자	배당 요구여부 (배당요구일자)
	3901호	현황조사	주거 임차인	2019.8.12~ 현재	400,000,000		2019.08.12		
	전부	권리신고	주거 임차인	2019.08.12.~ 2021.08.11.	400,000,000		2019.08.12.	2019.08.12.	2020.05.15
	전부	권리신고	주거 임차인	2019.08.12.~ 2021.08.11.	400,000,000		2019.08.12.	2019.08.12.	2020.07.10

<비고>

주택도시보증공사 : 공동임차인 , 의 임차보증금 양수인임

※ 최선순위 설정일자보다 대항요건을 먼저 갖춘 주택·상가건물 임차인의 임차보증금은 매수인에게 인수되는 경우가 발생 할 수 있고, 대항력과 우선변제권이 있는 주택·상가건물 임차인이 배당요구를 하였으나 보증금 전액에 관하여 배당을 받지 아니한 경우에는 배당받지 못한 잔액이 매수인에게 인수되게 됨을 주의하시기 바랍니다.

등기된 부동산에 관한 권리 또는 가처분으로 매각으로 그 효력이 소멸되지 아니하는 것

매각에 따라 설정된 것으로 보는 지상권의 개요

비고란

주1 : 매각목적물에서 제외되는 미등기건물 등이 있을 경우에는 그 취지를 명확히 기재한다.

2 : 매각으로 소멸되는 가등기담보권, 가압류, 전세권의 등기일자가 최선순위 저당권등기일자보다 빠른 경우에는 그 등기일자를 기재한다.

출처: 스피드옥션

②번의 경우에만 임차인이 받지 못하는 보증금을 낙찰자가 인수한다고 생각하면 쉽다.

넷째, 매각물건명세서와 현황조사서를 확인하자.

특히 매각물건명세서 '비고란'은 반드시 확인해야 한다. 여기에 어떤 '인수' 조건이 기재되어 있고 입찰자가 처리할 수 없다면 입찰하지

않으면 된다.

일반적인 매각물건명세서의 형태는 〈그림 4-2〉와 같다.

권리분석의 키포인트

- 말소기준권리를 찾는다.
- 낙찰자에게 인수되는 권리가 있는지 파악한다(말소기준권리 위에 있는 것은 기본적으로 인수된다고 판단한다).
- 임차인이 없으면 안전하다. 만일 있다면 대항력이 '있다' 또는 '없다'로 나눈다. 대항력이 없는 경우는 안전하고, 있는 경우는 기본적으로 권리를 인수한다. 하지만 임차인이 (대항력이 있는 경우라도) 보증금을 전액 받을 수 있다면 안전하다.
- 매각물건명세서를 통해 추가로 인수되는 권리를 찾아본다. 없다면 안전하다.

〈그림 4-3〉 근저당권이 말소기준권리인 경우

건물 등기 사항 ▸ 건물열람일 : 2020-04-22 　　등기사항증명서

구분	성립일자	권리종류	권리자	권리금액	상태	비고
갑1	2011-01-24	소유권	[illegible]		이전	보존
갑2	2011-06-22	소유권(지분)	[illegible]		이전	매매
을1	2011-06-22	(근)저당	신한은행	237,600,000원	소멸기준	(주택) 소액배당 4000 이하 1400 (상가) 소액배당 2500 이하 750
을2	2011-06-22	(근)저당	화수신용협동조합	54,600,000원	소멸	
을3	2011-06-22	(근)저당	신용보증기금	174,000,000원	소멸	
갑4	2011-07-19	압류(지분)	남양주시		소멸	
갑5	2012-12-18	압류(지분)	남양주세무서		소멸	
갑8	2013-07-11	압류(지분)	국민건강보험공단		소멸	
갑10	2014-06-18	압류(지분)	남양주세무서		소멸	
갑14	2016-12-27	압류(지분)	남양주시		소멸	
갑15	2017-02-02	압류(지분)	남양주시		소멸	
갑18	2020-04-13	임의경매	신용보증기금	청구: 166,567,047원	소멸	
추가	2020-07-10	임의경매	주OOO OOOO	청구: 200,740,280원	소멸	2020타경[illegible](중복)

출처: 스피드옥션

이제 남은 건 시세를 정확히 아는 것뿐이다. 유료 경매 사이트에 빨간색으로 '인수' 또는 '대항력 있음'으로 기재되어 있을 때만 주의하면 된다.

말소기준권리가 되는 권리의 종류

근저당권

은행은 돈을 빌려주면서 대개 근저당권을 설정한다. 그래야 채무자가 이자나 원금을 갚지 않을 때 경매로 부동산을 팔아 빌려준 돈을 회수할 수 있기 때문이다.

시중은행은 원금의 120%를 채권최고액으로 설정한다. 예를 들어 1억 원을 빌려준다면 1억 2,000만 원, 2억 원을 빌려준다면 2억 4,000만 원이다. 만일 연체가 된다면 이 채권최고액 한도 내에서 채무자에게 원금, 정상이자, 연체이자, 경매비용 등을 모두 받을 수 있다.

가압류

채권자가 채무자를 상대로 소송을 제기해서 승소 판결을 받아도 채무자가 재산을 고의로 숨기거나 팔아버리면 채권을 회수할 수가 없다. 그래서 사전에 재산을 빼돌리지 못하도록 채무자의 재산을 임시로 동결하는 데 이를 '가압류'라고 한다.

채권자가 가압류를 신청하면 법원은 흠결이 없는 이상 해당 '가압류' 사실을 등기부에 기재한다. 채무자는 재판이 진행되는 동안 임의로 재산을 처분할 수 없으며, 추후 채권자가 승소하면 가압류를 (본)압류로 바꾸어 경매를 신청할 수 있다. 압류의 본질은 채무자의 처분권을 박탈하는 데 있고, 채권자는 압류 후 환가 절차를 거쳐 채권을 회수할 수 있다.

부동산에 대한 압류는 채무명의(債務名義)에 따른 강제집행으로, 경매개시결정과 동시에 부동산의 압류를 명한다. 압류는 채권자의 신청을 받은 국가기관이 타인의 재산처분을 막는 것이다. 등기부에 나타나는 압류등기는 국세청, 지방자치단체의 조세채권, 국민건강보험공단의 건강보험료, 근로복지공단의 임금채권, 한국자산관리공사의 압류가 대다수다.

공매는 국세가 체납되어 언제까지 내라고 독촉장을 보냈는데도 기한까지 세금과 가산금을 납부하지 않은 경우, 납세자의 재산을 압류하고 이를 환가해서 매각대금으로 세금을 징수하는 절차다.

담보가등기

앞서 설명한 근저당권처럼 채권자는 채무자에게 돈을 빌려주고 해당 부동산에 가등기를 설정할 수 있다. 가등기는 '본등기의 순위 보전을 위한 예비등기'로, 가등기 자체만으로는 등기의 효력이 없다. 다만, 본등기가 이루어지면 본등기의 순위가 가등기 순위로 소급된다.

제3자에게 부동산이 매각되거나 경매로 넘어간다고 하더라도 채권자가 미리 가등기를 해두면 담보부동산에 대한 우선순위를 보전할 수 있다. 매도인이 소유권 이전 등기 절차에 협조하지 않거나, 계약 상태에서 매수인으로서의 권리를 확보할 필요가 있는 경우 등에 이용된다.

경매개시결정 기입등기

채권자는 채무자가 약정된 채무의 이행을 하지 않을 때 법원으로부터 판결문, 확정된 지급명령, 화해조서, 조정조서, 공증문서 등으로 강제경매를 신청할 수 있다.

이때 법원은 적법 여부를 보고 이상이 없으면 해당 부동산에 경매개

〈그림 4-4〉 경매개시결정문 예

대 전 지 방 법 원

결 정

등본입니다.
2020. 9. 8.
법원주사보 [illegible]

사 건 2020타경[illegible] 부동산임의경매

채 권 자 [illegible]
서울 영등포구 [illegible]

채 무 자 [illegible]
대전 중구 [illegible]
[등기부상 주소 : 대전광역시 유성구 [illegible]

소 유 자 [illegible]
대전 중구 [illegible]
[등기부상 주소 : 대전광역시 중구 [illegible]

주 문

이 사건 2020.08.27.자 경매개시결정의 '부동산의 표시'를 첨부와 같이 경정한다.

이 유

이 사건 경매개시결정 중 '부동산의 표시'에 명백한 오류가 있으므로 주문과 같이 결정한다.

2020. 9. 4.

사법보좌관 [illegible]

시를 결정하고 이를 등기부에 기재하는데, 이를 '경매개시결정 등기'라 한다. 채무자의 부동산을 압류한 후 매각하는 것으로 처분을 금지하는 압류 효과가 발생하며, 등기상 다른 말소기준권리가 없을 때 말소기준권리가 된다.

배당요구를 한 전세권

일반적인 전세는 채권의 형태로 등기부에 기재되지 않는다. 하지만 전세금이 등기부에 기재되면 일반적으로 '전세권'이 설정됐다고 보고 물권이 된다. 이때 전세권자(임차인)는 임대인의 동의 없이 해당 부동산을 타인에게 양도, 임대할 수 있다. 계약 기간 이후 임대인이 전세보증금을 반환하지 않을 경우, 보증금 반환 소송에 대한 법원의 확정판결 없이도 해당 부동산을 즉시 경매로 진행시킬 수 있다. 말소기준권리가 되는 전세권은 배당요구를 했거나 경매를 신청한 경우에 한한다.

점유의 방법은 크게 두 가지로 나눌 수 있는데 소유자가 살거나 전·월세 계약으로 임차인이 사는 경우다. 소유자라면 말소기준권리만 잘 보고 입찰해도 무방하다. 하지만 임차인이 있는 사건이라면 대항력 여부('있다' 또는 '없다')를 반드시 확인해야 한다.

임차인에게 대항력이 있다는 것은 소유자가 바뀌더라도 임차인이 보증금을 다 받을 때까지 또는 계약 기간까지 '계속 거주할 수 있다'는 뜻이다. 이를 낙찰자 입장에서 보면 '임차인이 돌려받지 못한 보증금을 인수할 수 있다', 즉 임차인에게 보증금을 돌려줘야 한다는 뜻이 된다. 임차인에게 줄 보증금까지 더해야 한다면 입찰가를 시세보다 훨씬 낮

〈그림 4-5〉 배당요구를 한 전세권이 말소기준권리인 경우

임차인현황 건물소멸기준 : 2014-12-02 | 배당종기일 : 2020-05-18 　매각물건명세서 　예상배당표

순위	성립일자	권리자	권리종류(점유부분)	보증금금액	신고	대항	참조용 예상배당여부 (최저가기준)
1	전입 2014-12-02 확정 없음 배당 없음	[illegible]	주거임차인 건물의 전부	【보】 110,000,000원	X	있음	배당금 : 38,375,900원 미배당 : 71,624,100원 일부배당(미배당금 인수)예상 배당표참조

- [illegible] : 전세권등기권자로 경매신청채권자임(경매신청일 2020.02.07.) 경매신청시 제출된 계약서 사본의 보증금은 110,000,000원이며 확정일자는 2014.12.02.임 임차인으로 대항력 여지 있음

본 임대관계 조사서는 관할 동사무소의 전입세대 열람 내용을 토대로 작성하였다.

건물 등기 사항 건물열람일 : 2020-03-01 　등기사항증명서

구분	성립일자	권리종류	권리자	권리금액	상태	비고
갑1	1993-12-18	소유권	[illegible]		이전	매매
갑2	2002-11-04	소유권	[illegible]		이전	매매
을9	2014-12-02	전세권	[illegible]	110,000,000원	소멸기준	배당금 : 38,375,900원 미배당 : 71,624,100원 일부배당(미배당금 인수)예상
을10	2016-03-04	(근)저당	[illegible]	50,000,000원	소멸	(주택) 소액배당 4500 이하 1500 (상가) 소액배당 3000 이하 1000
갑5	2019-09-25	압류	국 - 영등포세무서장		소멸	(재산세과-티24090)
갑8	2020-02-13	임의경매	[illegible]	청구: 110,000,000원	소멸	

출처: 스피드옥션

게 써낼 수밖에 없다. 새로운 소유자(낙찰자)가 임차인의 임대보증금을 인수해야 하기 때문이다. 하지만 그러면 낙찰이 힘들고 최저가로 낙찰을 받더라도 싸게 샀다고 하기 힘든 상황에 처할 수 있다.

대항력 있는 임차인이 자신의 보증금을 받을 수 있는 경우는 두 가지다.

- 법원에 배당요구를 해서 매각대금에서 보증금을 받는다(이 경우 전액 배당이 된다면 임차인에게 대항력이 있다고 하더라도 낙찰자는 신경 쓸 게 없다).
- 법원에 배당요구를 하지 않고, 낙찰자가 잔금 납부 후 매수인으로서 집을 비워달라고 할 때 이를 거절할 수 있다. 결국 새로운 소유자(낙찰자)가 그 집에 들어가기 위해서는 보증금을 줄 수밖에 없다.

상황이 이러한 물건이 있을 때 입찰과 관련한 결론은 다음 세 가지로 나뉜다.

- 임차인이 받지 못하는 보증금을 고려하여 입찰한다.
- 보증금이 얼마인지 알 수 없다면 입찰하지 않는다.
- 당시 전세 시세를 유추하여 그만큼 인수한다고 가정하고 입찰한다.

말소기준권리보다 후순위에 있는 임차인은 임대보증금이 있든 없든 상관없이 매각으로 그 권리가 소멸한다. 경매에서 '대항력이 있다'는 것은 임차인이 낙찰자에게 "방 못 빼!"라고 할 수 있다는 뜻이다. 대항력은 등기를 필요로 하지 않고 '점유+전입'만 하면 다음 날 0시 기준으로 발생한다. 다만 대항력의 성립 요건이 점유, 즉 실제로 사는 것과 전입신고이므로 임차인이 이사를 가거나 다른 곳에 전입신고를 하면 대항력은 상실된다.

3초 만에 권리분석 끝내기

말소기준권리 날짜와 임차인의 전입신고일을 비교한다.

- 전입신고일이 빠르면: 일단 대항력이 있다.
- 말소기준권리가 빠르면: 대항력이 없다.

그래도 어렵다면 이렇게 생각하면 쉽다. '인수' 표시가 되어 있는 물건에는 입찰하지 않으면 된다. 초보자라면 모든 권리가 '소멸'된 경매 사건만 입찰해도 무방하다.

가짜 임차인 어떻게 가려낼까?

경매를 방해하거나 배당을 노리고 임차인 행세를 하는 경우가 있다. 이런 가짜 임차인을 가려내기 위해 다음 사항들을 체크해보자.

- 경매 전후 허위로 작성한 계약서에는 부동산중개사의 도장이 없는 경우가 많다.
- 임대차 계약서 작성 시점과 전입신고일 간에 몇 년의 차이가 난다.
- 문건 송달 내역을 보면 법원에서 임차인에게 임대차 계약서에 대한 보정명령을 내린 경우가 있다(임차인이 계약서를 제출하지 않았거나 제출된 계약서가 부실하다는 뜻이다).

- 확정일자가 없다. 보증금이 없으니 굳이 확정일자를 받아둘 필요가 없어서다.
- 확정일자가 있다고 하더라도 전입신고일과 상당한 차이가 있다.
- 현황조사서에 전·월세보증금이 명확히 기재되어 있지 않다(집행관이 방문할 때 계약서를 제출하지 않았다).
- 임대보증금 이체 거래를 증빙할 통장 또는 전산 자료가 없거나 보증금이 계약 당시 전세 시세와 상당한 차이가 있다.
- 계약금과 잔금으로 나누어 지불하는 일반적 형태가 아닌 일시불 지급으로 되어 있다.
- 최우선변제 배당을 위해 담보가치에 비해 채무 초과 상태에서 계약을 했다.
- 임대인과 임차인이 대표자와 직원 사이이거나, 미성년자가 임차인으로 등재되어 있다.

소송이 진행되면 초본을 통해 거주지의 거주 기간을 확인해 정황을 알 수 있다. 관리사무소에 문의하거나 관리비 고지서상 명의가 소유자인지 임차인인지도 확인한다.

가짜 임차인의 죄목

- 사기죄
- 강제집행면탈죄
- 경매입찰방해죄

낙찰자도 세입자도 알아야 할 임차인의 권리

임차인이 보증금을 받을 수 있는 우선변제권

우선변제권은 임차인이 자신의 보증금을 순서대로 받을 수 있는 권리를 말한다. 앞서 배운 대항 요건, 즉 '점유+전입'에 확정일자를 받으면 임차인은 우선변제권을 가진다. 확정일자는 주민센터, 등기소, 공증사무소에서 신분증과 임대차 계약서 원본을 가지고 가면 받을 수 있다.

임차인은 우선변제권을 행사하려면 배당요구 종기일까지 보증금을 달라고 하고(배당요구), 종기일까지 대항력을 유지해야 한다.

우선변제권의 성립 요건은 다음과 같다.

- 대항력을 갖출 것
- 확정일자를 받을 것
- 배당요구를 할 것

그럼 전세권 설정과 확정일자 임차인의 차이점은 무엇일까?

가장 많은 계약인 아파트 전세 계약의 대부분은 전세금이 1억 원이든 10억 원이든 등기되어 있지 않다. 채권에 불과하다는 얘기다. 전세권등기를 하려면 반드시 집주인의 동의가 필요하며, 임차인 단독으로는 할 수 없다.

집주인의 동의가 없으면 전세권 설정 등기를 할 수 없지만, 만일 살고 있는 집이 경매로 넘어간다면 보증금을 돌려받을 수 있어야 한다. 이때 대항력을 갖췄고 계약서에 확정일자를 받았으면 자신의 보증금을 순서대로 받을 수 있는 권리가 생기는데, 이를 우선변제권이라 한다. 전세권과 확정일자 받은 임차인의 차이를 정리하면 〈표 4-1〉과 같다.

〈표 4-1〉 전세권 vs. 확정일자 받은 임차인

전세권	전입+확정일자
설정 당일 효력 발생	다음 날 0시부터 효력 발생
거주하지 않아도 효력 유지	실제 거주 필수
개인, 법인 모두 가능	개인만 가능
전세 만기(변제기) 이후 보증금 미반환 시 즉시 경매 신청 가능	보증금 미반환 시 법원 판결에 따른 집행권원이 있어야 경매 신청 가능

대항력 없이도 보증금 일부를 받을 수 있다

최우선변제는 주택임대차보호법 중 사회적 약자를 위한 항목으로 임차인을 다른 채권자보다 최우선으로 해서 보증금 중 일정액을 주는 제도다. 앞에서 말소기준권리보다 전입일이 늦다면 대항력이 없다고 설명했다. 하지만 대항력이 없다고 하더라도 다음의 요건에 부합하면 가장 먼저 돈을 배당해준다는 의미다.

- 보증금이 소액일 것(〈표 4-2〉 참조)
- 경매개시결정 등기 전 대항력(점유+전입)을 갖출 것
- 배당요구를 할 것(종기일까지)

주의해야 할 것은 전·월세보증금이 증액되는 경우다. 현재는 임대보증금이 최우선변제 금액에 해당하더라도, 이후 증액되는 경우 범위를 넘어서면 소액임차인으로서 최우선변제는 받지 못한다. 이때의 기준은 배당요구 종기일이다. 반대로 계약 체결 당시 최우선변제 대상이 아니더라도 보증금이 감액되면 최우선변제 보호 대상이 될 수 있다. 이때도 감액된 임대차 계약서를 배당요구 종기일까지 제출해야 한다. 확정일자가 필요 없기에 임대인과 임차인 간 담합이 가능하다는 맹점이 있다.

〈표 4-2〉 주택임대차보호법상 최우선변제금

담보물건 설정일	지역	소액보증금 범위	최우선변제금
1984.01.01.~ (시행)	서울특별시	300만 원 이하	300만 원
	수도권(과밀억제권역)	200만 원 이하	200만 원
1987.12.01.~ (1차 개정)	서울특별시	500만 원 이하	500만 원
	수도권(과밀억제권역)	400만 원 이하	400만 원
1990.02.19.~ (2차 개정)	서울특별시	2,000만 원 이하	700만 원
	수도권(과밀억제권역)	1,500만 원 이하	500만 원
1995.10.19.~ (3차 개정)	서울특별시	3,000만 원 이하	1,200만 원
	수도권(과밀억제권역)	2,000만 원 이하	800만 원
2001.09.15.~ (4차 개정)	서울특별시	4,000만 원 이하	1,600만 원
	수도권(과밀억제권역)	4,000만 원 이하	1,600만 원
	광역시	3,500만 원 이하	1,400만 원
	기타 지역	3,000만 원 이하	1,200만 원
2008.08.21.~ (5차 개정)	서울특별시	6,000만 원 이하	2,000만 원
	수도권(과밀억제권역)	6,000만 원 이하	2,000만 원
	광역시	5,000만 원 이하	1,700만 원
	기타 지역	4,000만 원 이하	1,400만 원
2010.07.26.~ (6차 개정)	서울특별시	7,500만 원 이하	2,500만 원
	수도권(과밀억제권역)	6,500만 원 이하	2,500만 원
	광역시(인천광역시, 군 제외), 안산시, 용인시, 김포시, 경기도 광주시	5,500만 원 이하	1,900만 원
	기타 지역	4,000만 원 이하	1,400만 원

담보물건 설정일	지역	소액보증금 범위	최우선변제금
2014.01.01.~ (7차 개정)	서울특별시	9,500만 원 이하	3,200만 원
	수도권(과밀억제권역)	8,000만 원 이하	2,700만 원
	광역시(인천광역시, 군 제외), 안산시, 용인시, 김포시, 경기도 광주시	6,000만 원 이하	2,000만 원
	기타 지역	4,500만 원 이하	1,500만 원
2016.03.31.~ (8차 개정)	서울특별시	1억 원 이하	3,400만 원
	수도권(과밀억제권역)	8,000만 원 이하	2,700만 원
	광역시(인천광역시, 군 제외), 안산시, 용인시, 김포시, 경기도 광주시	6,000만 원 이하	2,000만 원
	세종자치시	6,000만 원 이하	2,000만 원
	기타 지역	5,000만 원 이하	1,700만 원
2018.09.18.~ (9차 개정)	서울특별시	1억 1,000만 원 이하	3,700만 원
	수도권(과밀억제권역), 용인시, 세종자치시, 화성시	1억 원 이하	3,400만 원
	광역시(인천광역시, 군 제외), 안산시, 김포시, 경기도 광주시, 파주시	6,000만 원 이하	2,000만 원
	기타 지역	5,000만 원 이하	1,700만 원

출처: 대한민국 법원

상가 임차인의 대항력 발생 요건

주거용 부동산은 물론 상가에 대해서도 임차인인 상인 보호를 위한 법이 있는데 바로 상가건물임대차보호법이다. 상가건물임대차보호법도 주택임대차보호법과 동일한 맥락인데 다른 점이 크게 두 가지가 있다. 사업자등록 대상이 되는 상가건물의 임대차에 관해 적용한다는 것과 환산보증금을 적용한다는 것이다. 그래서 환산보증금을 초과하면 이 법의 적용을 받지 못한다.

〈표 4-3〉은 주택임대차보호법과 상가건물임대차보호법을 비교한 표이다. 상가건물임대차보호법의 환산보증금 기준은 〈표 4-4〉와 같다.

상가 임대차 역시 등기가 없어도 임차인이 건물을 인도받고 사업자등록을 신청하면 다음 날 0시에 대항력이 발생한다. 배당요구 종기일까지 점유 및 사업자등록을 유지하고 배당요구를 하면 우선변제권을 가질 수 있다. 그 조건은 다음과 같다.

〈표 4-3〉 주택임대차보호법 vs. 상가건물임대차보호법

구분	주택임대차보호법	상가건물임대차보호법
적용 대상	주거용, 비주거용과 겸용 건물	사업자등록 대상이 되는 영업용 건물
대항 요건	인도+주민등록	인도+사업자등록
소액	대항 요건+소액 보증금	대항 요건+소액 보증금
보호 대상 보증금 범위	제한 없음	(〈표 4-4〉 참조)
최우선변제	매각가액의 1/2 범위 내	매각가액의 1/2 범위 내
소액임차인의 범위/ 최우선변제 금액	(〈표 4-2〉 참조)	(〈표 4-5〉 참조)

출처: 법제처

〈표 4-4〉 상가건물임대차보호법의 환산보증금 기준

지역	환산보증금
서울특별시	9억 원
수도권정비계획법에 의한 수도권 중 과밀억제권역(서울특별시 제외), 부산광역시	6억 9,000만 원
광역시(수도권 중 과밀억제권역에 포함된 지역과 군 지역, 부산광역시 제외), 세종특별자치시, 안산시, 용인시, 김포시, 광주시, 파주시, 화성시	5억 4,000만 원
기타 지역	3억 7,000만 원

- 월세의 보증금 환산: 월세×100

출처: 대한민국 법원

〈표 4-5〉 상가건물임대차보호법상 최우선변제금

구분	우선변제 받을 소액임차인의 범위	최우선변제금
서울특별시	6,500만 원	2,200만 원
과밀억제권역(서울특별시 제외)	5,500만 원	1,900만 원
광역시(과밀억제권역·군 지역 제외), 안산시, 용인시, 김포시, 광주시	3,800만 원	1,300만 원
기타 지역	3,000만 원	1,000만 원

- 보증금과 차임이 있는 경우 상가건물임대차보호법 제2조 제2항의 규정에 의하여 환산한 금액의 합계: 환산보증금 = 보증금+(월세×100)
- 2019년 12월 30일 상가건물임대차보호법시행령 개정

출처: 법제처

- 환산보증금이 한도 이내일 것
- 대항 요건(점유 + 사업자등록)을 갖출 것
- 확정일자를 받을 것(관할세무서)
- 배당요구를 할 것

환산보증금이 상가건물임대차보호법의 소액임차인 범위에 해당하면(〈표 4-5〉 참조) 최우선변제도 받을 수 있다. 그 조건 역시 주택임대차보호법과 같다.

대항력이 있으면 상가의 권리금도 보호받는다

임대인은 계약 기간이 끝나기 6개월 전부터 계약 만기까지 권리금 계약에 따라 임차인이 주선한 신규 임차인이 되려는 자로부터 권리금을 지급받는 것을 방해하여서는 아니 된다. 이를 방해하여 손해가 발생했다면 임차인은 임대인을 상대로 손해배상청구를 할 수 있다.

상가를 경매로 낙찰받은 경우에 대항력 없는 임차인이라면 낙찰자에게 권리금 인수 의무가 없다고 보아도 무방하다. 하지만 대항력 있는(사업자 등록일이 말소기준권리보다 빠른) 임차인이라면 낙찰자는 상가임대차보호법에 따라 종전 임대인의 지위를 승계한다. 때문에 상가 낙찰 후 직접 사용 등이 목적이라면 선순위 보증금은 물론 권리금까지 부담하게 될 수 있으니 주의해야 한다.

이사를 해도 임차권을 유지하는 법

임대차 기간이 종료됐는데 임대인이 보증금을 반환하지 않는다면, 임차인은 소재지 관할 법원에 단독으로 임차권 등기명령을 신청할 수 있다. 그 결과 소유자의 부동산등기사항전부증명서에 임차권 등기가 설정되면 이후 임차인이 이사를 하거나 전출하더라도 대항력이 유지된다.

바쁜 직장인을 위한 책상에서 물건 찾기

간단한 손품으로도 수익을 낼 수 있다

권리분석을 통해 피해야 할 물건들을 걸렀다면 이제는 그중에서 오를 만한 혹은 살 만한 물건을 찾을 차례다. 좋은 물건을 찾으려면 반드시 현장 조사를 나가야 할까? 부동산 현장 조사는 반드시 해야 할까? 그렇지는 않다. 입찰할 사건이 아파트라면 현장에 나가는 경우가 오히려 드물다. 만일 열 번 입찰한다면 한두 번 정도 나간다. 아파트는 실거래가, 현재 매물 시세, 전·월세가, 로드뷰(거리뷰) 등으로 얼마든지 현재 시세와 주변 환경을 파악할 수 있어 입찰가를 정하기도 쉽다.

예를 들어 3억 원이면 급매로 팔리는 아파트가 있다고 치자. 취득세 등 부대비용이 500만 원이라고 가정하자.

1,000만 원을 남기고자 하는 사람은 2억 8,500만 원을, 500만 원을 남기고자 하는 사람은 2억 9,000만 원을 써내면 된다. 낙찰 이후 매도 시점까지(또는 전·월세를 주는 동안) 시세가 올랐다면 그만큼의 시세차익 역시 낙찰자의 몫이다.

많은 조사 방법이 있지만 아파트 손품 조사는 상당히 단순하다.

- 네이버 부동산 매물
- 실거래가: 임대를 할 수 있으므로 전세·월세 가격도 확인한다.
- KB부동산 시세: 대출의 기준이 될 수 있다.
- 과거 매각통계: 경매 정보 사이트에서는 입찰하려는 아파트 단지의 몇 동 몇 호가 얼마에 낙찰됐는지, 몇 명이 입찰했는지 알 수 있다.

나는 실제로 이처럼 간단한 손품으로 한 채당 작게는 1,000만 원대에서 많게는 억 단위의 수익을 올려왔다. 아파트 경매는 누구나 쉽게 할 수 있지만 결국 끈기 싸움이다. 입찰, 패찰 혹은 낙찰의 반복이다. 초기에는 패찰 횟수가 훨씬 많았다. 욕심을 부린 것이다. 그래서 나는 일반 아파트 경매 사건이라면 작정하고 낙찰받기 위해 입찰가를 쓰는 편이다. 적어도 경매 입찰을 하면서 '운이 좋으면 낙찰되겠지' 같은 헛된 기대는 하지 않는 게 좋다.

"혹시 제가 산 후 폭락하면 어쩌죠?"

이런 마인드라면 경매뿐 아니라 어떤 투자도 맞지 않다. 나는 아파트 시세가 갑자기 폭락, 폭등한다고 생각해본 적이 없다. 큰 외부 변수가 없는 한 폭락과 폭등은 그리 쉽게 오지 않는다. 최소한 현재 시세를 유지하기만 해도 싸게 샀기에 남는 것이고, 물가 상승률만큼만 올라주어도 인플레이션 헤지가 가능하다.

경매에서는 매입 가격을 내가 정하고, 낙찰받으면 시세보다 싸게 사는 것이니 이보다 안전한 투자가 어디 있는가? 나는 아파트 경매 투자를 하면서 지금까지 단 1만 원도 손해 본 적이 없다.

손품을 보완하는 수단, 현장 조사

과한 욕심을 낸다면 경매로 아파트를 매입하기는 쉽지 않다. 요즘은 경매로 아파트를 사려는 사람들이 많다. 그러니 너무 싸게 사려고 하면 패찰을 거듭할 수밖에 없다. 실거주 목적이라면 현재 살 수 있는 급매가보다 조금 더 싸게 매입한다고 생각하면 편하다.

운이 좋아 싸게 낙찰받는다고 해도 시세차익이 많으면 팔 때 그만큼 세금도 많이 내야 한다. 그렇지만 적당한 차익을 여러 번 남기면 당신의 통장 잔고와 마인드가 확실히 바뀔 것이다.

경매 입찰 전 봐야 하는 3대 공부라 칭할 수 있는 감정평가서, 매각물건명세서, 현황조사서까지 확인하면 아파트 입찰 준비로 충분하다.

내가 현장에 가는 이유는 손품으로 정보를 알아내기 어려운 경우다.

예를 들어 경사도, 지하철역까지의 실제 도보 거리, 커뮤니티, 입주민 연령대나 수준, 시세 상승·하락 반영 속도가 늦어 인터넷 부동산 매물이 실시간 현장을 따라가지 못하는 경우 등이다.

거리 사진, 항공 사진 등을 제공하는 로드뷰를 활용하면 좋다. 로드뷰는 네이버, 다음, 구글 등의 촬영 시기가 모두 다르므로 각각 보는 게 도움이 된다. 특히 상가의 경우 간판, 도로 등을 보면 시간에 따른 변화 과정도 알 수 있다. 수년 전의 사진이 지금까지 남아 있는 경우도 있기 때문이다. 실제로 나는 로드뷰의 거리 간판이나 표지판에서 임대인의 연락처를 알아내고 통화하여 원하는 정보를 얻은 적도 있다.

참고로 로드뷰는 카카오맵을 추천한다. 네이버 거리뷰가 가지 않는 곳까지 들어가 구석구석 살펴보기에 좋다.

현장 조사는 무작정 현장에 가는 게 아니다. 책상에서 충분히 손품을 팔고, 얻은 정보를 현장에서 확인하는 것이다. 아파트에 입찰할 때마다 계속 갈 필요는 없다. 손품으로 대부분의 정보를 알 수 있다. 하지만 빌라, 상가, 지식산업센터 등은 현장 조사를 반드시 하는 게 좋다. 지도상으로 보는 것과 역에서 실제로 걸어보는 것은 차이가 있으며 경사도, 혐오시설, 입주민의 연령대와 수준, 아파트 커뮤니티, 미납 관리비 등을 관리사무소에 들러 확인하면 생각지도 못한 정보들을 얻을 수 있다.

실전! 손품으로 아파트 경매 도전하기

지도 사이트로 임장 사전 조사하기

마음에 드는 물건을 골랐다면 2차 조사를 시작해야 한다. 요즘은 디지털 시대다. 컴퓨터 앞에 앉아서 내가 알고자 하는 정보를 대부분 얻을 수 있다. 발품에 앞서 손품이 중요하다. 그래야 몸이 고생하지 않는다. 온라인으로 모을 수 있는 정보를 최대한 모은 뒤 현장에 가서 확인하는 것이 가장 좋은 방법이다. 요즘은 유료 경매 사이트에서 꼭 필요한 정보들을 클릭 몇 번으로 볼 수 있다.

네이버 부동산을 예로 손품의 단계를 살펴보자.

온라인 지도로 주변 환경 조사

해당 물건의 주소를 입력한 후 '세부 메뉴 확인'을 누르면 인터넷 지도 및 거리뷰, 지적편집도, 항공사진 등을 볼 수 있다. 인터넷 지도를 통해 주변 환경과 편의시설을 살펴본다.

마우스로 지도의 축척을 조절할 수 있다. 선택한 지역 주변의 아파트 매매가를 확인할 수 있고 도로 및 지하철 현황, 학교 및 병원 등의 위치를 정확히 파악할 수 있다.

내가 낙찰받은 아파트 주변에는 초·중·고등학교와 공원이 있다. 또한 9호선 신방화역, 마곡나루역(9호선, 공항철도)과도 멀지 않은 곳에 있음을 확인할 수 있다.

〈그림 4-6〉 주변 아파트의 매매가 확인

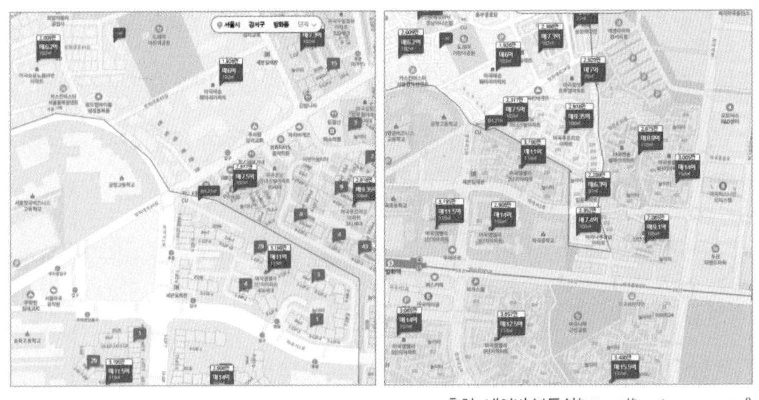

출처: 네이버 부동산(https://land.naver.com/)

해당 물건의 단지 정보 파악

지도를 확대해서 해당 아파트를 클릭하면 상세한 단지 정보를 확인할 수 있다. 새대 수, 준공연월, 세대당 주차 대수까지 다 나온다. 시세와 실거래가도 확인할 수 있고 동호수별 공시 가격, 학군 정보, 단지 내 면적별 정보까지 자세히 볼 수 있다.

낙찰받은 곳은 101동 802호다. 자세히 보면 1–8F–2라고 적혀 있는 것을 볼 수 있다. 여기서 '8F'는 최고층이 8층이란 뜻이다. '1'은 8F 기준 왼쪽이 1호 라인이란 뜻이고 오른쪽은 2호 라인이란 뜻이다. 차도 옆에 있는 1호 라인보다는 소음이 덜할 것으로 보이고 동향임을 확인할 수 있다.

〈그림 4–7〉 단지의 상세 정보 파악

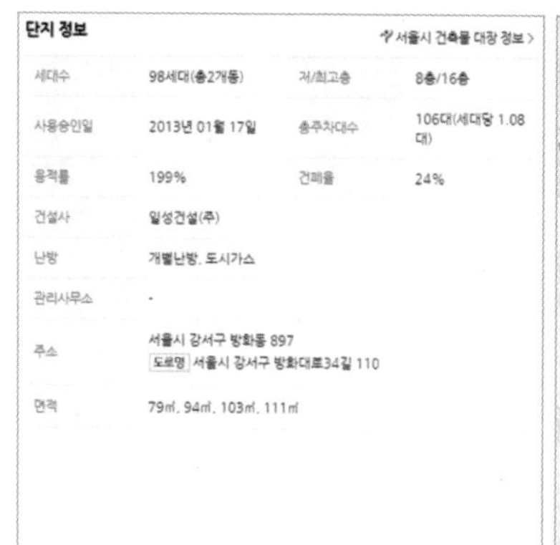

단지 정보 | 서울시 건축물 대장 정보 >

세대수	98세대(총2개동)	저/최고층	8층/16층
사용승인일	2013년 01월 17일	총주차대수	106대(세대당 1.08대)
용적률	199%	건폐율	24%
건설사	일성건설(주)		
난방	개별난방, 도시가스		
관리사무소	-		
주소	서울시 강서구 방화동 897 도로명 서울시 강서구 방화대로34길 110		
면적	79㎡, 94㎡, 103㎡, 111㎡		

출처: 네이버 부동산(https://land.naver.com/)

핵심시설과의 거리를 측정해 입지 파악

네이버 지도 화면에서 오른쪽에 있는 메뉴 중 '거리'를 클릭하면 정확한 거리와 도보 및 자전거를 이용했을 때의 소요 시간이 표시된다.

낙찰받은 아파트에서 9호선 신방화역까지는 도보 9분이 걸리고, 9호선과 공항철도가 지나가는 마곡나루역까지는 도보 11분이 걸린다. 초·중·고등학교는 도보로 6분 거리 안에 있으니 입지가 좋다고 볼 수 있다. 이런 서비스가 없었을 때는 직접 걸어서 시간을 체크했지만 이제는 손품만으로도 대략적인 시간을 알 수 있다.

〈그림 4-8〉 네이버 지도를 통한 거리 재기

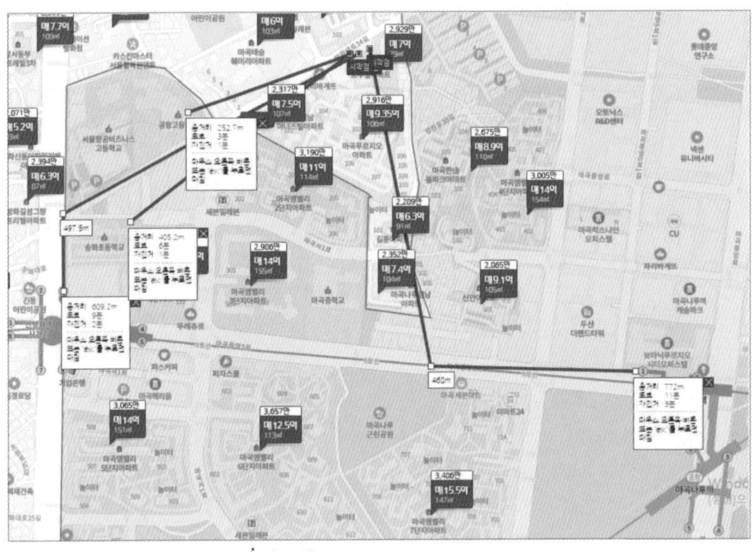

출처: 네이버 부동산(https://land.naver.com/)

거리뷰를 활용해 물건지 분위기 파악

거리뷰와 항공뷰를 통해 주변 분위기를 생생하게 느껴보자.

거리뷰를 통해 주변을 살펴보면 그 지역에 직접 가지 않더라도 전체적인 분위기를 대략 느껴볼 수 있다. 로드뷰는 촬영 시기별로 꾸준히 업데이트된다. 예전에는 어떤 건물들이 있었고 어떤 변화를 거쳐왔는지도 살펴볼 수 있다. 주변 200~300m 거리에 롯데슈퍼와 파리바게뜨가 있다. 2개의 브랜드가 마주보고 있다는 것만으로도 주변 상권이 발달했다는 것을 짐작할 수 있다.

〈그림 4-9〉 네이버 지도 거리뷰로 본 물건지 주변 모습

출처: 네이버 지도 항공뷰(https://map.naver.com/)

출처: 네이버 지도 거리뷰(https://map.naver.com/)

돈 되는 꿀팁

부동산 투자에 유용한 인터넷 사이트

부동산 투자를 하는 데 도움이 되는 정보를 제공하는 사이트는 수도 없이 많다. 사이트 수가 많다는 건 복잡하다는 뜻이다. 예전에는 공급 물량을 확인하기 위해서는 부동산114, 닥터아파트, 네이버 부동산, KB부동산 등을 활용했다. 수요를 예측할 때는 행정자치부나 국가통계포털 인구이동을 확인하고, 전세가율 높은 단지를 검색할 때는 조인스랜드부동산(joinsland.joins.com) 또는 KB부동산을 활용했다. 통합된 사이트가 없었기 때문에 귀찮더라도 하나씩 클릭해서 확인해야 했다. 하지만 IT 기술의 발달로 이 모든 것을 모아놓은 사이트들이 등장하기 시작했다. 가장 대표적인 사이트에 대해 알아보자.

KB부동산 리브온(리브부동산)

거주 지역, 관심 지역의 현재 매매 및 전세에 관한 정보를 빠르고 정확하게 확인할 수 있다.

매물과 시세, 실거래가 및 단지 정보를 제공한다. 시세 및 실거래가를 매매, 전세, 월세로 구분하여 면적에 따라 하위 평균가, 일반 평균가, 상위 평균가로 나타낸다. 시세 변동 추이를 통해 시세 히스토리를 알 수 있으며, 주변 단지 유사 면적의 시세와 비교도 할 수 있다. 이는 실제 부동산이 거래된 후 신고한 가격을 기준으로 작성된 것이므로 신뢰할 만하다.

KB부동산 시세를 근거로 은행 대출 한도를 조회할 수 있으며 경매 카테고리를 통해 경매 물건 검색, 경매 통계 및 결과 등의 정보도 얻을 수 있다.

네이버 부동산

현재 나와 있는 매물을 확인하는 데 유용하며 시세, 실거래가를 확인할 때 사용한다.

네이버 지도를 통해 해당 물건의 위치를 정확히 파악하고, 주변 주요 시설과의 거리를 측정할 수 있다. 지도상에 출발점과 도착점을 설정하면 거리와 수단별 소요 시간이 표시되니 이를 참고하면 도움이 된다. 해당 물건에 인접한 도로나 지하철, 주변의 학교·병원·상가 같은 편의시설 위치도 파악한다.

준공 시기, 세대 수 및 주차 대수, 교통 정보 등의 내용을 확인할 수 있으며 평면도를 통해 방이나 화장실, 주방, 거실 등 내부 구조도 알 수 있다.

호갱노노

필수 앱이다. 국토교통부 아파트 실거래가와 시세를 지도에서 한눈에 살펴볼 수 있다. 가장 많이 오른 아파트와 인기 아파트의 가격뿐만 아니라 주변 시세 및 도로의 경사도, 해당 지역의 인구 변동, 아파트 공급량, 이주 시기, 전세가율까지 한 번에 검색할 수 있고 전국 경매 정보도 볼 수 있다. 아파트를 클릭해보면 내가 관심을 둔 아파트를 현재 몇 명이 보고 있는지 실시간으로 확인할 수 있으며, 이를 토대로 사람들의 관심과 선호도를 예상할 수 있다(실제로 급매물들이 소화되고 아파트 가격이 한 단계 레벨업할 때는 실시간 접속자가 2배 이상 뛰곤 한다. 예를 들어 일주일 평균 400명이 보다가 800명이 보는 경우가 그렇다).

유용한 기능이 많다는 것도 특징이다. 부동산 매물 알림 기능이 있어 관심 단지로 등록해두면 거래일, 거래 가격에 대한 정보를 실시간으로 알림을 받을 수 있다. 해당 아파트 거주자의 생생한 후기도 확인할 수 있다. 관심 지역이나 관심 아파트를 지정하여 가격 변동을 파악할 수 있으며, 물건의 외관 상태도 볼 수 있다. 거리뷰를 통해 지역의 특성과 분위기도 살펴볼 수 있는데, 촬영 시기별로 시간에 따른 변화 과정을 유추할 수 있다.

최근에는 '우리집 내놓기'라는 서비스를 시작했다. 호갱노노에 매도하고자 하는 아파트를 올려두면 주변 중개사에게 전달되고, 매물을 확인한 중개사에게 연락이 오는 서비스다. 직거래는 아니지만 매물을 더 많은 사람에게 알릴 수 있다.

부동산디스코

호갱노노와 부동산지인(aptgin.com)은 아파트에 관한 정보만 볼 수 있는 데 비해 부동산디스코(disco.re)는 아파트 외에도 다양한 부동산의 시세를 확인할 수 있다는 것이 장점이다. 상업용 건물뿐만 아니라 토지, 상가·사무실, 단독·다가구·오피스텔, 연립·다세대, 숙박시설, 공장·창고, 분양권에 대한 정보 및 실거래가를 확인할 수 있다. 실거래가 그래프를 통해 부동산의 가격 흐름을 알 수 있고 초보자도 쉽게 사용할 수 있도록 되어 있다. 또한 최근 낙찰된 경매 정보도 확인할 수 있고 등기부등본 무료 열람 서비스까지 제공(현재는 서비스 멈춤 상태)해서 경매 투자자들에게 많은 호응을 얻었다.

밸류맵

밸류맵(valueupmap.com)은 전국 토지, 건물, 빌딩, 공장, 상가 등 실거래가를 한눈에 볼 수 있는 사이트다. 나는 토지 실거래가를 확인할 때 사용한다. 토지 지번을 입력하면 거래된 날짜와 평당 얼마에 거래가 됐는지 한눈에 살펴볼 수 있고 해당 지번뿐만 아니라 인근의 거래 사례들까지 한 번에 볼 수 있어 토지 시세를 파악할 때 용이하다. 토지는 주거용 부동산처럼 거래가 활발하지 않기 때문에 얼마에 사고 얼마에 팔아야 하는지 감을 못 잡는 사람들이 많다. 밸류맵을 활용하면 예상 시세를 알 수 있기 때문에 거래 협상을 할 때 유용하다.

지금까지 설명한 사이트들을 잘 활용하면 부동산 투자에 큰 힘이 될 것이다. 다섯 가지 사이트 모두 이용해보고 자신에게 가장 잘 맞는 한 가지를 익숙해질 때까지 파고들어 내 것으로 만들자.

꼼꼼한 현장 조사가 투자 성과를 좌우한다

임장의 질은 손품이 좌우한다

현장 조사를 제대로 하기 위해서는 미리 계획을 세우고 움직이는 것이 좋다. 중개소도 한두 군데 정도는 미리 방문 예약을 해둔다. 움직이는 참에 최대한 많은 경매 물건을 조사하려고 거창한 계획을 세우는 사람들도 있는데 초보일수록 좋지 않은 방법이다. 단 한 군데를 조사하더라도 제대로 하는 게 중요하고, 다시는 이곳에 오지 않겠다는 각오로 임해야 한다. 지도와 확인 필요한 정보 등을 미리 출력해서 현장에 가면 더 효율적으로 임장을 할 수 있다.

충실한 기록은 두고두고 도움이 된다

먼저 조사 내용과 느낌, 현지 중개사나 주민과의 대화에서 얻은 중요한 정보와 멘트를 기록으로 남긴다. 볼펜으로 흘려 써놓으면 몇 군데만 다녀와도 자료와 기억이 섞일 수 있고 놓치는 것도 생긴다. 그러니 사진 등 이미지, 음성녹음, 필기 등을 적절히 활용하여 몇 달 후 다시 꺼내 봐도 그때의 느낌과 사실관계를 기억해낼 수 있도록 꼼꼼히 기록해두자.

처음에 내용을 잘 정리해놓으면 같은 지역 또는 인근 단지가 경매로 나왔을 때 큰 도움이 된다. 시간이 부족해서 계획했던 것만큼 충분히 조사하지 못했다면 시간대를 달리하여 현장에 다시 가야 한다. 현장에 가는 목적은 손품(인터넷 검색) 자료를 직접 확인하고 투자에 대한 확신을 가지기 위해서라는 사실을 명심하라.

현장 조사의 또 다른 목적은 점유자가 누구인지, 명도(집 비우기)의 난이도는 어떤지를 확인하고 체납 관리비가 있는지 등을 파악하는 것이다.

중개소를 방문하여 급매가, 평균가, 최고가, 전세가, 월세가 등을 파악하는 것도 중요하다. 다만 중개소마다 자신만의 스타일이 있기에 말이 통한다는 이유로 한곳에 오래 머물며 전적으로 신뢰하고 현장 조사를 마치는 것은 위험하다.

가장 정확한 것은 현지 주민의 정보

아파트 주민들을 만나거나 커뮤니티를 활용하면 해당 물건의 정보를 추가로 파악할 수 있다. 실제 거주하는 사람만 알 수 있는 정보를 얻을 수 있어 큰 도움이 된다. 예를 들면 층간소음이나 단열 등의 문제는 없는지, 관리가 잘되는 단지인지, 입주민의 연령대와 수준은 어떤지 등의 세밀한 정보를 현장에서 얻을 수 있다.

조사하고자 하는 물건의 문에 붙어 있던 교회 스티커를 보고 같은 교회 스티커가 있는 집을 찾아 도움을 청한 투자자도 있었다. 같은 교회에 다니니 속사정을 잘 알 거라는 추측이 맞아떨어진 것인데 점유자인 임차인의 가족관계 등을 확인하고 집 내부 구조도 볼 수 있었다. 이럴 때는 자연스럽게 대화를 이어가는 스킬이 필요한데 여러 번 시도하고 경험해보면 조금씩 스킬이 쌓인다.

아파트라면 해당 호수의 벨을 눌러봐도 좋다. 처음엔 용감하게 벨을 눌러놓고도 점유자와 대면하는 게 어색해 아무도 없길 바라는 마음이 들 수도 있다. 점유자가 소유자인지 세입자인지, 배당을 받을지 못 받을지에 따라 다른 접근이 필요하다. 우편물을 통해 소유자가 살고 있는지 임차인이 살고 있는지 대략 유추할 수 있다(등기부 또는 유료 경매지를 보면 소유자나 임차인 이름 등이 모두 나온다). 임차인 중에는 경매 절차를 처음 겪어서 자신이 배당받는 방법을 모르는 사람들도 있는데, 나는 배당받는 방법을 안내해주면서 인테리어 수준을 확인하고 그 외 다양한 정보를 얻기도 했다.

이웃 주민과 대면하는 걸 겁내지 말자. 오래된 아파트나 빌라의 경우 아래층을 방문할 수 있다면 그 이상 좋을 수 없다. 누수 여부를 확인할 수 있기 때문이다(때에 따라 위층 거주자에 대한 정보도 알 수 있다). 만약 물이 새는데 원인을 찾지 못하고 있다면 보통 문제가 아니다. 예를 들어 1201호가 경매 물건으로 나왔다면 1101호를 방문한다(차 트렁크에 박카스, 비타500 등을 항상 비치해둔다). 나는 경매 입찰을 위해 조사를 나왔다고 솔직히 말하고 협조를 구했는데 대부분이 뭐라도 얘기해주었다. 층간소음은 어떤지도 물어본다.

참고로 누수 문제는 사람을 미치게 한다. 원인을 찾기가 너무 어려운 경우도 있고 분쟁으로 이어지는 경우도 많다. 가장 어려운 것은 수리를 했음에도 재발하는 경우다. 나는 누수가 있다는 게 확인되면 입찰을 포기한다.

관리사무소를 방문하면 미납된 관리비가 있는지 확인할 수 있다. 그와 함께 관리비 체납 여부를 묻는 전화가 얼마나 왔는지도 물어본다. 앞서 말했듯이 답변 내용에 따라 그 사건에 입찰자들이 얼마나 관심을 갖고 있는지 유추할 수 있다. 관리사무소와 소통을 잘하면 거주 세대의 정보나 차량 등록 현황 등도 파악할 수 있다.

부동산중개소에서 시세 정보를 얻는다

인근 중개소를 방문하여 현재 시세도 파악한다. 드러나지 않은 호재나

악재에 대한 얘기를 들을 때도 있다.

대상 물건과 평형, 구조, 연식이 비슷한 부동산 매물을 살펴보고 시세는 최소 세 군데 이상의 중개소에 들러보길 권한다. 사전에 KB부동산, 호갱노노 등에서 시세를 파악한 뒤 그 정보와 비교하여 판단하는 것이 좋다. 동일한 조건의 부동산 매물이 얼마에 나와 있고, 매물로 나온 지 얼마 만에 거래가 됐는지, 전세나 월세로 임대할 경우 얼마나 받을 수 있는지 등을 파악한다.

실수요자, 투자자, 매도자의 입장에서 다양하게 접근하여 문의하면 시세를 보다 객관적으로 바라볼 수 있다. 중개사의 성향에 따라 같은 물건을 다르게 평가하기도 하므로 여러 곳의 중개소를 방문해 시세와 매물 정보를 얻고 하한선 또는 평균을 적정 가격으로 생각한다. 그들의 의견을 전적으로 신뢰하지 말고 중복되는 내용을 신뢰하되 처음 듣는 내용은 확인 절차를 거치는 게 좋다.

아파트 임장 체크리스트

아파트 임장 체크리스트를 정리하면 다음과 같다.

❶ 주변 환경

- 위치: 해당 물건에서 아파트 출입구까지의 거리, 단지 출입구 위치, 경사도

- 교통: 지하철역 출구, 버스 정류장까지의 거리
- 학군: 초품아(초등학교를 품은 아파트)일 경우 초등학교 등교 동선, 중학교·고등학교·학원가의 위치
- 편의시설 등: 편의시설, 상가, 문화시설, 대형 마트, 병원, 카페, 공원 위치
- 환경: 공기의 질, 조경, 놀이터, 주변 유해/혐오시설 유무
- 직주(직장·주거) 근접: 편하게 출퇴근할 수 있는 거리와 위치인지 파악 (인근에 지식산업센터나 사무실, 업무용 빌딩 등이 많은지를 파악한다.)

❷ 단지 정보

- 브랜드
- 준공 연도
- 해당 평형 세대 수
- 난방 형태
- 관리비
- 대지지분

❸ 해당 세대 정보

- 층, 평면, 향, 복도식 또는 계단식
- 동별 위치, 동 간 거리
- 발코니 면적, 확장 여부
- 새시, 주방, 화장실 인테리어

- 층간소음 문제, 세대별 주차 대수

현장 조사를 하는 방법은 다양하다. 중개소 몇 군데 들러 시세를 물어보는 것은 제대로 된 조사가 아니다. 두 번 다시 오지 않겠다는 각오로 열심히 조사하면 '이 정도면 됐다' 하는 확신이 들 때가 있다. 이럴 때 낙찰 확률이 높아진다. 간절함과 노력에 따라 현장 조사의 질도 달라진다.

여담이지만 낙찰에 실패하는 이유를 알아보면 다음과 같다.

① 감정가를 참고해서 입찰가를 쓴다(즉 현재 시점의 시세를 잘 모른다).

② 투자 대상에 대한 확신도 간절함도 없다.

③ 입찰할 물건의 숨겨진 가치를 제대로 보지 못한다.

④ 손품(책상 조사)은 열심히 파는데 현장을 가보는 것은 귀찮아한다.

⑤ 욕심이 많거나 수익률을 높게 잡는다(특히 상가, 지식산업센터의 경우).

초보일수록 1~3번의 이유가 많고 중수 이상은 3, 4번의 경우가 많다. 다시 말하지만 경매에서는 발품을 많이 파는 사람이 다양하고 정확한 정보를 얻을 수 있다. 그런 사람이 시간이 지날수록 낙찰 횟수가 늘어나고 더 많은 수익을 가져가는 것은 당연한 일이다.

발품불패!
임장 체크리스트

꼼꼼한 체크리스트가 낙찰 확률을 높인다

주거용 부동산 입찰 전에 반드시 확인해봐야 할 것들이 있다. 온라인 조사를 끝냈다면 오프라인 조사를 통해 물건 상태를 확인해보자. 아파트는 비교적 시세 조사가 편리하고, 온라인으로 필요한 정보를 90% 이상 얻을 수 있으므로 입찰할 때마다 현장에 가는 경우는 드물다. 현장에 가는 이유는 시세에 대한 확신이 서지 않거나, 내가 조사한 내용이 정확한지 확인해보려는 것이다.

실제로 네이버 부동산에는 이미 거래가 완료된 매물도 그대로 노출되어 있는 경우가 많다. 전화로 어느 정도 감은 잡을 수 있지만 아파트의 분위기와 주변 도로의 경사도, 주변 환경 등을 직접 걸으며 파악해 보는 것도 필요하다. 임장이란 '현장에 임한다'는 뜻으로 아무리 손품을 열심히 팔아도 현장을 꾸준히 다니는 사람을 이기기는 어렵다.

임장할 때는 먼저 현장에 나가기 위한 준비가 필요하다. 만일 아파트 경매 사건이라면 기본적으로 사건번호가 담긴 메인 페이지, 현황조사서, 지도 등을 출력해서 가야 한다.

대부분은 현장에 갈 시간이 부족하므로 동선을 잘 짜서 한 번 갈 때 최대한 많은 곳을 조사한다. 사진도 현장마다 특징이 되는 것들을 여러 장 찍어서 조사 자료와 함께 첨부해두면 시간이 흘러도 어렵지 않게 기억해낼 수 있다.

나만의 체크리스트를 만들면 좋다. 〈표 4-6〉은 내가 부동산 경매에 처음 관심을 가지고 임장을 하면서 적었던 체크리스트다. 꼼꼼하게 채울수록 실수할 확률은 낮아지고 낙찰 확률은 높아진다. 물건을 검색했다면 이제 발품을 팔며 체크리스트를 정성스럽게 채워보자.

〈표 4-6〉 직접 만든 임장 체크리스트

<table>
<tr><td colspan="3">발품불패 현황조사서</td><td>APT
☑</td><td>빌라
☐</td><td>상가
☐</td></tr>
<tr><td>사건번호</td><td>2015타경*****</td><td>입찰일</td><td colspan="3">2016.10.14. 10:00</td></tr>
<tr><td>주소</td><td colspan="5">인천광역시 서구 가정동(아파트라면 동호수까지 자세히 기록할 것)</td></tr>
<tr><td>면적</td><td>대지: 7.735평 건물: 12.36평</td><td>감정가</td><td colspan="3">8,600만 원</td></tr>
<tr><td colspan="6">1) 물 건 조 사</td></tr>
<tr><td>구조/층</td><td>방2, 화1(2층)</td><td>주차장</td><td colspan="3">지상 주차장
(지하 주차장은 없음)</td></tr>
<tr><td>도시가스</td><td>0</td><td>전입세대
열람</td><td colspan="3">점유자 외
1명 더 있음(동거인 같음)</td></tr>
<tr><td>관리비
(체납)</td><td>확인 못 함</td><td>현 거주자</td><td colspan="3">임차인 (0) / 소유자 ( )</td></tr>
<tr><td colspan="6">2) 주 변 조 사</td></tr>
<tr><td>교통편</td><td colspan="5">– 지하철: 인천2호선 가정역 441m
– 버스 정류장:</td></tr>
<tr><td>주변
편의시설</td><td colspan="5">주변 환경 좋지 못함(명성할인마트 하나 있음)</td></tr>
<tr><td>초·중·고
현황</td><td colspan="5">– 초등학교: 봉수초등학교 250m 거리
– 중학교: 1㎞ 이상
– 고등학교: 1㎞ 이상</td></tr>
<tr><td colspan="6">3) 시 세 조 사</td></tr>
<tr><td>네이버
부동산</td><td colspan="5">현재: 8,500만 원 1개(5층), 8,900만 원(6층) 1개 매물 있음</td></tr>
<tr><td>KB부동산</td><td>– 9,500만~1억 300만 원
(평균 9,700만 원)</td><td>현장
부동산
중개소</td><td colspan="3">(전·월세/매매)
– 전세 2,000만~4,000만 원
– 월세 200만 원/25만~30만 원
또는 30만 원/25만 원
(수리 상태에 따라 다름)</td></tr>
<tr><td colspan="6">4) 발품 후 특이 사항 및 의견</td></tr>
<tr><td colspan="6">– 주변 부동산중개소 5곳과 통화한 결과 2곳에서 주변 매물 확인
– 엘리베이터 없는 6층 건물
– 일반 매매일 경우 대출 6,700만 원까지 가능</td></tr>
</table>

- 총 252세대
- 로열층은 2, 3층
- 매매, 전세 활발하다고 함(전세는 없어서 못 나감, 전세 대기자들 있음)
- 5~6층은 공실이 있으니 투자에는 부적격
- 인천에서 2,000만~3,000만 원으로 전세 얻을 수 있는 곳은 극히 드물다고 함
- 12월에 루원시티 공사 시작(공사 인부들 유입으로 인한 전·월세 증가 예상)
- 공사가 진행되는 모습을 보면 투자자들이 더 모일 것으로 예상됨
  그때 치고 빠져도 괜찮은 곳이라고 함
- 루원시티와 청라국제도시 인프라를 함께 누릴 수 있음
- 루원시티 중심지 주변으로 향후 발전 가능성 큼(루원시티 개발 경계선에 있음)
- 가정역(루원시티) 도보 10분 거리로 교통 편리
- 청라국제도시 차량 10분 거리 청라 인프라 이용 가능
- 인천대로 서인천IC 5분 거리 위치여서 서울로 오가는 교통이 편리
- 서인천IC 직선화 공사 확정으로 목동까지 15분 예상
- 지하철 2호선 공항철도 환승 이용 시 서울역까지 1시간 소요

초인 용쌤 생각
- 경매 투자 후 전세 놓으면 투자금 최소 2,000만 이상 확보 가능
- 경매 투자 후 기본 수리하고 월세 놓아도 괜찮음(2, 3층은 매물이 없어서 거래 대기 상태)

임장일: 2016년 9월 24일

아파트 못지않은 빌라 찾는 법

먼저 빌라의 장점을 살펴보자. 대표적인 장점으로는 가격이 저렴하다는 점을 꼽을 수 있다. 같은 평형대 아파트의 반 가격도 안 된다. 또한 서울 역세권의 빌라는 월세나 전세 임대수요가 꾸준하다. 빌라는 매매 수요보다 전세나 월세로 들어오려는 사람들이 많다. 따라서 임대수익 목적의 투자에 적합하다. 그렇다고 안 팔리는 게 아니다. 아파트값이 계속 치솟는 상황이기에 저렴하다고 생각되는 빌라를 매입하려는 사람들이 얼마든지 있기 때문이다.

입지 좋은 빌라는 아파트 부럽지 않다. 대단지 아파트 근처에 있는 빌라는 아파트의 인프라를 전부 누릴 수 있다. 또한 관리비가 없거나 저렴하다는 점도 큰 장점이다. 30평대 아파트의 관리비는 평균 20만~30만 원 정도이며, 내기 싫어도 내야 한다. 하지만 빌라는 같은 평형대라면 5만~10만 원 수준이다. 관리비가 없는 곳도 있지만 오히려 좋지 않다. 관리가 되지 않아 청소 상태 불량 등의 문제가 생길 수밖에 없다.

이런 빌라는 피해라

첫째는 오래된 빌라다.

아무리 위치가 좋고 수익률이 높다고 하더라도 오래된 빌라는 피해야 한다. 비가 오면 천장에서 물이 샐 가능성이 크고 외벽에 생긴 균열을 통해 비가 스며드는 경우도 많다. 세를 놓았는데 비가 샌다면 어떻게 될까? 세입자가 가만히 있겠는가. 문제가 해결될 때까지 시달릴 것이다. 세입자의 전화를 받는 횟수가 많아지면 스트레스가 쌓일 수밖에 없다.

다만 개발 가능성이 있는 곳의 대지지분이 큰 빌라는 투자가치가 있다. 재건축, 재개발을 할 때 유리하므로 낡았더라도 높은 가격에 매도할 수 있다.

둘째는 구조가 안 좋은 빌라다.

네모반듯한 구조가 가장 좋다. 거주 면적이 아파트에 비해 작아 모양이 반듯하지 않으면 가구 배치가 어렵고 매수자나 임차인이 선호하지 않는다.

셋째는 좁은 골목에 있는 빌라다.

우선 밤에 어둡다. 그러면 집 구매 결정의 키를 쥐고 있는 여성들이 선호하지 않는다. 내가 사랑하고 소중하게 여기는 사람이 "길이 어두워서 밤에 다닐 때 너무 무서울 것 같아."라고 이야기한다면 어느 누가 매수하려고 하겠는가.

넷째는 주차 공간이 부족하고 엘리베이터가 없는 빌라다.

공간이 부족해 일렬로 주차하게 되어 있는 빌라는 피하는 게 좋다. 엘리베이터가 없는 빌라 역시 사기는 쉽지만 팔기가 무척 어렵다. 엘리베이터가 없는 빌라의 로열층은 2층이고, 3층 이상은 사람들이 선호하지 않는다. 엘리베이터가 있다면 고층이 좋다.

임장 가기 전 알아두면 좋을 것들

- 권리분석은 5개의 말소기준권리만 찾으면 된다. 말소기준권리 위에 있으면 낙찰자가 '인수'하고, 아래 있으면 '소멸'이니 신경 쓰지 않아도 된다.
- 말소기준권리: (근)저당, (가)압류, 담보가등기, 경매개시결정 등기, 배당요구를 한 전세권
- 임차인은 '점유+전입'만 하면 다음 날 0시 기준으로 대항력이 발생하고, 여기에 '확정일자+배당요구'를 하면 우선변제권이 생긴다.
- 손품불패+발품불패: 꼼꼼한 현장 조사와 꾸준한 물건 검색만이 수익을 높일 수 있다.
- 디지털 시대다. 무료로 이용할 수 있는 모든 사이트를 적극적으로 활용해 투자 감각을 키우자.
- 3·6·9 법칙을 기억하자: 임장을 할 때 하루 3시간씩 6곳의 부동산을 돌며 최소 9개 이상의 물건을 살펴보자. 물건 고르는 안목이 일취월장할 것이다.

경매의 위험과 기회를 바로 알면 수익률이 달라진다

명도는 서류를 잘 활용하는 것만으로 90%는 해결된다.
나의 권리를 지키면서 기존 점유자를 배려한다면
서로 '윈윈'할 수 있는 하나의 절차일 뿐이다.

인도명령은 경매의 안전장치

인도명령과 강제집행, 두려워하지 말자

예를 들어 아파트를 낙찰받는다면 그곳에 살고 있는 전 주인이나 임차인이 있을 것이다. 살고 있는 사람들을 통칭해서 점유자라 하는데, 이들에게 소유자가 바뀌었으니 집을 비워달라고 요구할 수 있다. 만일 점유자가 매수인(잔금을 낸 순간부터 낙찰자에서 매수인으로 지위가 바뀜)의 명도 요구에 응하지 않을 경우 매수인은 법원에 인도명령을 신청할 수 있다.

낙찰자가 잔금을 내고 6개월 내에 인도명령을 신청하면 법원은 간단한 심리 절차를 거쳐 채무자, 소유자, 임차인 등 기타 대항력 없는 점유자에 대해 집을 비우라고 명할 수 있다. 이를 인도명령이라고 하는데, 신청서만 제출하면 되므로 절차가 비교적 간단하고 비용도 12만 원 내외로 부담스럽지 않은 편이다. 만약 인도명령에서 해결되지 않으면 강제집행 단계로 넘어간다.

각 절차를 정리하면 다음과 같다.

인도명령 절차

① 인도명령신청

② 인도명령 심리 및 심문

③ 인도명령결정

④ 결정문 송달

⑤ 송달증명원 및 집행문 부여 신청

강제집행 절차

⑥ 집행관 사무실에 강제집행신청서 제출(송달증명원 첨부)

⑦ 예고집행: 채무자에게 이사할 시간을 줌(2주 내외)

⑧ 강제집행: 노무자 투입

⑨ 채무자에게 최고서 발송

⑩ 유체동산(채무자의 주소지에 있는 가재도구, 물품 등) 매각 신청

⑪ 집행비용 예납 및 공탁

⑫ 유체동산 감정

⑬ 집행비용 확정 결정 신청

⑭ 동산 경매 처리

어려워 보이는가? 전체 절차를 순서대로 나열했을 뿐 14번까지 가는 경우는 드물다. 초보자들이 주로 하는 아파트, 빌라, 오피스텔, 지식산업센터 등을 낙찰받는다면 대개 7번 예고집행 단계에서 점유자와 이사 협의가 되는 비율이 90% 이상이다. 실무적으로 동산 경매까지 가는 경우는 매우 드물다.

만일 점유자와 명도 협의가 되지 않는다고 해도 마찬가지다. 당신은 새로운 소유자(채권자)로서 법원에 서류만 제출하면 된다. 당신이 낸 돈(잔금)으로 채권자(주로 은행)의 채권회수와 채무자(주로 전 소유자)의 빚 탕감에 가장 큰 이익을 준 것이니 두려워하지 말고 당당히 권리를 행사하자.

인도명령은 언제 신청하는 게 좋을까?

잔금 납부와 동시에 신청하는 것이 가장 좋다. 잔금일로부터 6개월 전까지 신청할 수 있는데 6개월이 지나면 점유자를 상대방으로 소유권에 기한 명도 소송을 제기해야 한다.

인도명령 대상자는 다음과 같다.

〈그림 5-1〉 부동산 인도명령신청서 양식

부동산 인도명령신청

신청인(경락인): (이름)

주 소: (현 거주지 주소)

피 신 청 인: (점유자 이름)

주 소: (낙찰받은 집 주소)

신청취지

피신청인은 신청인에게 별지 목록 기재 부동산을 인도하라.
라는 재판을 구합니다.

신청이유

1. 신청인은 귀 원 (사건번호) 부동산 임의경매사건에서 20__년 __월 __일 낙찰 허가를 받아 20__년 __월 __일 낙찰 잔대금을 완불하고 그 소유권을 취득하였습니다.
2. 그 후 신청인은 채무자 겸 소유자인 피신청인에게 동 부동산을 인도해 줄 것을 구하였으나 이에 응하지 않고 있으므로, 위 별지 목록 기재 부동산을 인도받고자 이 건 신청에 이른 것입니다.

20__년 __월 __일

위 신청인(낙찰인) (인)

○○지방법원 귀중

- 채무자(전 소유자) 및 동거 가족
- 대항력 없는 임차인
- 경매개시일 이후 대항력 없는 점유자
- 동거 가족, 상속인, 피고용인
- 집행을 방해할 목적으로 채무자와 공모한 점유자
- 채무자가 법인일 경우 회사의 직원

점유자에 따라 달라지는 인도명령결정 기간

인도명령신청을 받은 담당 재판부는 몇 가지를 검토한다.

첫째, 만일 전 주인이 살고 있다면 "음, 별문제 없네. 빨리 방 빼줘!"라며 신청서 접수일로부터 2~3일 후 인도명령을 결정한다.

둘째, 임차인이 살고 있다면 배당일까지 인도명령신청에 대한 판단을 유보한다. 임차인이 받아 갈 임대보증금이 있을 수도 있기에 이를 받기 전에 퇴거 명령을 내리는 것은 가혹하다고 보는 것이다. 그래서 임차인에 대해서는 배당일 이후 인도명령 여부가 결정된다.

앞서 설명했듯이 임차인은 크게 두 가지 경우로 나눌 수 있다.

- 대항력 있음
- 대항력 없음

우선 대항력 있는 임차인은 남은 임대차 기간을 보장받고 매수인의 명도 요구를 거절할 권리가 있다. 따라서 대항력 있는 임차인 등을 상대로 인도명령신청을 한다면 당연히 기각된다.

그런데 전입일이 빠른(대항력 있는) 임차인이 있는데 권리 주장도 없고 임대차 계약서 등 어떤 서류도 담당 재판부에 접수하지 않았다고 치자. 이런 상황에서 낙찰자가 잔금을 내고 인도명령을 신청했다. 법원은 어떤 결정을 내려야 할까?

판사가 신청인과 피신청인 양쪽 주장을 들어보고 결정하는 경우도 있지만 외견상 대항력 있는 임차인이 존재하는 사건일 때는 신청인에게 입증 책임이 있다. 하지만 실무에서는 명백한 사안의 경우 인도명령 심문 절차를 생략하는 경우가 많다. 적법한 신청이라면 당연히 인도명령결정문이 나오며 주문은 한 줄로 간단하다.

"피신청인은 신청인에게 별지 목록 기재 부동산을 인도하라."

법원은 '민사집행법 136조 1항'에 따라 공식적으로 낙찰자의 손을 들어주는 것이다.

인도명령결정문이 나오면 담당 경매계에서 낙찰자의 주소지로 결정문 정본을 발송한다. 이제 강제집행을 위한 최소한의 절차가 마무리됐다.

이제부터 할 일은 인도명령신청의 진행 상황 및 송달 여부를 확인하는 것이다. 대한민국법원 대국민서비스 사이트(scourt.go.kr)에 접속하여 화면 상단 '정보' 메뉴에 들어가서 '나의 사건검색'의 검색창에 결정문에 표기된 사건번호를 입력하면 된다(〈그림 5-3〉).

〈그림 5-2〉 인도명령결정문 예

수 원 지 방 법 원
결 정

정본입니다.
2020. 08. 18.
법원주사보

사 건 2020타인 부동산인도명령

신 청 인 1.
서울 영등포구
송달장소 : 안산시 단원구
송달영수인 :

2.
서울 관악구
송달장소 : 안산시 단원구
송달영수인 :

피 신 청 인
수원시 팔달구

주 문

피신청인은 신청인들에게 별지 목록 기재 부동산을 인도하라.

이 유

이 법원 2019타경 부동산임의경매 사건에 관하여 신청인들의 인도명령 신청이 이유있다고 인정되므로 주문과 같이 결정한다.

2020. 8. 18.

사법보좌관

※ 각 법원 민원실에 설치된 사건검색 컴퓨터의 발급번호조회 메뉴를 이용하거나, 담당 재판부에 대한 문의를 통하여 이 문서 하단에 표시된 발급번호를 조회하시면, 문서의 위, 변조 여부를 확인하실 수 있습니다.

2020-0173944046-00F47 1/2 1/2

〈그림 5-3〉 법원 사이트에서 살펴본 '나의 사건검색'

출처: 대한민국법원 대국민서비스

이를 위해서는 우선 '결정'이 나야 하고 결정문이 점유자(피신청인)에게 도달되어야 한다. 그래야 '송달증명원'을 발급받을 수 있고 이것이 강제집행을 신청하는 데 필요한 서류다.

강제집행 신청

송달증명원을 발급받아서 관할 집행관 사무실에 강제집행신청서를 제출한다.

강제집행 신청이 접수되었다고 해서 당장 그 집을 찾아가 짐을 몽땅 들어내지는 않는다. 1차 집행 또는 예고집행이라고 표현하기도 하는

〈그림 5-4〉 강제집행신청서 양식

법원

강 제 집 행 신 청 서

법원　　　집행관　　　귀하

채권자	성 명		주민등록번호 (사업자등록 번호)		전화번호	
					우편번호	
	주 소	시 구 동(로) 가 번지 호 아파트 동 호				
	대리인	성명(　　)	주민등록번호		전화번호	
채무자	성 명		전화번호		우편번호	
	주 소	시 구 동(로) 가 번지 호 아파트 동 호				
집행목적물 소재지	채무자의 주소지와 같음 (※다른 경우는 아래에 기재함) 시 구 동(로) 가 번지 호 아파트 동 호					
집행권원						
집행의 목적물 및 집행 방법	동산압류, 동산가압류, 동산가처분, 부동산점유이전금지가처분, 건물명도, 철거, 부동산인도, 자동차인도, 기타(　　　)					
청구금액	원 (내역은 뒷면과 같음)					

위 집행권원에 기한 집행을 하여 주시기 바랍니다.

※ 첨부서류

1. 집행권원　1통　　200 . . .　　채권자　　(인)
2. 송달증명서　1통
3. 위임장　1통　　대리인　　(인)

※ 특약사항

1. 본인이 수령할 예납금잔액을 본인의 비용부담하에 아래에 표시한 예금계좌에 입금하여 주실 것을 신청합니다.

채권자(신청인)　　　(인)

개설은행	
예금주	
계좌번호	

2. 집행관이 계산한 수수료 기타 비용의 예납통지 또는 강제집행 속행의사 유무 확인 촉구를 2회 이상 받고도 채권자가 상당한 기간 내에 그 예납 또는 속행의 의사표시를 하지 아니한 때에는 본건 강제집행 위임을 취하한 것으로 보고 완결처분하여도 이의 없습니다.

채권자(신청인)　　　(인)

주) 채권자가 개인인 경우에는 주민등록번호를, 법인인 경우에는 사업자등록번호를 기재합니다.

데 '언제까지 집을 비우지 않으면 강제집행합니다'라는 경고 성격의 집행이다. 1차 집행을 위한 예납비용은 그리 부담스러운 수준이 아니다. 관할 법원에서 부동산 소재지까지의 거리가 멀수록 교통비가 늘어나는데, 대개 12만~15만 원 선이다.

법원은 채무자에게 2주 정도의 여유를 주어 자진해서 이사를 하도록 유도한다. 집행 예고장을 집 내부에 붙이기도 하는데 기간은 법원별로 차이가 있다. 인천지방법원 등 일부 법원은 강제로 문을 여는 대신 문틈에 집행 예고장을 끼워두기도 한다. 이럴 때는 예고장이 없어질 우려도 있고 점유자가 강제집행 사실을 인지하지 못할 수도 있으므로, 예고장을 복사해서 직접 전달하거나 잘 펴서 보이게 붙여두는 것도 한 가지 방법이다.

실무상 예고집행까지 마치면 점유자와 명도 협의가 이루어질 확률이 높아진다. 항상 협상과 대화가 먼저다. 점유자와 소통 채널을 항상 열어두고 협의 불발을 대비해 집행 절차는 차분히 진행하는 게 좋다.

아파트, 빌라, 오피스텔 등은 여기까지 진행하면 대개 집을 비운다. 앞서 언급했듯 유체동산 경매까지 가는 경우는 드물고, 80~90%는 협의로 명도가 마무리된다.

편하게 생각하자. 당신은 어렵게 낙찰받고 잔금을 낸 소유자다. 무리한 요구를 하는 점유자에게 끌려다닐 필요가 없다. 최선의 방법은 법원의 힘을 빌려 집행 절차를 밟는 것이다.

강제집행 실행과 주의할 점

예고집행 후에도 끝까지 버틴다면 집 안에 있는 짐을 모두 들어낼 사람들이 필요하다. 노무비는 면적과 유체동산의 양에 따라 결정되는데 1인당 12만 원 수준이다. 30~40평대 아파트라면 필요한 노무자 인원은 12명에서 20명 정도다. 만일 당신이 10명분의 노무비용을 납부했는데 집행 당일 8명밖에 안 보인다면 2명분에 대해서 담당 집행관에게 환급을 요구할 수 있다.

집행일에 강제로 문을 열 때는 성인 2명의 증인이 필요하다. 나는 친구나 지인, 인근 부동산중개소 실장님 등을 미리 섭외해둔다. 아파트라면 사다리차 또는 엘리베이터를 통해 짐을 내리면 되고, 지식산업센터는 화물용 엘리베이터가 있어 유체동산 처리가 쉬운 편이다.

중요한 것은 전유부 내에 남겨진 짐이 하나라도 있어서는 안 된다는 것이다. 아파트를 낙찰받고 잔금을 냈다면 아파트만 내 것이지 아파트 내부에 있는 짐은 내 것이 아니기 때문이다. 만일 방 안에 남겨진 물건 하나를 (아무리 하찮은 것이라도) 임의로 버린다면 문제가 될 수 있으니 주의하자. 전 소유자나 임차인이 자신의 물건이 훼손 또는 도난당했다고 주장하는 경우도 간혹 있다.

이전 점유자가 버리고 간 짐이라고 하더라도 이 물건 역시 절차에 따라 처리해야 한다. 법원에 유체동산 매각 신청을 해서 소유권을 취득한 후 버리는 것이 원칙이다. 또는 점유자와 유체동산 포기 각서를 작성하는 방법 등이 있다. '이사 후에 남은 물건에 대해서 소유권을 포

〈그림 5-5〉 유체동산 포기 각서 양식

유체동산 포기 각서

사건번호:

주　　소:

작성인(점유자) 성　　명 :

주민번호 :

주　　소 :

연 락 처 :

위 각서인은 다음과 같이 약속하고 이행할 것을 확약합니다.

- 다 음 -

1. 위 경매사건 관련하여 위 점유자 ______은 낙찰자(매수인)와 합의한 바 목적 부동산(위 주소지)에 남겨진 일체의 유체동산 전부에 대해 더 이상 소유권 주장을 하지 않을 것입니다.
2. 위 주소지의 유체동산은 ______년 ___월 ___일까지 반출하기로 합니다.
3. 나머지 포기한 물품에 대하여 낙찰자가 임의대로 처분하여도 아무런 이의를 제기하지 않음을 확약합니다.

년　　월　　일

위 작성인(점유자)　　　　(인)

낙찰자(매수인)　　귀중

기한다'라는 각서와 각서인의 인감증명서를 받고 처분하는 것이다.

임차인은 적이 아니다

경매를 하다 보면 대항력도 없고 배당받을 게 한 푼도 없는 임차인을 만날 때도 있다. 명도의 프로세스는 같지만 나는 협의비용을 조금 넉넉히 책정하는 편이다. 빠른 명도와 빠른 임대가 빠른 매도로 이어지고, 이것이 수익률을 높여주기 때문이다. 단 진짜 임차인이어야 한다. 간혹 곧 경매가 진행되리라는 것을 알고 최우선변제나 이사비용을 챙기기 위해 채무자와 공모하여 전입하는 사람들이 있다. 이런 행위는 형사처벌을 받을 수 있다(190쪽 참조).

"낙찰받고 찾아가 봤더니 한 달 후에 이사 간다고 하더라고요. 제가 운이 좋은가 봐요."

이처럼 임차인의 말만 믿고 기분이 좋아 한 달 동안 아무런 액션을 취하지 않는 사람이 있다. 협의가 되고 있는데 굳이 법원에 인도명령 신청서를 낼 필요가 있느냐는 사람들도 있다.

인도명령은 잔금 납부와 동시에 무조건 신청하지만 이것이 강제집행을 의미하는 것은 아니다. 물론 한두 번의 통화로 이사 협의가 되기도 한다. 그런 경우에는 불필요한 일이 될 수 있지만 그래도 해두는 것이 좋다. 만일 무리한 요구를 한다면 그때 가서 법의 힘을 빌릴 수밖에 없는데 시간의 지연은 이자비용, 관리비 증가, 수익률 저하 등으로 이어지기 때문이다.

집행비용은 평당 12만 원 정도로 33평 아파트라면 전용면적이 25평 정도이니 약 300만 원이다. 이 돈을 보증금을 잃는 임차인이나 전 소유자에게 위로금 조로 준다면 점유자도 굳이 끝까지 버티다 강제집행을 당하지 않아도 된다. 법원에 낼 돈을 명도 협의비용으로 지불하면 서로에게 득이 된다.

보증금을 받는 임차인 또는 잉여금이 있는 전 소유자 사건의 경우 이사비용을 주거나 빠른 이사를 조건으로 약간의 비용을 주기도 한다. 보증금을 받을 수 있는 임차인이라면 반드시 낙찰자의 명도확인서와 인감증명서가 필요하기 때문에 협조적인 경우가 많다.

정체불명의 점유자에 대한 대응

아주 가끔 정체불명의 점유자가 살고 있는 경우가 있다. 우리는 그 사람의 인적 사항을 알지 못한다. 일단 현황조사서에 기재된 임차인, 현재 전입세대열람원에 등재된 사람, 소유자를 상대로 인도명령신청을 한다. 결정문이 나오면 이를 근거로 강제집행을 신청하여 집행을 위해 집행관과 함께 방문하는데, 이때 실제 점유자는 강제집행을 당하지 않기 위해 임대차 계약서 등을 보여주거나 자신의 신분을 밝힌다. 강제집행을 할 때 인도명령신청서상의 이름과 현재 점유자가 다르면 집행불능이 된다. 이때는 집행관에게 집행의 일시 정지를 신청하고 집행불

능조서를 발급받아 다시 인도명령신청을 하면 된다. 현 점유자를 불법 점유자로 표시하고 승계집행의 취지를 적으면 심문 절차 없이 인도명령결정문을 받을 수 있다. 끝까지 버티는 점유자에 대해서는 손해를 입증하여 손해배상청구 또는 권리행사방해죄 등을 물을 수 있다.

강제집행 후에는 반드시 비밀번호를 바꾸고 분쟁이 있었다면 키 박스 전체를 교체하는 것이 좋다. 출입구 비밀번호를 바꾸지 않아 전 소유자나 임차인이 들어가는 경우 인도명령은 다시 할 수 없다. 무단 침입죄와 강제집행효용침해죄로 형사 고소를 할 수도 있지만 시건장치를 교체하여 사전에 차단하는 것이 가장 깔끔하다.

낙찰자의 강력한 무기, 명도확인서

명도확인서는 절대 미리 써주지 말자

경매나 공매로 부동산을 취득한 사람에게 명도를 쉽게 할 수 있는 강력한 무기가 있는데 바로 명도확인서다. 명도확인서란 '낙찰자에게 집을 비워주었다'라는 내용을 적은 서류로 임차인이 배당일에 임대보증금 전부 또는 일부를 배당받기 위해서는 반드시 필요하다.

그런데 낙찰자가 점유자의 말만 믿고 짐을 모두 반출하기 전에 명도확인서와 인감증명서를 미리 준다면 어떻게 될까? 약속된 날짜에 이사를 가는 경우도 있지만, 이미 칼자루를 넘겨준 당신에게 임차인은 추

〈그림 5-6〉 명도확인서 양식

명 도 확 인 서

사건번호　　　　타경

위 사건 부동산에 관하여 임차인　　은(는) 그 점유 부동산을 낙찰자에게 명도하였으므로 이에 확인합니다.

첨부

낙찰자 인감증명 1통

년　　월　　일

낙찰자 성명　　　　　　(인감 인)

주소

지방법원 지원 경매 계 귀중

유의사항

1. 주소는 경매 기록에 기재된 주소와 같아야 하며, 이는 주민등록상 주소이어야 합니다.
2. 임차인이 배당금을 찾기 전에 이사를 하기 어려운 실정이므로 매수인과 임차인 간 이사날짜를 미리 정하고 이를 신뢰할 수 있다면, 임차인이 이사하기 전에 매수인은 명도확인서를 해줄 수 있습니다.

〈그림 5-7〉 이사합의서 양식

합의서

○○○를 "갑", ○○○를 "을"이라 칭하고, "갑"과 "을"은 아래와 같이 합의하기로 한다.

〈부동산의 표시: 경기도 ○○시 ○○동 ○○-○ ○○프라자 ○○○호(전용면적 56.97㎡)〉

- 아 래 -

1. "갑"은 2020년 11월 27일에 상기 부동산에서 모든 짐을 반출하여 이사하기로 한다. "갑"은 어떤 경우라도 현재 점유를 제3자에게 이전할 수 없고 위반 시 이에 대한 책임을 진다.
2. "을"은 "갑"에게 일금 삼백만(3,000,000) 원을 지급하기로 하고 이사비용은 2020년 11월 26일 일백만 원을 지급, 1항에 기재한 이사 약정일에 모든 이삿짐을 상기 부동산에서 반출한 것을 확인한 후 나머지 금액을 지급하기로 한다.
3. "갑"은 아파트 분양 당시의 모든 옵션(분양계약서에 포함된 분양 당시의 모든 물품 및 시설)을 그대로 보존해야 한다. (만일 미정산된 공과금이 있는 경우 "을"은 제2항의 약정한 이사비에서 공과금을 공제하고 지급하기로 한다.)

전유부 내에 남겨진 일체의 유체동산은 "갑"이 소유권을 포기한 것으로 간주한다. "을"은 남겨진 유체동산 전부를 임의로 처리할 수 있으며 "갑"은 이에 대해 어떤 책임도 묻지 않기로 한다.

4. 합의서 작성 이후 필요시 "을"은 강제로 개문할 수 있고 "갑"은 이에 대해 민·형사상 책임을 묻지 않기로 한다.
5. "갑"과 "을"은 위 약정 중 하나라도 위반 시 쌍방에게 손해 배상금으로 일금 일천만 원을 일주일 이내에 지급하기로 한다.

2020. 11. 10.

"갑"
성　명:
주민번호:
주　소:

"을"
성　명:
주민번호:
주　소:

가 이사비용을 요구할 확률이 높다. 그러니 집을 완전히 비움과 동시에 서류를 주어야 한다는 사실을 명심하자.

반대로 명도확인서가 필요 없는 경우도 있다. 이미 명도했음을 입증할 수 있는 서류, 예를 들면 해당 주소지 통장·반장의 확인서, 관리사무소에서 명도를 완료했음을 입증한 서류 등이다. 아니면 법원 사실조회 신청을 통해 임차인이 명도했음을 확인받을 수도 있다. 명도 완료 이후에도 매수인이 확인서를 주지 않는 경우 임차인은 앞의 방법으로 대처할 수 있다.

나는 이사일, 작업 인원, 사다리차 사용 여부 등이 기재되어 있는 이삿짐센터 견적서(보통 견적을 받고 계약금을 일부 송금하므로 전화해서 확인할 때도 있음)나 임차인이 새로 이사할 집의 임대차계약서(중개소 담당자와 통화) 등을 확인하기도 한다.

낙찰이 되면 이해관계인이 된다. 사건 열람을 통해 점유자의 정보를 확인한 후 접근한다. 낙찰받은 물건의 이전 소유자와 임차인 계약한 임대차계약서를 통해서도 임차인의 주소, 연락처, 성별, 나이 등을 알 수 있다. 나는 한 번의 대면 없이 임대차계약서에 있는 전화번호로 몇 차례 통화한 후 명도를 마친 적도 여러 번이다. 인도명령은 소송 없이 점유자를 내보낼 수 있는 좋은 제도다. 제대로 활용하는 방법을 이해하자.

이사비는 의무가 아니지만 빠른 명도를 돕는다

2억짜리 빌라에 입찰한 이유

2019년 1월 29일에 낙찰받은 물건이다. 경기도 부천시 춘의동에 있는 다세대 빌라로, 자세한 내용은 〈그림 5-8〉과 같다.

전용면적이 46.73㎡(14.14평)이고, 감정가는 2억 2,100만 원에서 1회 유찰돼 최저가가 1억 5,470만 원까지 떨어진 물건이다. 전용면적이 15평이 안 되지만 방 3개에 화장실이 2개여서 빌라인데도 메리트가 있었다. 2015년에 지어진 건물이라 내·외관도 깔끔해서 마음에 들었다. 총 10명이 입찰에 참여했는데 9명을 물리치고 2등과 850만 원

〈그림 5-8〉 춘의동 다세대 빌라 경매 정보

열기 인천지방법원 부천지원 대법원바로가기 법원안내 가로보기 세로보기 세로보기(2)

2018 타경 (강제) 2018타경9758(중복)	매각기일 : 2019-01-29 10:00~ (화)	경매6계 032-320-1136

소재지	(14552) 경기도 부천시 춘의동 [도로명] 경기도 부천시				
용도	다세대(빌라)	채권자	기00000	감정가	221,000,000원
대지권	30.4㎡ (9.2평)	채무자	장00	최저가	(70%) 154,700,000원
전용면적	46.73㎡ (14.14평)	소유자	장00	보증금	(10%)15,470,000원
사건접수	2018-06-15	매각대상	토지/건물일괄매각	청구금액	89,283,964원
입찰방법	기일입찰	배당종기일	2018-09-04	개시결정	2018-06-18

기일현황

회차	매각기일	최저매각금액	결과
신건	2018-12-18	221,000,000원	유찰
2차	2019-01-29	154,700,000원	매각
/입찰10명/낙찰202,390,000원(92%) 2등 입찰가 : 193,890,000원			
	2019-02-07	매각결정기일	허가
	2019-03-08	대금지급기한 납부 (2019.03.07)	납부
	2019-04-10	배당기일	완료
배당종결된 사건입니다.			

정정공고 정정일자 : 2019-01-28

정정내용	시설 및 배관공사 등을 위하여 로부터유치권신고서가 제출되었으나 그 성립여부는 불분명함 (2019.01.28.자 유치권신고서 참조)

출처: 스피드옥션

차이로 낙찰을 받았다. 2등과의 큰 차이가 다소 아쉬웠던 물건이다.

내가 이 물건을 낙찰받은 이유는 다음과 같다.

역세권

지하철 7호선 춘의역과 300m 정도 거리밖에 되지 않는다. 임장을 통해 직접 걸어봤을 때 1분 30초 정도밖에 걸리지 않았다. 서울로 갈 수 있는 지하철 노선이라 출퇴근하기에도 용이하다. 가산디지털단지역까지 17분, 이수역까지 37분, 강남 고속터미널역까지 43분 정도 소요된다. 가까이 인천대로와 서울외곽순환고속도로가 있어 차를 이용

〈그림 5-9〉 7호선 춘의역과 해당 물건과의 거리

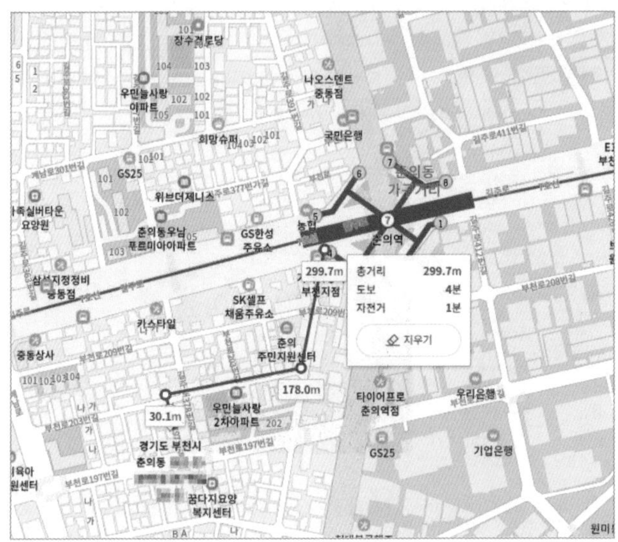

출처: 네이버 지도(https://map.naver.com/)

해 이동하기에도 편리하다.

아파트를 대체할 수 있는 신축급 빌라

2015년에 지어진 빌라다. 필로티 구조(지상 1층이 하중을 지지하는 기둥과 내력벽을 제외하고 오픈되어 있는 건물 구조)라 주차 공간도 넉넉하다. 앞에서도 이야기했듯이 방 3개, 화장실 2개 구조의 빌라는 아파트를 대체할 수 있다. 부천은 아파트 가격이 결코 싼 곳이 아니다. 춘의동 지역에 거주하고 싶은 사람들 모두가 아파트에 살 수는 없는 노릇이다. 상대적으로 저렴한 빌라에 살면서 좋은 인프라를 누릴 수 있다.

500m 내 학교 위치

빌라에 투자할 때 가장 눈여겨봐야 할 포인트가 주변에 반드시 초등학교가 있어야 한다는 것이다. 이 물건은 200m 거리에 초등학교가 있다. 500m 안에 중·고등학교까지 있다. 역세권이면서 초·중·고까지 품고 있으니 직장인뿐만 아니라 초·중·고 자녀를 둔 부모들도 선호하는 곳이다.

〈그림 5-10〉 인근 학교 위치

출처: 네이버 지도(https://map.naver.com/)

이사비를 요구하는 채무자

낙찰받고 바로 해당 물건지로 향했다. 건물 출입문이 잠겨 있어 해당 호의 벨을 눌렀지만 아무런 반응도 없었다. 빌라에 사는 사람이 드나들 때 함께 들어가기 위해 잠시 문 앞에서 기다렸는데 위층에서 문이 닫히는 소리가 들렸다. 엘리베이터가 4층에서 내려왔고 할머니 한 분이 강아지를 데리고 나오셨다. 그 틈을 이용해 현관문으로 들어가서 엘리베이터를 탔는데 할머니께서 나를 힐끔거린다는 느낌을 받았다. 4층으로 올라가 벨을 눌렀는데 몇 초간의 정적이 흐른 뒤 누군가가 걸어 나오는 소리가 들렸다. 채무자가 집 안에 있었던 것이다. 낙찰자라고 소개하고 채무자와 대화를 이어가려 하는데 갑자기 엘리베이터 문이 열렸다. 1층에서 만났던 할머니가 강아지를 안고 돌아왔다. 알고 보니 채무자의 어머니였다. 이곳에는 채무자가 어머니를 모시고 강아지 한 마리를 키우며 살고 있었다.

채무자와 앞으로의 진행 상황에 대해서 이야기를 나눈 뒤 집으로 돌아왔다. 나이는 나와 비슷한 또래였는데 사업에 실패해 집이 경매로 넘어간 상황이었다. 며칠 뒤에 채무자에게 연락이 왔다.

채무자: 언제까지 나가면 되나요?

나: 최대한 빨리 나가시면 좋죠.

채무자: 이달 안에는 힘들 것 같은데…. 앞으로 한 달 정도 뒤에 갈 수 있을 것 같네요.

나: 아직 잔금 치르기 전이라 한 달 후에 이사 가셔도 괜찮습니다.

채무자: 아, 그래요? 그런데 혹시 이사비용 지원되나요?

나: 아시겠지만 이사비용을 따로 드려야 할 의무는 없습니다.

채무자: 그렇죠. 그런데 제가 보증금 모으기도 힘든 상황인데 1,000만 원짜리 보증금 있는 월세 집으로 이사하려고 하거든요. 만약 이사비 지원이 된다면 늦어도 이번 달 안으로 나갈 수 있도록 해보겠습니다.

이사비를 지원해줄 수 있냐는 전화였다. 이사비를 줘야 할 의무는 없지만 최대한 빨리 이사를 한다면 100만 원 정도는 드릴 의향이 있다고 말씀드렸다. 채무자는 계속 150만 원을 요구했지만 나는 내 의견을 굽히지 않았다. 결국 100만 원에 최종 합의를 했다. 드디어 이사 날짜가 됐다. 이사 진행이 잘되고 있는지 확인하기 위해 현장으로 달려갔다.

인테리어를 새로 하다

도착할 때쯤 짐은 거의 다 빠진 상태였다. 집으로 들어갔을 때 얼굴이 절로 찡그려졌다. 강아지 냄새가 너무 심했기 때문이다. 헛구역질까지 나올 정도였는데 지금 생각해도 그 역겨움은 가시질 않는다. 냄새뿐만 아니라 집안 곳곳이 많이 상해 있었다. 도배는 말할 것도 없고 현관문 또한 강아지가 할퀸 자국들이 선명하게 남아 있었다.

싱크대는 제대로 청소하지 않아 기름때로 범벅이 되어 있었고, 물이 새는 부분을 그대로 방치해 마룻바닥도 들떠 있었다. 화장실은 더 가관이었다. 화장실에서 담배를 얼마나 피워댔는지 천장이 누렇게 변했을 정도다.

어차피 수리비용을 생각하고 낙찰받은 빌라지만 가장 큰 문제는 역시 개 냄새였다. 집에서 개를 키우면서 제대로 씻기지 않을 때 어떤 냄새가 나는지 이 집을 보고 뼈저리게 느꼈다.

채무자가 이사를 간 뒤에 부동산에 집을 내놓았는데 집을 보러 온 인근 부동산중개소 사장님들도 이렇게 말했다.

"사장님, 이게 무슨 냄새예요? 이렇게 악취가 심하면 절대 세 안 나가요."

특단의 조치를 내려야 했다. 우선 2~3일 동안 문을 계속 열어 환기를 했고 인테리어를 진행하는 동안 집에 있는 향초 4~5개를 가지고 가서 피워놓았다. 부동산중개소 사장님도 사무실에 있던 방향제 2통을 가져와 집 안 구석구석 뿌려주었다. 이런 노력 덕분에 개 냄새는 조금씩 사라졌다. 모든 수리가 끝났을 때쯤에는 냄새가 더는 나지 않았다. 정말 다행이었다.

전세 세입자를 들이면서 투자금을 회수하다

부동산에 물건을 내놓은 지 10일 정도 됐을 때 계약을 하고 싶다는 신

혼부부가 나타났다. 그 전에도 집을 보러 오는 사람들은 많이 있었지만 계약까지 연결되지는 않았는데, 이번에는 무사히 전세 계약을 체결했다. 전세금은 1억 8,900만 원이었다.

- 낙찰가: 2억 239만 원
- 등기비용: 285만 1,210원
- 전세금: 1억 8,900만 원
- 실투자금: 약 1,840만 원

전세 잔금을 치를 때 대출(근저당권) 말소를 하며 중도상환 수수료를 내야 했지만, 전세금을 받음으로써 투자금 대부분을 회수할 수 있었다.

체납 관리비와 공과금 처리법

아파트와 같은 집합건물의 구분 소유자 또는 그 사용자의 연체 관리비는 최근 3년분의 공용 부분에 한해 낙찰자가 부담하는 것이 원칙이다.

공용 부분에 대한 관리비는 인건비, 통신비, 사무비용, 청소비, 승강기 유지비, 화재보험료 등이고 전유 부분에 대한 관리비는 전기세, 수도세, 가스비 등 세대 내에서 사용하는 모든 관리비를 말한다.

전기세, 수도세, 세대 난방비, 급탕비, TV 수신료 등의 전유 부분은 이전 소유자 또는 점유자가 부담한다. 관리사무소에서 부과한 연체료에 대해서도 낙찰자는 당연히 부담할 필요가 없고, 나 역시 단 한 번도 낸 적이 없다.

판례 ①

관리비 연체요금은 위약벌의 일종이고 집합건물의 특별승계인이 체납한 공용 부분 관리비를 승계한다고 하여 전 입주자가 관리비를 연체하여 이미 발생하게 된 법률 효과까지 그대로 승계하는 것은 아니므로 연체료는 특별승계인에게 승계되는 공용 부분 관리비에 포함되지 않는다.

(출처: 대법 2004다3598, 3604 판결)

판례 ②

한국전력공사의 전기공급규정에 신수용가가 구수용가의 체납전기요금을 승계하도록 규정되어 있다 하더라도 이는 공사 내부의 업무처리지침을 정한 데 불과할 뿐 국민에 대하여 일반적 구속력을 갖는 법규로서의 효력은 없고, 수용가가 위 규정에 동의하여 계약의 내용으로 된 경우에만 효력이 생긴다.

(출처: 대법 92다16669 판결)

전유 부분의 미납 관리비를 처리하는 방법은 다음과 같다.

- 공급자에게 전화

→ 경매로 소유권 이전된 사실 통보

→ 등기부등본, 강제집행 관련 서류 팩스 전송

→ 취득일 기준 미납요금 탕감(단, 전기 재공급을 위한 설치비는 낙찰자 부담)

예를 들어 전기요금은 한전(한국전력공사)에 전화한다. 경매로 낙찰받고 소유권을 이전한 등기부등본, 집행에 필요한 서류 등을 팩스로 보내주면 된다. 수도요금은 상수도 사업소에 전화를 걸어 같은 방법으로 처리한다.

단 임차인이 배당받는 경우 낙찰자의 인감증명서와 명도확인서가 필요하므로 실무에서는 점유하던 사람이 모든 공과금을 정산한 후 이사를 나가는 경우가 많다.

점유자가 연락두절일 때 취하는 마지막 수단

투자 기피 지역의 아파트를 낙찰받다

2019년 8월 16일 인천 서구 오류동에 있는 아파트를 낙찰받았다. 오류동은 입주 물량과 미분양이 많아서 사람들이 투자를 기피하는 곳이었다. 전용면적 104.7238㎡(31.68평)에 물건 감정가가 3억 1,800만 원이었지만 당시 시세는 감정가보다 2,000만~3,000만 원 정도 낮은 상태였다. 집값이 더 내려갈 수도 있다는 불안감 때문에 비슷한 물건이 대부분 2억 원대 초반에 낙찰이 됐다.

나는 손품과 발품을 통해 로열층 시세가 2억 9,000만~2억 9,500만

〈그림 5-11〉 오류동 아파트 경매 정보

인천지방법원 대법원바로가기 법원안내 가로보기 세로보기 세로보기(2)

2018 타경 (임의)	매각기일 : 2019-08-16 10:00~ (금)	경매20계 032)860-1620

소재지	인천광역시 서구 오류동				
용도	아파트	채권자	유000000	감정가	318,000,000원
대지권		채무자	유00	최저가	(70%) 222,600,000원
전용면적	104.7238㎡ (31.68평)	소유자	유00	보증금	(10%)22,260,000원
사건접수	2018-09-21	매각대상	토지/건물일괄매각	청구금액	281,766,964원
입찰방법	기일입찰	배당종기일	2018-12-17	개시결정	2018-09-27

기일현황

회차	매각기일	최저매각금액	결과
신건	2019-07-12	318,000,000원	유찰
2차	2019-08-16	222,600,000원	매각
/입찰3명/낙찰241,990,000원(76%) 2등 입찰가 : 228,960,000원			
	2019-08-23	매각결정기일	허가
	2019-09-25	대금지급기한 납부 (2019.09.24)	납부
	2019-10-25	배당기일	완료
배당종결된 사건입니다.			

출처: 스피드옥션

원 정도 된다는 사실을 확인한 후, 2층이라는 점을 고려해 2억 7,500만 원 정도에 매도한다는 전략을 세웠다. 최종 입찰가는 2억 4,200만 원으로 잡았다. 부대비용을 제외하고 2,000만~2,500만 원의 수익을 예상하고 입찰한 것이다.

입지의 기본, 가까운 역과 학교 확인하기

우선 지하철역과 매우 가깝다. 인천2호선 왕길역과 300m 거리의 초역세권이다. 왕길역을 통해 공항철도와 인천2호선이 지나는 검암역에서 환승한다면 김포공항과 마곡까지 금방 도달할 수 있다. 단지 바로

왼편에 단봉초등학교가 있어 초등생 자녀를 둔 학부모에게 인기가 좋다. 길을 건너야 한다는 아쉬움이 있긴 하지만, 물건지인 307동에서 초등학교까지의 거리는 100m 정도밖에 되지 않는다. 이런 이유로 전·월세를 찾는 사람들은 많은데 매물이 없어 못 맞추는 상황이었다.

입찰 결과는 3명 중 1등이었다. 살짝 아쉬운 것은 2등과의 차이가 1,300만 원 정도였다는 것. 하지만 내가 계획한 대로 낙찰을 받는 게 더 중요하기에 2등과의 금액 차이는 기분 문제일 뿐 큰 의미를 두진 않았다. '아, 조금만 더 낮은 가격으로 쓸걸' 하는 생각이 드는 건 어쩔 수 없지만 낙찰의 기쁨을 만끽했다.

점유자와 만날 수 없을 때 찾아갈 곳

법원에서 낙찰 영수증을 받고 바로 해당 물건지로 향했다. 관리사무소에 들러 미납 관리비와 해당 호수 점유자에 대한 정보를 물어본 뒤 현관으로 향했다. 벨을 몇 차례 눌렀지만 인기척이 없었다. 준비해 간 쪽지를 문 앞에 붙인 뒤 인근 중개소 몇 군데에 들러 물어봤다. 2012년도에 지어진 아파트라 층간소음이나 누수 등 별다른 하자는 없다고 한다. 2층이지만 앞을 가리는 게 없어 답답하지 않았고 단지 내 관리 상태도 괜찮았다. 즉시 매도한다 해도 2억 8,500만 원은 받을 수 있다는 말을 들었다.

주변 부동산중개소 사장님들에게 명도를 마치면 임대를 놓거나 팔

〈그림 5-12〉 인도명령신청 및 결정 이력

일자	내용	결과	공시문
2019.09.24	신청서접수		
2019.09.25	결정		
2019.09.25	종국 : 인용		
2019.09.27	신청인1 에게 결정정본 송달	2019.10.02 도달	
2019.09.27	피신청인1 유 에게 결정정본 송달	2019.10.02 폐문부재	
2019.10.10	피신청인1 유 에게 결정정본 발송	2019.10.10 송달간주	
2019.10.15	신청인 집행문및송달증명	2019.10.15 발급	

출처: 인천지방법원 '나의 사건검색'

겠다고 얘기하고 집으로 돌아왔다. 쪽지를 붙이고 왔는데도 아무런 연락을 받지 못했다. 채무자가 현재 살고 있지 않은 것 같다는 이야기를 관리사무소에서 들었던 터라 최대한 빠르게 명도 절차를 진행하기로 했다. 그 과정을 보여주는 것이 〈그림 5-12〉이다.

인도명령과 강제집행 신청은 빠를수록 좋다

잔금 납부 후 얼마 지나지 않아 인도명령이 떨어졌다. 인도명령서를 수령하자마자 인천지방법원에서 강제집행을 신청했다. 강제집행은 해당 법원 민사집행과로 가면 된다. 강제집행을 신청할 때 준비해야 하는 서류는 다음과 같다.

- 신청서

- 위임장(대리인이 갈 경우)
- 인감증명서(대리인이 갈 경우)
- 수입인지 1,000원(법원 내에 있는 은행에서 구입 가능)

이상의 서류를 가지고 담당 경매계로 가서 서류와 부동산 인도명령결정문을 함께 제출하면 된다. 그러면 경매계장이 부동산 인도명령결정문과 집행문, 송달증명원을 건네주는데 이 서류를 받아 집행관 사무소로 이동한다. 집행관실의 사건 접수를 하는 곳에 다음 서류를 제출하면 된다.

- 강제집행신청서(대리인일 경우 위임장, 인감증명서 첨부)
- 부동산인도명령결정문
- 집행문
- 송달증명원

서류를 제출하면 담당 직원이 접수증(집행비용 예납 안내)과 납부서(은행제출용)를 준다. 납부서를 가지고 법원 내 은행으로 가 납부하면 강제집행 신청이 접수된다. 예납금은 현금 납부만 가능하며 법원이나 지역마다 차이가 있지만 11~13만 원 정도 한다. 접수를 완료했다면 편안한 마음으로 집행관 사무실 담당자의 연락을 기다리면 된다.

인도명령결정이 나면 최대한 빠르게 강제집행을 신청해두는 것이 좋다. 어떤 사람들은 채무자 또는 임차인과 말이 잘 통한다거나 이사를 간다고 했으니 알아서 잘 가겠지 하는 마음으로 그냥 시간을 보내기도 한다. 하지만 세상일이라는 게 모두 내 마음처럼 흘러가지는 않는다. 돈이 걸리면 더더욱 그렇다. 언제 나간다고 하는 말을 철석같이 믿고 있다가 뒤통수를 맞는 경우가 생각보다 많다. 점유자와 말이 잘 통하고 약속을 잘 지킬 것 같은 느낌이 들더라도 강제집행 신청은 필수다.

신청을 한다고 해서 반드시 집행을 하는 것은 아니니 걱정하지 말고 즉시 신청해두길 바란다. 운전을 할 때도 되도록 종합보험에 가입하듯이 집행 신청은 낙찰자가 잔금을 낸 후 취할 수 있는 가장 안전한 보험이라고 생각하자. 그 보험료는 10만 원 정도로 그리 비싸지 않은 편이다. 협상이 결렬된 후 그때 가서 강제집행을 신청한다면 시간과 이자비용, 관리비 등으로 에너지가 몇 배는 낭비된다. 절차를 밟으면서 동시에 협상을 진행하는 투트랙 전략을 구사해야 경매를 오래 즐기며 할 수 있다. 도중에 협의가 잘되어 빨리 이사를 하게 된다면 그때 강제집행 신청을 취소하면 된다.

강제집행 접수 후 연락을 기다렸지만 채무자와는 끝까지 연락이 닿지 않았다. 강제집행 신청 접수 후 2주 정도 뒤에 1차 예고장이 나갔다. 그래도 여전히 연락이 없었다. 시간이 지나도 더 이상 진전은 없을 것 같았다.

집행 예고 기간이 지나고 일주일쯤 흘렀을까, 집행관 사무실에서 강제집행 날짜가 정해졌다며 연락이 왔다. 집행일은 전화를 받은 날로부터 3주 후로, 날짜가 꽤 멀었다. 그런데 운이 좋았다. 때마침 법원에 접

〈그림 5-13〉 집행관에게 보낸 메시지

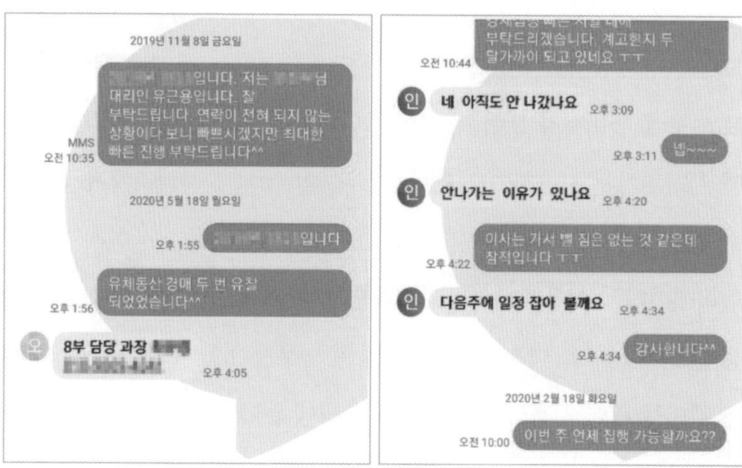

수되어 있던 강제집행 사건이 취소되면서 3주 후가 아니라 3일 후에 진행할 수 있었다. 사실 강제집행까지 가고 싶지 않았다. 채무자와 연락이 됐다면 소정의 이사비라도 챙겨드릴 마음이 있었다. 하지만 집행을 하는 순간 돌이킬 수 없다.

강제집행이 조금이라도 빨리 진행되길 원한다면 담당 집행부에 사건 진행일을 문자나 전화로 물어보는 것이 좋다. 우는 아이 떡 하나 더 준다는 말이 있지 않은가. 〈그림 5-13〉은 강제집행을 진행하면서 집행관에게 보낸 문자들이다.

강제집행부터 물품 수탁계약까지

드디어 강제집행을 하는 날이다. 아침 일찍 현장으로 이동했다. 아파트 입구에 들어서자 트럭 세 대와 사다리차 한 대가 눈에 띄었다. 하지만 사다리차는 사용하지 못했다. 나무들이 무성해 사다리차가 진입할 수 없는 상황이었기 때문이다. 아쉬웠다. 사다리차를 이용하지 못하면 엘리베이터를 이용해야 한다. 그러면 시간도 더 걸리고 소음과 진동 등 민원이 들어올 여지가 커진다. 많은 노무자가 왔다 갔다 하니 해당 동 주민들이 어느 정도 불편을 겪을 수밖에 없다.

현관문에 안내문들이 덕지덕지 붙어 있다. 경매가 진행되는 집들의 특징이다. 계고장도 처음 모습 그대로 붙어 있다. 채무자가 이곳에 한

〈그림 5-14〉 낙찰받은 물건의 현관문 모습

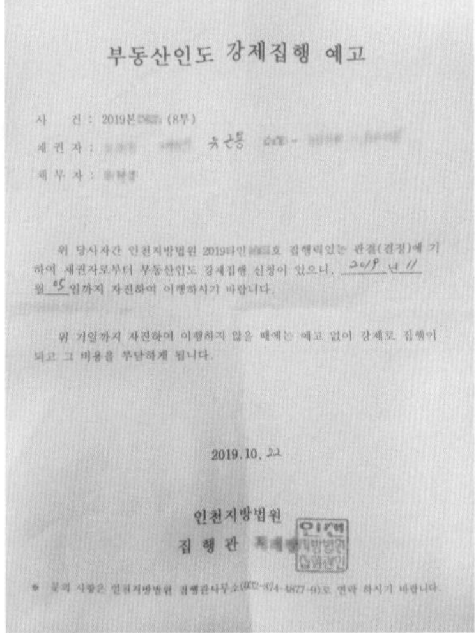

부동산인도 강제집행 예고

사 건 : 2019본 (8부)

채 권 자 :

채 무 자 :

위 당사자간 인천지방법원 2019타인 호 집행력있는 판결(결정)에 기하여 채권자로부터 부동산인도 강제집행 신청이 있으니, 2019 년 11 월 05 일까지 자진하여 이행하시기 바랍니다.

위 기일까지 자진하여 이행하지 않을 때에는 예고 없이 강제로 집행이 되고 그 비용을 부담하게 됩니다.

2019.10. 22

인천지방법원

집 행 관

번도 오지 않았음을 예상할 수 있다. 이유가 궁금했지만 알 방법은 없었다.

집행관과 집행 노무자분들이 도착했다. 노무자 수는 유체동산의 양에 따라 달라지지만, 30~40평대 아파트 기준으로 보통 12~20명 내외다. 평수보다 실제 짐의 양이 많으면 그에 비례해 노무비가 추가된다.

실무에서는 다음 사항을 참고하면 도움이 될 것이다.

- 강제집행을 할 때 집행 노무자 1인당 인건비는 12만 원 수준이다(수원지방법원은 9만 원).
- 점유자 상이, 기타 사유로 집행 불능이 된다면 예납비용의 30%가 차감된다.
- 무인명도, 조조명도, 휴일명도, 야간명도 시에는 추가 납부를 해야 한다.

〈그림 5-15〉 강제집행 관련 인력의 신분 확인

〈그림 5-16〉 강제 개문

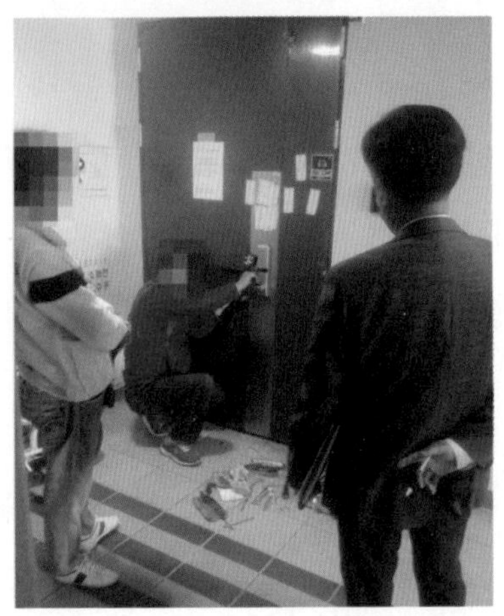

내심 한 번 쯤은 강제집행을 경험해보고 싶었지만 대부분 협상으로 잘 마무리가 됐기 때문에 그동안은 기회가 없었다. 원하던 일은 아니었지만 강제집행을 경험할 수 있는 기회라고 여기기로 했다.

먼저 집행관이 노무자들과 매수인 외에 성인 2명(입회증인)의 신분을 확인한다. 해당 물건지에 점유자가 없거나 있더라도 문을 열어주지 않을 때가 있는데 이때 채권자 외 성인 2명의 증인이 반드시 필요하다. 그래야 부재중일지라도 강제로 문을 열고 들어가 집행을 할 수 있다. 집행 통보를 하루 전에 받는 경우도 많기에 만약 급히 증인을 구해야 하는 상황이라면 가까운 부동산중개소 실장님, 관리사무소 직원, 일면식 없는 행인에게라도 협조를 구해야 한다(실제로 내가 그런 적이 있다). 가장 협조를 잘해주는 사람은 해당 건물 내 중개소 실장님이다. 집행이 진행되어야 내부를 보여줄 수 있어 임대가 빨리 나가지 않겠느냐고 하면 대부분 잠깐 와서 증인을 서준다.

강제로 문을 열 때는 항상 열쇠공이 온다. 아파트, 빌라 등은 대부분 2~3분 만에 문이 열린다. 안으로 들어갔지만 내부에는 아무도 없었다. 집 상태는 예상했던 것보다 괜찮았고 따로 수리할 것은 없어 보였다.

강제 개문 후 안으로 들어가면 집행관과 담당자가 내부 곳곳을 살핀다. 인도명령결정문에 있는 채무자가 실제로 점유하고 있든지 살고 있다는 흔적이라도 있어야 집행이 가능하기 때문이다. 현재 아무도 없기 때문에 거주하고 있는지 확인할 수 있는 점유의 흔적이 사소한 것이라도 나와야 한다. 예를 들면 점유자 명의의 통장, 신문이나 우윳값 등의 고지서, 상패, 명함 등이다. 어떤 것이라도 좋으니 하나라도 나와야 집행이 가능하다. 대개 장롱에서 통장 한두 개쯤은 나오는데 이번에는 채무자가 살고 있음을 증명할 만한 것이 하나도 나오지 않았다. 서서히 불안해졌다.

그러던 중 집행관이 주방 서랍 속에서 채무자 소유의 병원 카드를 발견했다. 카드에 가족 인적 사항이 적혀 있어서 채무자가 거주하고 있는 곳임을 확인할 수 있었다. 이에 집행관은 노무반장에게 1층에 대기하는 노무 인력이 해당 아파트 내부로 올라올 수 있게 사인을 보냈다.

이제 짐을 옮길 시간이다. 귀중품이 있다면 사진을 찍어두는 게 좋다. 집행을 마친 후에 채무자가 '귀중품이 있었는데 사라졌다'고 주장하며 낙찰자에게 책임을 물을 수도 있기 때문이다. 이 경우에는 특별히 귀중품이라고 할 만한 것은 없었다. 혹시 몰라서 고가로 보이는 가

방이 보이자 사진을 찍어두고 본격적으로 강제집행을 시작했다.

집을 살펴보니 현재 살고 있는 상태에서 사람만 사라진 것 같은 느낌이 들었다. 아기용품이며 옷, 화장품 등 모든 것이 그대로 있었다. 도대체 채무자 가족은 어디를 간 것이고 강제집행을 할 때까지 왜 아무런 연락도 하지 않았을까?

노무자들이 박스를 들고 들어와 순식간에 모든 물품을 쓸어 담았다. 장롱, 침대, TV, 세탁기 등 모든 물품이 빠져나가는 데 1시간 반 정도가 걸렸다. 사다리차를 이용할 수 있었다면 1시간 정도면 짐을 모두 반출했을 것이다.

노무자들이 물품을 옮기는 동안 현관 도어락을 교체했다. 비밀번호만 바꾸면 되지 않느냐고 생각하는 사람도 있을 것이다. 하지만 강제집행이 완료된 상태에서 채무자가 카드키를 이용해 다시 집에 들어와 점유를 하면 난감한 상황이 발생할 수 있다. 그럴 가능성은 희박하지만 조금의 가능성이라도 있다면 도어락을 교체하는 것이 속 편하다.

교체비용은 20만 원 정도로 솔직히 비싸다. 가격이 비싸다고 해서 좋은 제품을 설치해주는 것도 아니다. 가장 저렴한 제품을 가지고 와서 30만 원 가까이 받기도 하는데 대부분 잘 몰라서 비싼 돈을 주고 교체한다. 한 가지 팁은 강제집행 날짜에 맞춰 주변 도어락 설치 전문 업체에 의뢰하는 것이다. 그러면 15만 원 정도가 들고 원하는 시간에 와서 설치해준다.

집 안에 있는 모든 짐이 반출된 것을 확인한 후 채권자(나)는 최종적으로 물품 보관각서에 사인한다. 그리고 집행관이 현관문에 '알리는 말

〈그림 5-17〉 물품 보관각서와 알리는 말씀

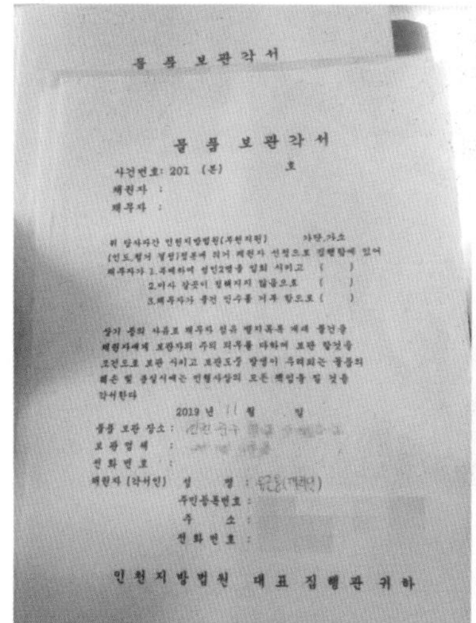

물 품 보 관 각 서

사건번호: 201 (본) 호

채권자 :

채무자 :

2019 년 11 월 일

물품 보관 장소 :

보 관 명 세 :

전 화 번 호 :

채권자 (각서인) 성 명 :

주민등록번호 :

주 소 :

전 화 번 호 :

인 천 지 방 법 원 대 표 집 행 관 귀 하

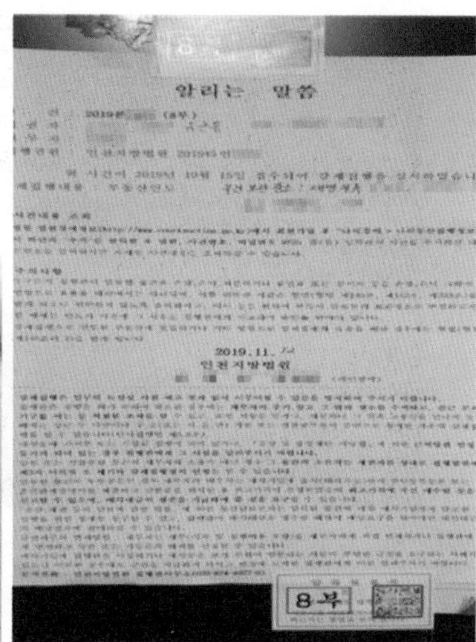

알리는 말씀

2019.11.

인천지방법원

8부

씀'을 붙이면 비로소 강제집행이 종료된다. 채무자에게 '당신의 유체동산(짐)이 어느 물류창고에 보관되어 있으니 그 주소로 가서 찾아가라'고 알려주는 내용이다. 채무자가 짐을 최대한 일찍 찾아갈수록 보관·처리비용을 절약할 수 있으니 나로서도 좋다.

여기서 끝이 아니다. 마지막으로 해야 할 일이 하나 더 남았다. 물류창고 사장님과 물품 보관 수탁계약서를 작성한다. 물품 보관료는 한 달 기준 30만 원 선납 조건이었고, 1톤 트럭 한 대분 15만 원과 2.5톤 트럭 두 대분 60만 원까지 총 105만 원을 납부했다.

물품은 채무자가 찾아가지 않으면 유체동산 경매 신청 후 내가 다시 낙찰받아 폐기 처분해야 한다. 유체동산 처리 기간은 평균 두 달 정도

〈그림 5-18〉 물품 보관 수탁계약서 작성

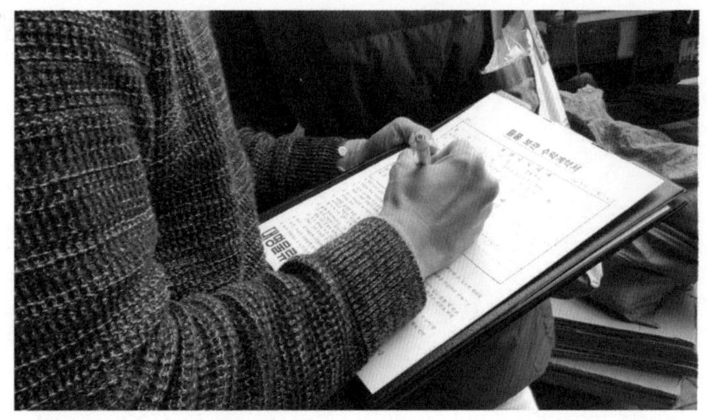

걸린다. 물류창고 보관료 3개월분을 선불로 요구하는 곳이 많지만 나는 대체로 한 달씩 선불 계약을 한다.

여기까지 오는 것은 정말 끝까지 가는 경우다. 10건에 1~2건도 되지 않으니 너무 겁먹을 필요는 없다. 점유자와 협의해서 적정한 이사비를 주고 내보내는 것이 서로에게 좋은 방법이다. 하지만 이 건의 경우 연락조차 되지 않으니 어쩔 수 없는 선택이었다.

내야 할 미납 관리비를 미리 알아두자

강제집행을 완료한 후 관리비를 납부하기 위해 관리사무소로 이동했다. 연체된 관리비가 800여만 원으로 아파트치고 많이 연체된 상태였다. 물론 미납 관리비 액수는 낙찰받기 전부터 알고 있었다. 밀린 관리비까지 고려해서 낙찰받은 것이니 상관은 없지만 이 금액을 다 낼 필요는 없다. 먼저 그동안 연체된 관리비 고지서를 달라고 해서 봤더니 2014년부터 해당 세대 점유자가 관리비를 내지 않은 것이었다. 나는 전원합의체 판례에서 판시하는 대로 최근 3년 치 공용 부분만 납부하겠다고 얘기했다.

관리사무소 소장님은 그렇게는 절대 안 된다며 지금까지 밀린 모든 관리비와 연체료를 내기 전까지는 수도 공급을 하지 않겠다며 겁까지 줬다. 이럴 때 괜히 얼굴 붉히며 다툴 필요가 없다. 관리사무소도 하나의 사업자다. 관리사무소에 걸려 있는 사업자등록증 사진을 찍고 집에 와서 관리사무소로 내용증명 1통을 보냈다.

내용증명을 보내고 며칠 후 관리사무소 소장님에게 연락이 왔다. 두 번 정도 통화를 했는데 전부 받을 생각은 안 할 테니 대신 3년 치 공용 관리비와 3년 지난 관리비 중 2개월분만 납부해달라고 했다. 2개월분이나 더 내야 한다는 게 불만이었지만 소장님이 제안한 대로 합의했다. 어차피 관리비 800여만 원 인수를 고려하고 받은 데다 소액을 두고 더는 얼굴을 붉히고 싶지 않아서다. 분쟁으로 이어질 경우 소송비용과 기회비용을 따져봤을 때 손해라는 생각이 들었다. 적정선에서 합의하는 것도 정신 건강에 좋다.

양도세 절세를 위한 세입자 들이기

바로 팔면 양도세를 절반이나 내야 하므로 이제 전·월세를 놓을 차례다. 명도 전부터 부동산중개소에 전세 임대 문의를 해두고 명도 즉시 내부도 볼 수 있다고 말해둔 덕에 명도 이틀 만에 전세 계약이 체결됐다. 명도가 마무리되기 전부터 여러 부동산에서 계약을 하고 싶다는 연락을 받았지만 아파트 내부를 볼 수 없어 발길을 돌린 사람도 많았다. 그리 오래되지 않은 연식의 대단지에 초등학교가 100m 거리에 있으며 역세권이다 보니 전·월세 수요가 늘 있었다.

전세를 맞추고 투자금을 거의 회수한 후 3개월 정도 지났을까? 갑자기 검단신도시에 훈풍이 불기 시작했다. 정부에서 각종 교통 정책을 발표했기 때문이다. 인천1호선 검단 연장선을 비롯해 인천2호선 연장, 서울지하철 5·9호선 연장 사업 등을 추진하겠다는 소식이 들려왔다. 끝까지 진행될지는 알 수 없지만 계획 발표만으로도 집값이 들썩였다. 부동산중개소에 확인해본 결과 3억 원 정도는 받을 수 있을 것 같다고 했다. 처음부터 경매를 통해 저렴하게 샀고 정부 정책 발표에 따른 호재 덕분에 집값이 상승했으니 그 상승분은 보너스라고 생각했다.

이 건의 투자 성과를 정리하면 다음과 같다.

- 낙찰가: 2억 4,200만 원
- 취·등록세: 400만 원
- 명도비용: 300만 원

- 관리비: 500만 원
- 전세: 2억 2,000만 원

들어간 비용은 전체 약 2억 5,400만 원이고 전세를 놓았기에 실제 투자된 금액은 3,400만 원이다. 3억 원에 매도한다고 가정하면 세전 약 4,600만 원의 시세차익을 기대할 수 있다. 당연히 현재는 더 많이 올랐다.

두고 간 물건은 함부로 버리지 말자

유체동산 경매 절차 알아두기

강제집행을 마쳤다고 해서 모든 절차가 끝난 것은 아니다. 물류창고로 옮겨져 보관되고 있는 유체동산을 해결해야만 진짜로 끝이 난다. 쓰레기 짐이라 할지라도 내 것이 아니기에 반드시 절차를 거쳐 처리해야 한다. 참고로 유체동산 경매는 강제집행이 완료되고 2주 뒤에 신청할 수 있다. 유체동산 경매까지 진행하는 경우는 10건 중 1~2건이지만 그 절차를 알고 있는 것과 모르는 것은 천지 차이다. 다음 절차대로 진행하면 된다.

법원과 가까운 주민센터에서 채무자의 초본 받기

채무자의 초본 2통을 발급받아 법원에 제출해야 한다. 나는 인천지방법원과 가까운 학익 2동 주민센터에서 채무자의 초본을 발급받았다.

초본을 발급받기 위해서는 몇 가지 서류가 필요하다. 모든 서식은 주민센터에 있다.

- 집행비용 예납 안내 영수증
- 집행비용 납부 영수증
- 낙찰자 신분증
- 등초본 교부 신청서

대리인이 갈 경우에는 대리인 신분증, 주민등록등초본교부 위임장이 추가로 필요하다.

법원 집행관실에 채무자 초본 제출

초본을 발급받았다면 법원 집행관실로 간다. 담당 부서로 가서 다음 세 가지 서류를 제출하면 된다.

- 강제집행 목적물 외 동산의 매각허가신청서

- 수입인지 1,000원(법원 내에 있는 은행에서 구입 가능)
- 채무자 초본 2통

어떤 법원에서는 채무자에게 내용증명을 두 번 발송했다고 했더니 반송됐다는 증명 서류를 요구하기도 했다. 유체동산 경매를 신청할 때는 어떤 서류가 필요한지를 담당자에게 꼭 확인해봐야 한다.

서류 제출 후 사건을 접수하는 곳에서 집행비용 예납 안내 접수증과 납부서를 받는다. 유체동산 경매 신청비용으로 16만 5,400원이 나왔다. 법원별로 차이가 있지만 보통 16만~17만 원이다.

은행에서 비용 납부 후 유체동산 경매 참여

경매 신청 후 유체동산 경매일까지는 보통 3개월 정도가 걸린다. 빨리 처리하고 싶다고 해서 그럴 수 있는 건 아니다. 절차가 있기 때문이다.

3개월 뒤 동산 경매기일통지서가 집으로 날아왔다. '3월 25일 14시 30분부터 유체동산 경매가 실시되니 참석하라'라는 내용이었다. 감정평가된 금액은 40만 3,400원이었다. 이제 매각 장소로 가서 낙찰을 받으면 된다. 현장에는 폐기물을 전문적으로 처리하는 사람들이 대기하고 있다. 이분들에게 30만~40만 원 정도의 비용을 내고 낙찰받은 폐기물들을 모두 처리할 수 있다.

마지막으로 당일까지 계산된 물류창고비용을 납부하면 경매 절차가 최종적으로 끝난다. 잔금을 납부한 후 유체동산 폐기 처분까지 약 4개월이 걸렸다.

낙찰을 받으면 유체동산(대부분 필요 없는 짐)까지 내 것이 된다. 물류창고 관계자에게 창고를 열어달라고 한 뒤 쓸 만한 물건들을 가져와도 된다. 창고 하나를 임대해 이런 짐만 전문으로 낙찰받아 그중 쓸모 있는 것은 중고장터에 파는 사람들도 있다.

법적 구속력은 없지만 활용도 높은 내용증명

내용증명을 잘 활용할수록 협상력이 올라간다

명도를 할 때 상대방과 반드시 만나야 하는 것은 아니다. 점유자와 대면하지 않고 협의가 되는 경우도 많다. 내용증명과 전화 통화로 소통해서 협의가 되기도 한다. 내용증명은 경매뿐 아니라 임대차 관계 등에서도 유용하다. 발송한 내용증명은 증거 자료로 활용할 수 있으며 낙찰자의 의사를 명확하게 전달할 수 있다. 당장의 구속력은 없지만 상대방에게 '협조하지 않을 경우 이런 조치를 취할 수 있습니다'라는 취지의 내용이 압박감을 주므로 협상에서 유리한 위치에 설 수 있다.

〈그림 5-19〉 채무자에게 보낸 내용증명 예

시점확인필
2020/12/06 12:39
KST
정부시점확인센터

내용 증명

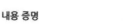

제목 : 낙찰 후 소유권 이전에 따른 법적절차 예정 통지

수신인 : 경남 거제시

발신인 : 서울시 영등포구

[부동산의 표시] 경남 거제시

-아 래-

1.귀하의 발전을 기원합니다.
발신인 본인은 창원지방법원 통영지원 2019 타경 부동산 임의경매 절차에서 위 부동산을 낙찰 받아 2020년 7월 22일 잔금을 납부한 소유자입니다. 위 부동산을 점유하고 있는 귀하께 앞으로 진행될 절차에 대해 알려드리고자 서면을 보내드립니다.

2.귀하는 현재 점유 중인 부동산을 인도해야 하며, 본인이 소유권을 취득한 날부터 해당 아파트를 무단으로 사용하고 있는 것에 대한 월세 상당의 부당이득금을 지급할 의무가 있습니다. 매각대금 완납일인 2020년 7월 22일부터 위 부동산을 명도 하는 시점까지 매월 100 만원(현재 해당아파트 동일평형 월세 시세의 보증금 없는 임대료)상당의 차임을 지급해 주시길 바랍니다. (계좌번호 예금주 :)

3.본인은 2020년 7월 22일 귀하를 상대로 창원지방법원 통영지원에 부동산 인도명령을 신청했습니다. 만에 하나 자진 이주 의사가 없다면 인도명령이 인용 되는대로 위 부동산에 대한 강제집행을 절차를 신청할 예정입니다.

4.귀하가 법원에서 임차 보증금을 받기 위해서는 본인의 명도확인서 및 인감증명서가 필요합니다. 본인은 귀하의 보증금 수령을 위해 상기 부동산의 이사완료 및 관리비 정산 후 위 서류들을 교부해 드리도록 하겠습니다. 배당기일은 2020년 8월 26일로 지정되었으며 위 날짜 이전에 이사를 나가주시길 바랍니다.

5.만일 본인과 귀하 사이에 합의가 이루어지지 않을 경우 강제 집행이 실시될 수 있으며, 집행절차에 소요되는 모든 소송비용(노무비, 창고보관료 등 포함)을 귀하께 청구할 예정입니다.

6. 귀하 또한 이 사건 부동산이 경매로 진행되어 매각되는 동안 마음이 편치 않으셨으리라 봅니다. 본인도 이 점에 대해 진심으로 안타깝게 생각하는 바이며, 다행히 임차 보증금 일부를 배당 받을 수 있기에 최대한 협조를 해드리려 하오니 원만히 해결되길 바랍니다.

2020. 8. 3

발신인 :
연락처 :
주소 : 서울시 영등포구

발송인 : 서울 강서구

수취인 : 서울특별시 강서구

이 우편물은 2020년 12월 06일 등기 제 3899057700573 호에 의거하여 내용증명우편물로 발송하였음을 증명함

인터넷우체국장

인터넷우체국
2020.12.06
58323

〈그림 5-20〉 주거용 지분 낙찰 후 보낸 내용증명 예

내용증명

제목: 경매 주거용 지분 낙찰에 대한 공유물분할 및 부당이득청구 협조 요청

수신인: : 강원도 춘천시

발신인: : 서울시 강서구

목적물: 강원도 춘천시

1. 본인은(낙찰자 유근용) 2020년 10월 05일 상기 주거용 지분을 춘천지방법원에서 실시한 경매절차에 입찰하여 매각결정을 받아 법적 진행 절차에 따라 잔금을 납부하고 소유권이전을 완료했습니다. 향후 계획을 아래와 같이 전달하고 귀하의 협조를 구하고자 본 내용증명을 송부합니다.

2. 상기 아파트는 님이 전체를 사용 수익하고 있어서 정상적인 매매나 사용, 담보, 수익창출 등의 행위가 매우 곤란한 상태입니다. 본인이 2분의 1 소유권을 가지고 있음에도 불구하고 사용하지 못하고 있는바 만약 아파트를 제 3자에게 임대했을 경우, 현재 월세 시세 5000/80만원 기준으로 매월 65만원의 수익을 얻을 수 있는데 이를 귀하가 사용함으로 인해서 귀하는 위 금원에 해당하는 부당이득을 취하고 있다 할 것입니다.

3. 이에 본인은 다음과 같은 대책안을 제시하여 귀하가 선택하는 방향으로 협의를 하고자 하오니 회신(전화)하여 주시기 바랍니다.

만약 회신이 없을 경우 본인은 귀하께서 협의에 응하실 생각이 없다고 판단하고 공유물 분할 및 부당이득청구소송을 진행할 예정이며 이로 인해 발생하는 모든 비용도 함께 청구할 것이니 참고하시기 바랍니다.

- 다 음 -

1) 본인의 지분을 귀하께서 매입하는 방안

2) 귀하의 지분을 본인에게 매도하는 방안

3) 현 상태에서 함께 부동산을 통해 매도하는 방안

4) 귀하의 점유권 상실일까지 본인에게 매월 65만원에 대한 월세 지급 후 함께 매도하는 방안

2020년 12월 06일

발송인 : 서울 강서구

수취인 : 강원도 춘천시

이 우편물은 2020년 12월 06일 등기 제 3899057700407 호에 의거하여 내용증명우편물로 발송하였음을 증명함

인터넷우체국장

인터넷우체국
2020.12.06
58323

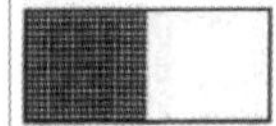

돈 되는 꿀팁

인터넷우체국에서 내용증명 보내는 방법

인터넷우체국을 활용하면 우체국에 가지 않고도 내용증명을 빠르고 편하게 보낼 수 있다. 오프라인으로 보낼 때는 3장을 출력해서 가야 한다. 1장은 내용증명을 받을 사람에게 보내고, 1장은 사실 증명 용도로 우체국에서 보관하며, 나머지 1장은 보낸 사람이 가지고 있어야 하기 때문이다. 공유자가 여러 명일 경우에는 더 많은 장수를 출력해야 하니 번거로움이 있다.

인터넷우체국을 통해 내용증명을 쉽고 편하게 보내는 방법은 다음과 같다.

〈그림 5-21〉 인터넷우체국에서 내용증명 보내기

출처: 인터넷우체국

① 인터넷우체국에 로그인한다.

② '우편' 메뉴를 클릭한 후 '내용증명'을 클릭한다.

③ 우편물 선택 사항에서 다음의 순서로 클릭한다.

'반송불필요' → '배달증명' → (발송문서)'수령 안함'

④ 받는 분 성함과 주소를 입력한 후 받는 분 목록에 추가한다.

⑤ 받는 분 목록에 정보가 제대로 나타나는지 확인한다.

⑥ '우편직접작성' 클릭 후 '확인'을 클릭한다.

⑦ 내용을 작성한 후 '받는 분 주소록'에서 맨 앞의 체크 칸을 클릭하고 '주소검증'과 '확인'을 순서대로 클릭한다.

⑧ '결제하기'를 클릭한다.

〈그림 5-22〉 내용증명 보내는 방법

출처: 인터넷우체국

⑨ 결제 금액을 확인한 후 결제하면 내용증명이 발송된다(비용은 1통에 4,950~7,000원이며 페이지 수가 많아질수록 가격도 높아진다).

허위 유치권을 가려내면 투자 기회가 많아진다

유치권자의 점유 상태를 확인하자

이 물건은 한 가지 특이한 사항이 있다. 바로 유치권신고가 되어 있다는 점이다. 게다가 유치권신고 날짜가 매각기일 하루 전이었다. 솔직히 주거용 부동산에 유치권이 성립되기는 상당히 어렵다.

쉽게 설명하자면 점유자는 채무자의 동의하에 점유해야 하고 유치권 배제 특약이 없어야 한다는 것이다. 낙찰받은 물건의 유치권신고는 의심스러운 점이 한두 가지가 아니었지만, 무엇보다 민법 제320조의 성립 요건인 '점유'를 하고 있지 않았다.

〈그림 5-23〉 유치권신고가 되어 있는 물건 정보

사건번호 2018타경 검색 | 총 1건

관심물건등록 | 리스트인쇄 | 리스트인쇄2 | 텍스트보기 | 이미지보기 | 요약보기 | 50개씩

법원명 사건번호 물건번호	소재지	용도	감정가 최저가	매각기일 (개찰기일) [입찰인원]	결과 유찰수 %	조회수
정보제공 : (주)스피드옥션 http://www.speedauction.co.kr						
부천 2018-72824	경기도 부천시 춘의동 [대지권 9.2평] [전용 14.1평] [유치권,중복사건,관련사건]	다세대 (빌라)	221,000,000 154,700,000 매각 202,390,000	2019-01-29 [입찰10명]	배당종결 1회 (70%) (92%)	509

출처: 스피드옥션

〈그림 5-24〉 유치권자의 점유 상태를 확인할 수 있는 현황조사서

현황조사서

법원	부천지원	명령회차	1회	중복병합사건	2018타경 (모사건)

기본정보

- 사건번호 : 2018타경 부동산강제경매
- 조사일시 : 2018년06월28일 2018년06월29일

부동산 임대차 정보

번호	소재지	임대차관계
1	경기도 부천시	0명

전경도 5건 (사진보기)

부동산의 현황 및 점유관계 조사서

1. 부동산의 점유관계

소재지	1. 경기도 부천시
점유관계	채무자(소유자)점유
기타	현장에 임하여 소유자 장경호를 만났으며, 소유자 가족들이 거주하고 있다고 진술하였음

2. 부동산의 현황
주거용 공동주택

출처: 대한민국법원 법원경매정보

민법 제320조 유치권의 내용

① 타인의 물건 또는 유가증권을 점유한 자는 그 물건이나 유가증권에 관하여 생긴 채권이 변제기에 있는 경우에는 변제를 받을 때까지 그

물건 또는 유가증권을 유치할 권리가 있다.

제328조 점유상실과 유치권소멸

유치권은 점유의 상실로 인하여 소멸한다.

유치권자는 경매개시결정등기 전부터 점유 상태였어야 하는데 현황조사서를 보면 유치권자가 아닌 채무자(소유자) 가족들이 점유하고 있는 것을 알 수 있다.

허위 유치권임을 확신하고 평소대로 입찰가를 적어 낙찰받았다. 낙찰 후 사건열람을 통해 유치권신고를 한 사람이 누군지 확인해봤다. 업체명과 주소가 적혀 있는 유치권신고서를 발견했다. 우선 신고자인 업체명을 인터넷에서 검색해봤더니 인테리어 업체였다. 하지만 주소는 신고서에 적혀 있는 것과 달랐다. 직접 찾아가 보기로 했다. 내비게이션에 주소를 입력했더니 부천에 있는 오래된 아파트 주소가 나왔다. 안내하는 곳으로 곧바로 이동했다.

도착한 곳은 인테리어 업체와 전혀 상관없는 곳이었다. 오래된 아파트 단지였다. 아파트 경비원에게도 물어봤지만 그런 업체는 근처에도 없다고 한다. 한 번 더 확인하기 위해 인터넷 포털 사이트에서 검색되는 업체로 전화를 걸었다.

나: 안녕하세요. ○○종합설비죠? ○○○ 대표님과 통화 좀 할 수 있을까요?

업체 대표: 누구요? ○○종합설비는 맞는데 ○○○ 대표란 사람은 없는데요? 내가 대표인데 무슨 일이죠?

나: 아, ○○○란 분은 모르시는 분인가요?

업체 대표: 네. 전혀 모르는 사람입니다.

나: 네! 알겠습니다. 죄송합니다.

예상했듯 허위 유치권이었다. 경매를 하다 보면 이런 일이 종종 발생한다. 이런 일은 왜 일어나는 것일까? 지인에게 들은 이야기인데, 몇몇 경매 학원에서 이런 사기성 스킬을 고급 정보라고 하면서 가르친다고 한다.

이유는 이렇다. 경매를 처음 접하는 사람들은 경험을 쌓고 싶은 마음에 500만 원 정도만 수익이 나도 괜찮다는 생각으로 입찰가를 높게 쓴다. 최대한 빨리 낙찰받아 경매 투자 경험을 쌓고 싶은 마음 때문이다. 그런데 경매 왕초보들이 유치권신고가 접수됐다는 문구를 보면 어떨까? 혹시 모를 위험성 때문에 대부분 입찰을 포기할 것이다. 높은 입찰가를 쓸 가능성이 큰 경쟁자를 몇 명이라도 줄여 조금이라도 적은 금액에 낙찰받고 싶어서 법원에 허위 유치권을 제출하는 것이다. 법원은 유치권신고서가 허위인지 아닌지를 따지지 않는다. 법원으로 들어오는 문서는 다 받아준다. 이런 점을 몇몇 사람이 악용하는 것이다.

숨어 있는 함정,
세대합가와 대위변제

갑자기 선순위임차인이 나타난다면?

어떤 아파트에 입찰하려는데 누가 사는지 알고 싶다면 주민센터에 가서 전입세대열람원을 확인하면 된다. 이때 필요한 준비물은 다음과 같다.

- 신분증
- 해당 아파트 경매 사건 출력본
- 수수료 500원

항상 떼어볼 필요는 없다. 소유자가 거주하거나 대항력 없는 임차인이 거주하는 사건이라면 경매 사이트만 보고 입찰해도 무방하다. 하지만 말소기준권리보다 전입이 빠른 임차인 등 대항력 있는 임차인이 거주하는 사건에 입찰해야 할 때, 임차인이 보증금 전부를 배당받지 못하는 건이라면 전입세대열람원 확인은 필수다.

전입세대열람원을 떼어보면 보통 세대주의 전입일이 기재되어 있다. 세대원이 있다면 그들 중 세대주보다 일찍 전입한 사람이 있는지 확인해야 한다(세대원의 이름과 전입일자를 열람할 수 있다).

세대합가란 주민등록상 독립되어 있던 별도의 세대가 하나로 합쳐진 것을 말한다. 전입세대열람원을 보면 세대주의 전입일이 있는데 이외에 최초로 전입한 세대원의 전입일이 기재되어 있고, 세대주의 전입일보다 세대원의 전입일이 빠를 때는 세대합가라고 본다.

대항력 있는 임차인 가족이 살다가 세대원 일부가 전출한다고 해도 가족 일부의 주민등록이 여전히 있다면 임대차에서 제3자에 대한 대항력을 주장할 수 있다.

〈그림 5-25〉에서 매각물건명세서의 비고란을 보면 세대주가 해당 물건에서 거주하다가 전출과 전입을 반복한 것을 알 수 있다. 여기서 확인해야 할 부분은 세대주가 전출한 시기에 자녀들이 여전히 해당 물건에 주민등록이 되어 있었는지다. 대항력 여부가 결정되므로 매우 중요한 정보이지만 법원에서는 알 수 없다고 했다. 하지만 제일 마지막 줄에 보면 경매신청채권자가 제출한 임차인의 주민등록초본에 의해 자녀도 함께 주민등록이 이전되었다고 기록되어 있다. 채권자가 제출

〈그림 5-25〉 매각물건명세서 비고란에 적힌 주의사항 예

[illegible]	301호	권리신고	주거 임차인	2009.5.22.	425,000,000	1,000,000	2009.5.26.	2009.9.19.	2012.08.21

< 비고
[illegible] : 공동임차인으로 1차-2009.5.22. 5억5천만원 계약 2차-2011.6.30. 보증금 4억5천 월차임 100만원으로 변경하였고 현재 425,000,000 원의 보증금 미반환상태임

※ 최선순위 설정일자보다 대항요건을 먼저 갖춘 주택.상가건물 임차인의 임차보증금은 매수인에게 인수되는 경우가 발생할 수 있고, 대항력과 우선 변제권이 있는 주택.상가건물 임차인이 배당요구를 하였으나 보증금 전액에 관하여 배당을 받지 아니한 경우에는 배당받지 못한 잔액이 매수인에게 인수되게 됨을 주의하시기 바랍니다.

※ 등기된 부동산에 관한 권리 또는 가처분으로 매각허가에 의하여 그 효력이 소멸되지 아니하는 것

해당사항 없음

※ 매각허가에 의하여 설정된 것으로 보는 지상권의 개요

해당사항 없음

※ 비고란

[illegible]가 제출한 주민등록 초본에 의하면 [illegible]는 이 사건 부동산인 [illegible]에 거주하다가 2009. 5. 18 같은 아파트 [illegible]로 전입, 2009. 5. 26. [illegible]로 전입, 2009. 7. 29. [illegible]로 전입, 2009. 9. 9. [illegible]로 전입하였고 [illegible]가 다른 곳으로 전출할 때 세대를 같이하는 다른 가족들이 이 사건 부동산에 계속하여 주민등록을 하고 있었는지 여부는 알수 없음.
경매신청채권자가 2012.12.27.자 제출한 주민등록초본에 의하면 자녀 [illegible]도 [illegible]와 동일하게 주민등록이 이전되었음

출처: 스피드옥션

〈그림 5-26〉 채권자가 제출한 소명자료가 있음을 알려주는 정보

2012-12-14	채권자 (주)우리은행의양수인[illegible] 현황조사 재명령 신청서 제출
2012-12-27	채권자 (주)우리은행의양수인[illegible] 선순위전입자소명자료제출 제출

출처: 스피드옥션

한 소명자료에 대한 기록은 〈그림 5-26〉에서 확인할 수 있다. 이에 따르면 결과적으로 임차인에게 대항력은 없다. 이러한 내용을 확인하고 무사히 낙찰받을 수 있었다.

선순위임차인이 있을 경우 매각가(낙찰가)가 크게 하락할 수 있고 그러면 채권자는 손실을 입는다. 때문에 채권자는 손실을 피하기 위해 채무자(담보제공자)가 대출 당시 제출한 전입세대열람, 무상임차각서 등 선순위임차인이 아니라는 소명자료를 해당 법원 경매계에 제출하거나 경매 정보 사이트에 제공하기도 한다. 그러니 어렵다고 미리 포기하지 말고 적극적으로 알아보자.

잔금 납부 후에 1억 원의 채권이 생기는 일

경매 투자자들은 흔히 말소기준권리(근저당권, 가압류, 담보가등기, 경매개시결정기입등기, 배당요구를 한 전세권)를 외우고 이것만 찾으면 권리분석이 끝났다고 생각한다. 물론 초보라면 이 정도로 충분하지만 여기 숨어 있는 함정까지 찾는다면 금상첨화다. 바로 소멸될 채권의 소유자나 대항력 없는 임차인이 자신의 채권을 살릴 수 있는 방법인 대위변제다. 대위변제는 채무자의 빚을 이해관계자 또는 제3자가 대신 갚아주는 것으로 이로 인해 말소기준권리가 바뀌는 상황을 특히 조심해야 한다.

낙찰을 받고 잔금을 내면 소유권이 생긴다. 달리 말하면 낙찰 이후 잔금을 내기 전까지 등기부상 권리 변동이 얼마든지 생길 수 있다는

〈그림 5-27〉 등기부상 권리 변동 체크하기

임차인현황 ▸ 건물소멸기준 : 2001-09-15 | 배당종기일 : 2011-11-09　　매각물건명세서　예상배당표

순위	성립일자	권리자	권리종류(점유부분)	보증금금액	신고	대항	참조용 예상배당여부 (최저가 기준)
1	전입 2009-05-22 확정 없음 배당 없음	호00	주거임차인 미상	【보】 미상	X	없음	현황조사 권리내역 미배당금 소멸예상

● 임차인(별지)점유

- [illegible] : [illegible](점유자 [illegible]의 처)이 선순위근저당권을 대위변제 말소시키고 대항력을 회복한 신고서 제출함

건물 등기 사항 ▸ 건물열람일 : 2011-08-30　　등기사항증명서

구분	성립일자	권리종류	권리자	권리금액	상태	비고
갑1	1996-01-20	소유권	선00		이전	증여
을3	2001-09-15	(근)저당	근00000000000	24,000,000원	소멸기준	(주택)소액배당 4000 이하 1600 (상가)선순위담보물권기준 상.임.법 보호대상아님
을6	2010-05-26	(근)저당	최00	36,000,000원	소멸	
갑8	2010-11-18	압류	인0000		소멸	(세정과-29631)
갑9	2011-08-25	강제경매	최00	청구: 39,000,000원	소멸	

출처: 스피드옥션

얘기다. 예를 들어 은행에서 설정한 근저당권이 말소되거나 기타 담보채권이 소멸할 수도 있다. 〈그림 5-27〉을 예로 권리가 어떻게 변동하는지를 살펴보자.

을구 3번 근저당권이 말소기준권리이므로 임차인은 대항력이 없고 낙찰자가 인수할 것도 없다. 하지만 을구 3번 근저당권이 임차인의 (법정대위)변제에 의해 말소된다면 말소기준권리는 을구 6번 근저당권으로 바뀔 수 있다. 따라서 말소기준권리가 을구 3번에서 을구 6번 근저당권이 되므로 임차인의 임대보증금은 낙찰자(새로운 소유자)가 인수해야 한다.

담보가치 대비 채무 금액(근저당권 설정 금액)이 많다면 빚을 갚는 게 어렵겠지만, 담보가치 대비 채무가 낮은 편이라면 대위변제 가능성을 고려해봐야 한다. 예를 들어 시세 5억 원 아파트에 선순위 근저당권(A) 2,000만 원, 이후 임차인(B) 전세보증금 1억 원이 있다고 가정하자. 가장 앞선 2,000만 원의 근저당권은 채무자, 전세 임차인, 기타 제3자에 의해 얼마든지 변제되어 말소될 수 있다. 임차인 B가 대위변제를 한다면 대항력이 살아나므로, 낙찰자는 낙찰가 외 추가로 1억 원(임차인의 전세보증금)을 인수해야 한다.

낙찰자 입장에서 보면 날벼락이다. 그것도 잔금을 치른 이후라면? 그러므로 등기사항전부증명서를 입찰 전, 매각허가결정 전, 잔금 납부 전에 각 시기마다 열람하는 것이 좋다.

이 밖에 유치권, 법정지상권, 선순위 임차인, 보증금 증액 등도 등기부에 나타나는 권리가 아니므로 주의해야 한다.

명도하기 전 알아두면 좋을 것들

- 인도명령은 잔금 납부일로부터 6개월 이내에 신청해야 한다. 처리 기간을 고려하여 잔금 납부와 동시에 신청하는 것이 좋다.
- 배당받는 임차인이 있는 경우 낙찰자는 '명도확인서'라는 무기로 쉽게 점유를 이전받을 수 있다.
- 시기에 맞는 적절한 내용증명 발송은 추후 분쟁을 막아줄 수 있고 원활한 명도 협의에 도움이 된다.
- 아파트, 오피스텔, 빌라 등 주거용 사건은 강제집행을 통한 유체동산 경매까지 가는 경우가 드물다. 협의가 되는 경우가 많지만, 협의가 되지 않더라도 절차대로 진행하면 된다는 생각으로 편하게 입찰하자.

제2의 월급을 만드는 임대수익에 도전하자!

2021년에는 수익형 부동산을 주목하자.
적정한 수익률을 정해 인테리어로 경쟁력을 높인다면
고정 수익을 얻으면서 인플레이션 방어도 할 수 있다.

수익형 부동산 vs. 차익형 부동산

수익형 부동산의 급부상

《돈의 속성》 저자 김승호 회장은 우리나라에서 부자가 되는 방법은 사업, 투자, 상속뿐이라고 말했다. 하지만 요즘 사업을 해서 성공하려는 사람은 많지 않다. 코로나19 등 예기치 못한 리스크에 그대로 노출되어 멀쩡히 잘나가던 사업자들도 큰 어려움을 겪거나 망해나가고 있기 때문이다. 특히 우리나라는 자영업의 비율이 높은 편인데 창업 5년 생존율이 15%가 되지 않는다.

누구나 리스크를 감당하기 싫어하고 내 몸 움직이지 않고 편하게 돈을 벌고 싶어 한다. 안전하고 좋은 상품의 공급은 한정되어 있는데 수요는 계속 늘어나니 수익률이 낮아질 수밖에 없다. 지금 이 순간에도 돈의 가치는 계속 떨어지고 있으며 창업을 하면 소득에 비해 리스크가 크다는 사실을 이제는 많은 사람이 알고 있다. 직장인도 퇴직 후가 불안하기는 마찬가지다. 이제 돈을 손에 쥐고 있어도 손해고 투자를 잘못하면 더 큰 손해다. 그래서 그 막대한 유동성이 부동산, 금, 주식 등 자산 시장으로 몰린다.

최근 경매 시장을 보면 괜찮은 조건의 상가, 입지 좋은 지식산업센터의 낙찰가율과 입찰자 수가 크게 늘고 있다. 안전한 수익형 부동산을 매입하려는 수요는 정말 많다. 많은 사람이 원하는 것은 월세를 받고는 싶은데 '신경 쓸 일 없고 안전한 부동산'이기 때문이다. 문제는 입지 좋고 안전하고 수익률 좋은 부동산은 시장에 매물로 잘 나오지도 않고 혹시 나온다고 하더라도 한정되어 있다는 것이다. 당연히 치열한 경쟁을 거쳐 그 부동산의 소유자가 가려진다. 즉 안전한 곳으로 돈이 몰리고, 이는 수익률 저하로 이어진다.

시세차익형 부동산은 때를 놓치면 리스크가 커진다. 같은 아파트를 누구는 5억 원에 사고, 누구는 2년 후 10억 원에 산다. 타이밍을 잘 잡아 싸게 산 사람은 느긋하게 투자할 수 있지만 지각의 대가로 큰돈을 치르고 진입한 사람은 잠을 설칠 수 있다. 그래서 아파트 투자자 중에는 사이클 투자를 하는 사람들이 많다.

그에 비해 수익형 부동산은 굳이 상승기, 하락기 등의 사이클을 따질 필요가 없다. 경기 변동, 금리, 매입 시기보다 리스크 관리가 중요하다. 시세차익형 상품에 비해 레버리지도 더 많이 활용할 수 있다. 대출이 비교적 잘 나온다는 얘기다. 나의 경우 상가는 기본 80%, 지식산업센터는 85~90% 대출을 받는다. 좋은 상가나 지식산업센터는 보유하는 경우가 많다. 환금성이 떨어지기 때문이기도 하지만 월세가 잘 들어오는데 굳이 양도세를 내가며 팔 이유가 없기 때문이다.

수익형 부동산에 투자할 때는 '원샷 원킬' 정신이 필요하다. 한 건 제대로 투자하면 평생 효자 노릇을 하지만 한 번의 실수로 큰 위험에 빠질 수도 있다. 그러니 초보자일수록 서두를 필요가 없다. 아파트는 매입 시기를 놓치면 수억 원을 더 주어야 하지만 수익형 상품은 변동성이 적으므로 천천히 찾아도 괜찮은 물건을 살 수 있다. 원하는 수익률과 리스크 관리에 포커스를 맞춰야 한다. 당신이 매입한 부동산이 수익률 높고 안전하다면 누구든 사려고 할 것이고 환금성도 자연스레 높아진다.

시세차익을 원하는가, 아니면 월세 수입을 원하는가

많은 사람이 부동산으로 돈을 벌고 싶다고 말하면서도 정작 어떤 부동산부터 접근해야 하는지는 알지 못한다. 수천만 원 또는 수억 원의 시세차익을 원하는가? 아니면 매달 100만 원이라도 좋으니 현금흐름이 발생하는 월세 수입을 원하는가? 둘 다 가지고 싶다고? 만일 당신의 생각이 그렇다면 아쉽다. 두 가지 모두를 시원스레 만족하는 부동산을 아직 찾지 못했기 때문이다.

대표적인 시세차익형 부동산이 아파트다. 보통 인터넷에 올라온 매물을 보고 중개소를 통해 사며, 경매로 나온 아파트를 낙찰받아 법원에 잔금을 내고 살 수도 있다. 그리고 그 아파트에서 월세를 받을 수도 있다. 하지만 수익률은 정말 보잘것없는 수준일 것이다. 아파트는 보유세(재산세, 종부세)를 고려하면 수익률이 크게 떨어지거나 마이너스가 되는 경우도 있다. 그래서 투자자들은 보통 전세로 세팅을 한다. 월세를 받아 대출 이자를 내는 것보다 전세보증금을 받아 실투자금을 최대한 줄인 뒤 시세차익형 투자로 접근하는 것이다.

그럼 수익형 부동산으로는 어떤 것이 있을까? 매달 현금이 들어오는 월세 소득형 부동산의 대표적인 상품이 상가와 지식산업센터다. 부동산을 팔기 전까지 평생 월세를 받을 수 있는 셈이다. 물론 임차인이 있다는 가정하에서다. 그런데 현재 임차인이 얼마나 오래 있을지는 누구도 모른다. 언제든 더 나은 입지와 시설을 찾아 떠날 수 있다고 생각해야 한다. 그래서 수익형 부동산은 공실 리스크 관리가 중요하다. 집은 임대료를 낮추면 어떻게든 임차인이 들어오지만, 상가는 상권이 한번 무너지면 제발 관리비만 내고 공짜로 쓰라고 해도 들어오지 않는 경우도 있다. 그래서 상가 투자자들은 자신의 영업을 위해 시설에 돈을 많이 들이는 임차인이나 대형 학원, 병·의원, 한의원, 상장 법인, 우량 회사 등을 선호한다.

상가는 코로나19 사태의 직격탄을 맞아 피해가 막대하다. 1~2년 사용하다가 임차인이 자주 바뀌는 상가나 한번 나가면 새 임차인이 들어오는 데 시간이 걸리는 상가라면 수익률이 더 낮아질 수밖에 없다. 그나마 지식산업센터는 상가에 비해 안정적이지만 서울이 아닌 수도권 외곽의 공급이 많은 곳이라면 이 역시 공실 리스크를 늘 안고 있는 셈이다.

부동산을 보유하면서도 불안하다면 좋은 투자라고 하기 어렵다. 상가나 지식산업센터는 막상 팔려고 하면 좋은 입지가 아닌 이상 쉽게 팔리지도 않는다. 수요 풀이 작기 때문이다.

상가의 가치(가격)가 올라가는 경우는 오직 월세 수준이 올라갈 때다. 예를 들어 100만 원이던 월세를 20만 원 올려 120만 원을 받을 수 있다면 그 상가의 가치는 최소 수천만 원의 상승이 이루어진 것이다.

그러니 당신의 목표부터 명확히 하라.

보통은 시세차익형 투자로 종잣돈을 만들어 월세 소득형 부동산을 산다. 하지만 정부의 6·17대책, 7·10대책 이후 2주택 이상 보유자가 시세차익형의 대표적 상품인 아파트를 사고팔아 수익을 올리기는 매우 어려워졌다. 12%의 취득세와 70% 내외의 양도세를 내야 하기 때문이다.

자산 증가 속도에도 차이가 있다. 월급처럼 고정된 월세 수입이 있다는 것은 삶의 질을 직접적으로 높여주지만 환금성이나 자산이 늘어나는 속도 면에서는 아파트의 상대가 되지 않는다.

불과 2~3년 전에 서울 수도권 아파트 몇 채를 전세 레버리지로 사두었다면 아마도 지금쯤 엄청난 자산 증식을 이뤘을 것이다. 내 주위에는 전문 투자자들이 많은데 대부분 시세차익형 투자자로 2020년에 자산 규모가 급증했다. 직장인이면서 아파트 자산만 100억 원대인 부자들도 있다. 불과 몇 년 사이에 그들의 자산은 거의 두 배로 늘었다. 엄청난 보유세(종부세, 재산세)를 낼 때마다 스트레스를 받는다고 하지만 그들은 지금도 최고의 투자처를 찾기 위해 부지런히 움직인다.

시세차익형 투자는 물론 월세 소득형 투자에도 관심을 가져보자. 정부의 강력한 대출 규제를 직접적으로 받지 않으므로 레버리지를 더 많이 활용할 수 있으며 아파트에 비해 경쟁이 치열하지 않다. 단 제대로 알고 투자해야 한다.

월세 수익률 어떻게 계산하나

일반적으로 수익률이 높으면 리스크가 높고 수익률이 낮으면 리스크도 낮다. 리스크는 안기 싫어하면서 높은 수준의 수익률을 원한다면 잘못된 것이다. 경매든 일반 매매든 상식선에서 생각해야 한다. 현재 금리 수준에서 부동산으로 올릴 수 있는 수익률은 통상 3~5%다. 그런데 대출, 즉 레버리지를 활용하면 수익률이 12~20%로 훌쩍 뛴다.

$$\text{수익률 계산법} = \frac{\text{월 임대료} \times 12}{\text{입찰가} - \text{보증금}} \times 100$$

$$\text{레버리지 수익률 계산법} = \frac{\text{월 임대료} \times 12 - \text{대출이자(년)}}{\text{입찰가} - (\text{보증금} + \text{대출금})} \times 100$$

임대수익을 위한 인테리어는 선택이 아닌 필수

인테리어의 중요성을 알게 된 낙찰 사례

2019년 3월 11일 인천 서구 마전동에 있는 아파트를 낙찰받은 사례다. 임대수익에 대해 설명하면서 왜 시세차익의 대표 물건인 아파트 경매 이야기를 하는지 궁금할 것이다. 임대수익을 높일 수 있는 인테리어의 중요성을 이야기하기 위해서다. 세입자를 들이기 위해서 인테리어까지 하면 그 비용이 더 들지 않겠느냐고 의문을 갖는 분도 있을 것이다. 하지만 우리는 경매로 물건을 싸게 살 수 있다는 것을 잊지 말자. 그리고 인테리어는 빠르게 세입자를 얻을 확률을 높여 공실 리스크를 줄일 뿐 아니라 수익률도 높이는 방법이 될 수 있다.

원래는 이 아파트에 입찰할 생각이 없었다. 다른 관심물건이 있어서 임장을 마친 후 법원으로 입찰을 하러 가는 길이었다. 법원에서 입찰표를 제출하고도 시간이 조금 남았다. 오늘 진행되는 물건들을 살펴보는데 한 아파트가 눈에 들어왔다. 문득 이왕 법원에 온 김에 연습 삼아 입찰이나 하나 더 해보자는 생각이 들었다.

최저가에서 조금만 올려 썼는데 덜컥 낙찰이 되어버렸다. '이럴 수가…!' 살짝 당황스러웠다. 당연히 패찰할 줄 알았는데 낙찰이 되어버렸으니 이걸 어쩌나 싶었다.

앞에서도 언급했지만 낙찰받을 당시 검단신도시 주변 부동산 시장은 굉장히 침체해 있었다. 신규 분양이 많아 미분양 아파트가 다수였고 서울로 가는 교통편도 좋지 않은 지역이라 경매 투자자 사이에서는 무조건 낙찰을 피해야 하는 곳으로 통했다. 이런 이유로 경매 매물이 나와도 인기가 없었고 입찰자 수도 많아야 3명 정도였다. 게다가 감정가가 항상 시세보다 높게 잡혀 있어서 대부분의 물건이 감정가보다 훨씬 낮은 가격에 낙찰되는 상황이었다.

내가 낙찰받은 아파트의 경우도 입찰자가 2명이었고 2등과 612만 202원 차이로 낙찰을 받았다. 구축 아파트에 브랜드 아파트도 아니고 입지도 별로인 데다가 주변 분위기도 좋지 않았으니 한 번 더 유찰을 기다리는 사람들이 대부분이었을 것이다.

어쨌든 낙찰이 됐다. 이제 수익을 얻기 위해 모든 역량을 집중해야 할 때다.

입지의 장단점 분석하기

단점

우선 입지를 한번 보자. 주변에 지하철역은 없다. 가장 가까운 역이 인천2호선 검단사거리역인데 1.7㎞ 정도 된다. 차를 타고 가야만 하는 거리다. 검단초등학교는 약 470m 거리에 있고, 학교에 가려면 큰 도로를 건너야 하는 불편함이 따른다. 초등학생 자녀를 둔 부모에게는 인기가 없어 보였다. 중·고등학교는 1㎞ 내에 한 곳도 없다. 단지 내 상가에 작은 슈퍼가 있긴 하지만 식료품 외에 다른 물품을 구입하려면 많이 걸어야 했다. 대형 마트도 근거리에는 없기 때문이다.

〈그림 6-1〉 해당 물건 입지 확인

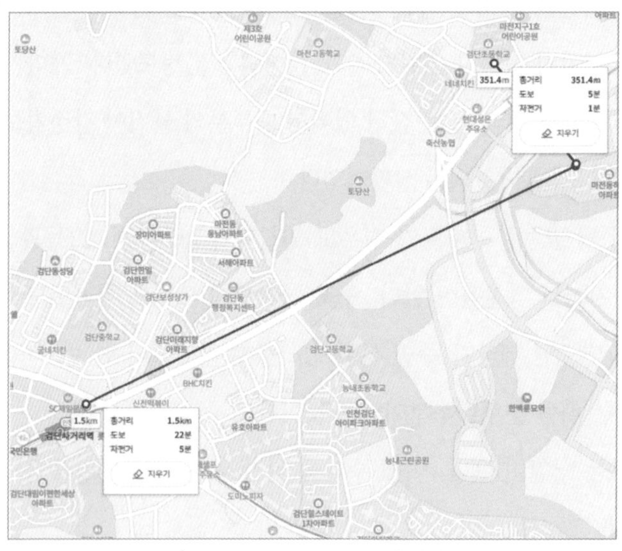

출처: 네이버 지도(https://map.naver.com/)

가장 큰 단점은 중대형 아파트라는 것이다. 요즘 대세는 중소형 아파트다. 강남권이면 모를까 역세권도 아닌 구축 중대형 아파트는 실수요자나 투자자들에게 별로 인기가 없다. 인기가 없으니 가격도 30평대와 그리 차이가 나지 않는다. 오히려 똑같은 가격이라도 40평대보다 30평대를 찾는 경우가 더 많다. 관리비에 대한 부담도 중대형 평수를 기피하는 이유 중 하나다.

장점

그렇다고 단점만 있는 것은 아니다. 이 아파트의 장점은 주변에 만수산이 있어서 공기가 맑고 산책길이 잘 조성돼 있는 '숲세권'이라는 점이다. 최근 주택 시장에서는 도심 속 힐링 라이프를 누릴 수 있는 숲세권 아파트가 인기다. 앞뒤로 시야를 막는 건물이 전혀 없어 조망권도 끝내준다. 자가용이 있는 은퇴자들과 중학생 이상 자녀를 둔 부모들이 이곳에 많이 거주한다고 한다.

단점이 많은 아파트이긴 하지만 숲세권 아파트에 로열층, 조망이 좋다는 점만으로도 가치는 충분히 있어 보였다. 그리고 무엇보다 경매를 통해 시세보다 훨씬 싸게 샀으니 이보다 큰 장점이 무엇이겠는가.

물건지를 처음 방문했을 때의 충격

낙찰을 받고 바로 해당 물건지 관리사무소로 향했다. 관리비가 생각보다 많이 밀려 있었다. 낙찰받은 날을 기준으로 연체료를 포함해서 총 465만 4,540원이었다. 관리비는 소장님과 협의해서 3년 치 공용 부분만 납부하는 것으로 최종 합의를 봤다.

소장님과 관리비 정산을 끝내고 바로 해당 물건지로 향했다. 낮에 찾아가면 채무자를 만나지 못할 가능성이 크지만 그래도 바로 움직이는 편이 낫다. 문 앞에 쪽지라도 붙이고 오면 이해관계인과 최대한 빠르게 연락이 닿을 수 있기 때문이다. 물건지에 도착해서 초인종을 누르고 문을 똑똑 두드렸는데 인기척이 전혀 없었다. '아무도 없구나'라고 생각하고 연락을 달라는 쪽지를 남기려고 하는데 갑자기 문이 벌컥 열렸다. 깜짝 놀랐다. 할머니 한 분이 "누구세요?"라며 나왔다. 할머니의 얼굴에는 당황과 두려움이 뒤섞여 있었다.

"안녕하세요. 낙찰받은 사람입니다. 혹시 오○○ 씨 계신가요?"

"아, 제 사위인데 연락은 잘 안 됩니다. 여기서 안 산 지 4년 정도 된 것 같네요. 저는 집을 계속 비워두기 아까워서 왔다 갔다 하면서 지내고 있습니다."

집이 4년이나 방치되어 있었다는 말을 들으니 무척 당황스러웠다. 할머니께 집 내부를 좀 보여달라고 양해를 구했다. 집 안에 들어서는 순간, 정말 입이 다물어지지 않았다. 지금까지 경매·공매 물건을 수없이 낙찰받아왔지만 이런 집은 처음이었다. 한마디로 충격이었다. 〈그림 6-2〉에 그 현장이 담겨 있다.

집 안이 온갖 쓰레기로 뒤덮여 있었다. 이런 장면은 상상도 하지 못했다. 〈세상에 이런 일이〉 같은 프로그램에나 나올 법한 모습이었다.

〈그림 6-2〉 낙찰 후 처음 방문했을 때의 집 내부 모습

한동안 멍하니 쓰레기들만 바라보고 있었다. 머릿속에서는 수많은 생각이 스쳐 지나갔다.

'잔금 납부를 포기해야 하나?'

'이 많은 쓰레기를 과연 내가 다 치울 수 있을까?'

'쓰레기를 치우는 데 돈이 얼마나 들까?'

'쓰레기 치우고 인테리어까지 하면 손해를 볼 수도 있겠는데?'

쓰레기 집을 보는 순간 온통 부정적인 생각뿐이었다. 정신을 차리고 마음을 다잡아야 했다. 할머니, 그러니까 채무자의 장모님께 집이 왜 이렇게 쓰레기 천지가 되었느냐고 물었다. 그리고 이 집에 대한 역사를 들을 수 있었다.

일이 이 지경까지 된 건 모두 채무자의 장인 때문이었다. 장인은 사업을 하던 분이었다. 이런저런 이유로 딸과 사위, 아내의 이름을 빌려 여러 가지 일을 벌였는데 순식간에 망해버렸다고 한다. 가족들은 사업

이 잘될 줄 알고 돈도 빌려주고 명의도 빌려주었는데, 장인어른 한 사람 때문에 가정 경제가 풍비박산이 났다. 이 일을 계기로 딸, 사위와의 인연은 완전히 끊어졌고 할머니만 가끔 딸과 연락을 하며 지낸다고 한다. 딸과 사위는 서울로 이사를 간 지 몇 년 됐고, 할머니는 할아버지와 이곳에서 살다가 채권자들이 계속 찾아와서 다른 곳으로 거처를 옮겼다고 했다.

그래서 이 집은 계속 비어 있었지만 할머니께서 채권자들의 눈을 피해 가끔 드나들고 있었다. 그러다가 마침 할머니가 있을 때 나와 딱 마주친 것이다. 남편 때문에 온갖 고생을 한 할머니의 심신은 굉장히 불안정해 보였다. 그 스트레스를 동네에 있는 잡동사니를 집에 하나씩 가져다 놓는 것으로 풀고 있었던 모양이다. 그렇게 쌓인 쓰레기들이 어느새 방과 거실뿐 아니라 베란다까지 차고 넘치는 상황이 되어버렸다.

처분위임각서를 받고 쓰레기를 처분하다

이 집에 대한 역사를 다 듣고 난 후 할머니에게 딸을 통해 사위 연락처 좀 알려달라고 청했다. 할머니는 딸에게 문자를 보내더니 바로 사위의 연락처를 알려주었다. 정말 다행이었다. 내가 낙찰받은 아파트이지만 그 안에 있는 물건은 절대 함부로 처리할 수 없기 때문이다. 쓰레기일지라도 말이다. 내가 낙찰받은 건 아파트이지 그 안에 있는 물건까지 낙찰받은 것은 아니다. 집 내부에 있는 물건을 처리하기 위해서는 반드시 채무자의 허락이 있어야 한다. 채무자의 동의를 받아 처리하거나 채무자와 연락이 되지 않을 경우 유체동산 경매 절차를 밟아 처리해야 한다. 후자의 경우 시간과 돈이 꽤 많이 들어가기 때문에 채무자와 연락을 취하는 것이 무엇보다 중요한 상황이었다.

채무자에게 바로 전화를 걸어 상황을 자세하게 설명했다.

"장인어른 때문에 일이 이 지경까지 된 터라 저는 그 집안하고 더 이상 엮이고 싶지 않아요. 그냥 알아서 처리해주세요."

전화상으로 채무자에게 폐기물 처리에 대한 승낙을 받았지만 이것만으로는 부족하다. 확실한 무언가가 필요했다. 그래서 처분위임각서를 받기로 했다.

처분위임각서를 작성해서 채무자에게 보냈다. 각서에 사인만 해주면 더 이상 불편할 일은 없을 거라고 거듭 설명했다.

"내가 장인어른 잘못 만나서 이게 뭐하는 짓인지 모르겠네요. 사인해드릴 테니 이제 더 이상 저에게 연락 안 주셨으면 합니다. 제발 부탁드립니다."

처분위임각서에 사인을 받았으니 이제 쓰레기를 처리하는 일만 남았다. 나 혼자 할 수 있는 일이 아니었다. 사람이 더 필요했다. 지인을 통해 소개받은 도우미 아주머니 세 분이 왔다. 하지만 난감한 상황이 벌어졌다. 도우미 아주머니들이 집 상태를 보고는 절대 못 하겠다며 돌아가려고 했다. 어떻게든 붙잡아야 했다. 사정하고 애원해서 겨우 마음을 돌렸다.

일은 생각보다 오래 걸렸다. 3박 4일 동안 온종일 치우고 또 치웠

〈그림 6-3〉 처분위임각서 예

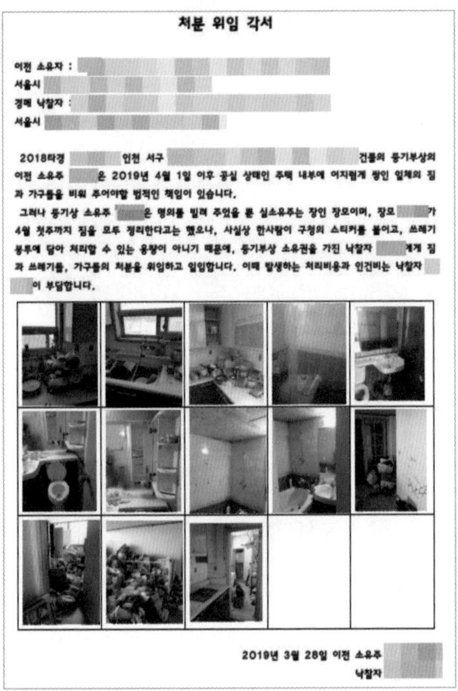

처분 위임 각서

이전 소유자 :
서울시
경매 낙찰자 :
서울시

2018타경 인천 서구 건물의 등기부상의 이전 소유주 은 2019년 4월 1일 이후 공실 상태인 주택 내부에 어지럽게 쌓인 일체의 짐과 가구들을 비워 주어야할 법적인 책임이 있습니다.

그러나 등기상 소유주 은 명의를 빌려 주었을 뿐 실소유주는 장인 장모이며, 장모 가 4월 첫주까지 짐을 모두 정리한다고는 했으나, 사실상 한사람이 구청의 스티커를 붙이고, 쓰레기 봉투에 담아 처리할 수 있는 용량이 아니기 때문에, 등기부상 소유권을 가진 낙찰자 게게 짐과 쓰레기들, 가구들의 처분을 위임하고 일임합니다. 이때 발생하는 처리비용과 인건비는 낙찰자 이 부담합니다.

2019년 3월 28일 이전 소유주
낙찰자

다. 한 사람당 방 하나씩을 맡아서 각개격파해 나갔다. 그렇게 처분한 쓰레기양이 1톤 트럭 다섯 대분이었다. 도우미 아주머니들을 고용하는 비용은 물론 쓰레기를 처분하는 데에도 돈이 들었다. 생각지도 못한 곳에서 돈이 계속 나가고 있었다. 쓰레기 처리비용과 도우미 아주머니들에게 들어간 비용을 합쳐보니 300만 원이나 됐다. 그나마 지인이 하는 업체라 비용을 일부 줄일 수 있어서 다행이었다.

〈그림 6-4〉 모든 쓰레기와 짐들을 치운 뒤의 내부 모습

97.7%의 대출을 받다

집을 치우는 동안 대출을 알아봤다. 갖고 있던 명함의 대출상담사들과 통화하면서 그중 가장 좋은 조건을 제시하는 곳에서 대출을 받기로 했다. 감정가 대비 워낙 낮은 금액에 낙찰받은 터라 대출 가능 금액이 1억 7,100만 원으로 약 97.7%나 됐다.

- 감정가: 2억 3,800만 원
- 낙찰가: 1억 7,500만 원
- 대출: 1억 7,100만 원
- 법무비용: 3,151,100원
- 대출 조건: 2.7%(부수 거래 포함), 월 이자 384,750원

법무비용 합쳐서 40평대 아파트를 낙찰받는 데 투자금이 715만 1,100원밖에 안 된다는 뜻이다. 이게 말이 되는가? 경매는 가능하다. 아니, 경매니까 가능하다. 신용이 좋고 시세 대비 저렴하게만 낙찰받는다면 무피 투자(자기자본을 들이지 않고 하는 투자) 또는 플러스피 투자(초기 투자금을 임대보증금으로 모두 회수하고도 돈이 남는 투자)를 할 수 있는 방법이 바로 경매다.

세입자를 들이기까지의 우여곡절

드디어 집 내부를 다 치웠다. 벽지와 장판도 모두 걷어냈다. 이제 인테리어를 시작해야 한다. 집 내부를 확인하기 전까지는 수익이 꽤 많이 남을 줄 알았다. 하지만 쓰레기 폐기비용과 인테리어비용까지 고려하면 수익이 많이 줄어들 수밖에 없었다. 인테리어도 부분 인테리어를 할 수 있는 상황이 아니었다. 싱크대 상판을 제외하고는 이 집에 있는 것을 다 갈아치워야 했다.

우선 인테리어를 하기 전 매매를 진행해보기로 했다. 집은 자신의 입맛에 맞게 꾸미는 것이 가장 좋지 않은가. 남의 입맛에 맞게 수리가 된 집에 비용을 더 지불하고 들어오는 것보다 백지상태에서 자신이 원하는 인테리어를 하고 들어오는 것이 더 낫다고 판단했다. 인근 부동산중개소마다 매물을 내놓았더니, 얼마 뒤 근처에 사는 분이 매입하고 싶다는 의사를 밝혔다. 하지만 가격을 계속 깎으려고만 했다. 터무니

없는 가격을 제시하면서 말이다. 1년 안에 되팔면 세금이 44%다. 그분이 원하는 가격에 매도를 한다면 수익은 남는 게 없고 세금 때문에 오히려 손해를 봐야 했다. 중개소 사장님이 중간에서 조율을 해보려 했지만 소용없었다.

이제는 더 지체할 시간이 없었다. 바로 인테리어를 진행하기로 결정했다. 빠른 매도를 하기보다 월세를 맞춰놓고 1년이 지난 시점에 매도하기로 전략을 세웠다. 공사 기간은 2주 정도로 잡았다. 베란다의 타일과 싱크대 상판만 빼고 모두 수리하기로 마음먹었다. 공사비 견적은 총 1,400만 원이 나왔는데 지인 찬스로 44평 아파트 올 수리를 1,500만 원에 했다.

공사를 진행하는 동안 주변 부동산에 월세를 내놓았는데 젊은 부부가 집을 보고 가더니 바로 계약하고 싶다는 의사를 밝혔다. 다른 몇 곳의 집을 보고 왔는데 수리가 제대로 된 곳이 한 군데도 없었다고 한다. 내가 낙찰받은 집은 전부 새것으로 바뀔 테니 바로 계약하고 싶어 한

〈그림 6-5〉 인테리어 후 변화된 모습

것이다. 계약금을 걸고 수리가 끝나는 다음 날 입주하는 조건으로 보증금 2,000만 원에 월세 60만 원으로 계약했다. 대출금 약 39만 원을 갚고도 매달 21만 원의 현금흐름이 생기는 구조가 만들어졌다.

이후 세입자가 사는 동안 인터폰과 보일러, 거실 화장실 환풍기 교체 때문에 비용이 추가로 들었지만 그 후로는 돈 들어갈 일이 더는 생기지 않았다.

366일째에 매도하다

매달 월세를 받고 있다가 낙찰 후 8개월쯤 됐을 때 매입을 희망하는 분이 나타났다. 같은 아파트 다른 동에서 월세로 사는 분이었다. 이 아파트에서 오래 거주해서 이쪽 지역을 매우 잘 알고 있었다. 수리도 잘되어 있고 층과 뷰도 좋다며 바로 계약을 원했다. 대화를 나눠보니 월세 살면서 겪은 설움이 꽤 큰 분이었다. 월세살이를 끝내야겠다고 마음먹고 집을 알아보던 중 수리가 깔끔하게 되어 있는 모습에 반해서 바로 계약서를 작성하기로 결정한 것이다.

매도 날짜는 잔금을 치른 바로 다음 날로 정했다. 366일째 되는 날로 말이다. 1년 이내에 매도하면 세금이 44%지만 1년 이후에 매도하면 내야 할 세금이 현저하게 줄어든다. 2019년 12월에 계약서를 작성하고 4월 2일에 최종 매도했다.

투자 차익은 〈표 6-1〉과 같다.

〈표 6-1〉 최종 수익 계산

항목	비용	항목	비용
낙찰	175,000,000		
대출	171,000,000		
실투자 현금	4,000,000		
취득세	1,750,000	등기필증+말소	150,000
교육세	175,000	부동산중개비(04.10)	860,000
농특세	350,000	이자 1회차	400,983
주택채권할인	93,000	수리비 선금	10,000,000
채권할인료(은행)	17,658	가스비 잔금	8,750
송금수수료	3,000	부동산중개비(05.21)	300,000
인지세수납	75,000	수리비 잔금	7,000,000
세금 합계	2,463,658	이자 2회차	414,349
중지대	36,000	4~5월 관리비	304,170
말소	240,000	보일러 수리	170,000
부본제출대행	60,000	보일러 교체	430,000
제증명등록대행	80,000	재산세(07.18)	152,110
보수료	261,000	재산세(09.23)	123,180
부가세	25,000	2차 비용 총액	20,313,542
일당 교통비	80,000		
법무비용 합계	782,000	투자 총액(1차+2차)	31,766,540
미납 관리비	4,207,340	보증금 회수 투자 금액	10,633,360
1차 비용 총액	11,452,998		
		매도 금액	215,000,000
		투자 원가 (대출+투자 총액)	202,766,540
		중도상환 수수료	1,440,522
		양도세	4,254,190
		투자차익 (예상 월세 포함)	8,590,531

양도소득세까지 납부하고 최종적으로 남은 돈은 859만 531원이다. 솔직히 기대했던 수익에는 크게 못 미친다. 낙찰받았을 당시에는 최소 2,000만 원 정도의 수익을 예상했지만, 전혀 생각지 못했던 변수들 때문에 수익이 많이 줄어들고 말았다. 아쉬움이 가장 큰 물건인 동시에 애증의 물건으로 기억에 남았다.

인테리어비용을 투자라고 생각하자

이 물건을 낙찰받고 매도하는 과정에서 크게 두 가지를 배웠다.

첫째, 싸게 사면 손해를 볼 수 없다.

'싸다'는 기준은 사람마다 다르겠지만 부동산 경매에서는 시세보다 5~10% 낮으면 싸게 산 것으로 본다. 예를 들어 5억 원짜리 아파트의 최소 차익(5%)은 2,500만 원, 10억 원짜리 아파트는 5,000만 원이 되는 셈이다. 처음부터 싸게 샀으니 웬만한 경기 변동에도 흔들리지 않는다. 싸게 샀으니 대출이 많이 나올 테고 투자금이 그리 크지 않으니 주변 상황에 일희일비하지 않게 된다. 월세 세팅을 한다면 혹시라도 집값이 내려간다고 해도 버틸 힘이 있고 내가 목표한 수익률에 도달할 때까지 편안하고 느긋하게 기다릴 수 있다. 다시 한번 강조하지만 경매의 핵심은 현재 시세보다 싸게 사는 것이다.

둘째, 인테리어가 경쟁력을 높인다.

요즘에는 인테리어가 필수다. 인테리어가 제대로 되어 있지 않은 집은 매도는 물론 전·월세 세입자를 구하기도 쉽지 않다. 게다가 20년 이상 된 아파트라면 기본적으로 인테리어가 필요하다는 생각으로 그 비용까지 고려하여 입찰한다. 요즘 젊은 투자자들은 부동산을 매입할 때 당연히 인테리어를 해야 한다고 생각한다. 하지만 나이 지긋한 어르신들은 아직도 세입자에게 인테리어를 해주는 것에 인색하다. 바로 여기서 기회를 발견할 수 있다.

해당 아파트에 거주하고 싶어 하는 사람이라면 인근 부동산을 통해 몇 개의 물건을 확인했을 것이다. 수리가 제대로 되어 있지 않은 집이 대부분이고, 수리가 되어 있다고 해봤자 도배와 장판 정도였을 것이다. 그런 상황에서 완벽하게 수리된 집을 본다면 어떤 선택을 하겠는가? 월세나 전세가 조금 더 비싸더라도 인테리어가 잘된 집에 살고 싶어 할 것이다. 투자자 입장에서 인테리어는 선택이 아니라 필수다.

상가보다 안전한 수익형 부동산, 지식산업센터

수익률과 입지가 중요하다

월세를 받을 수 있는 상업용 부동산 중 상가보다 안전한 것이 지식산업센터다. 상가는 개별성이 강하므로 어떤 업종을 유치하느냐에 따라 수익률이 크게 달라진다. 하지만 지식산업센터는 어떤 회사가 들어오든 해당 지역에서 거래되는 임대 시세가 정해져 있다. 예를 들면 성수동 평당 5만 원, 문정동 4만 5,000원 하는 식이다. 상가는 상인을 상대로 월세를 받고 지식산업센터는 회사를 상대로 월세를 받을 수 있다고 생각하면 된다.

상가나 지식산업센터 모두 월세를 받는 부동산 상품이다. 단기간에 팔아 시세차익을 올릴 수 있는 부동산이 아니란 뜻이다. 따라서 수익률이 매입 근거가 되고 수익률 향상에 초점을 맞춰야 한다.

수익률을 높이려면 싸게 사거나 월세를 높이면 된다. 둘 다 가능하게 하는 것이 투자자가 해야 할 일이고, 그 일을 해냈을 때 나에게 평생 월급을 주는 멋진 수익률의 부동산이 탄생한다. 부동산을 싸게 사기 위해 경매·공매·분양 등 다양한 방법을 활용하고, 임대료를 높이기 위해 임대관리에 신경을 써야 한다. 경험상 부동산의 가치는 내가 관심을 주는 만큼 올라갔다.

물리적 방법으로 수익률을 높일 수도 있다. 예를 들어 80평짜리 지식산업센터에서 300만 원의 임대료를 받을 수 있다고 해보자. 이를 20평씩 네 칸으로 나누어 100만 원씩 4개의 사무실에서 월세를 받는 식이다. 그러면 월 100만 원, 즉 연 1,200만 원의 추가 수입이 생긴다. 이

〈그림 6-6〉 1개 호실을 4개로 나누어 임대한 지식산업센터

렇게 하면 수익률이 높아질뿐더러 매도할 때도 훨씬 유리하다.

〈그림 6-6〉처럼 줄표 뒤에 번호가 표기되어 있다면 십중팔구 사무실을 분할해서 쓰고 있다고 보면 된다.

그러나 장점이 있으면 단점도 있기 마련이다. 일단 공사비용이 들어간다. 구조에 따라 차이가 있지만 기본적으로 파티션을 설치하고 출입문을 각각 내야 하며 전기 배선 문제도 있다. 거기에 냉난방 설치비용 등이 추가된다.

그리고 주차 문제도 미리 정리해야 한다. 평수에 따라 한 호실당 주차 가능 대수가 달라지는데 서울이나 수도권이라면 최대 2~3대 수준이므로 주차가 불가능한 경우가 많다. 하루 이틀이야 주차 요금을 낼 수 있지만 매일 자동차로 출근해야 하는 경우라면 입주가 어려울 수 있다.

지식산업센터 투자 따라하기

지식산업센터 입지, 여기를 주목하라

나는 예전부터 지식산업센터(아파트형 공장)에 투자를 해왔고 지금도 여전히 하고 있다. 그 이유는 월세를 받는 부동산 중 비교적 안정적이고 매매 차익도 기대할 수 있기 때문이다. 지식산업센터에 투자하고자 한다면 일반 매매, 분양, 경매 등의 다양한 루트를 통해 입지 좋은 곳을 매입하기 위해 노력해야 한다. 경매로 나오는 것에만 관심을 두면 매입 확률이 떨어진다.

서울이나 접근성이 좋은 수도권의 지식산업센터는 실제로 분양가나 매매가가 단 한 번도 떨어진 적 없이 계속해서 올라가고 있다. 현재 안양, 하남, 수원, 동탄, 용인 등의 택지지구에 지식산업센터가 공급되고 있지만 기본적으로 나의 투자 대상은 서울의 지식산업센터다. 수도권은 수익률이 서울보다 높지만 공급 물량이 완전히 해소되는 데 앞으로 몇 년이 걸릴 수 있기 때문에 무조건 싸다고 매입하는 것은 바람직하지 않다. 그렇다고 서울만 쳐다볼 필요는 없다. 당연히 종잣돈의 수준에 맞게 물건을 선별해야 한다. 요즘은 안양, 과천, 광명 등의 지식산업센터 경매도 뜨겁다.

지식산업센터는 도시 지역에 지은 기업용 건물을 가리키며, 예전에는 아파트처럼 생겼다고 해서 '아파트형 공장'이라고 불렀다. 제조업 위주의 공장이나 그와 관련된 사무실이 많이 입주했다. 요즘에는 벤처, IT, 방송·통신, 금융, 연구소, 일반 회사들이 주로 입주한다. 제조업의 공장 느낌이 나서인지 몇 년 전에 '지식산업센터'로 명칭이 바뀌었는데 시장에서는 두 이름을 함께 쓰고 있다.

예전 건물은 전용률(분양면적 대비 실제 면적의 비율)이 55~60% 이상이었는데 최근 분양하는 지식산업센터는 약 50% 수준이다. 예컨대 실평수가 20평이면 분양 평수는 40평이 된다. 전용면적과 공용면적을 합한 것이 분양면적이며, 이 면적이 분양 시 평당가의 기준이 된다.

나는 서울 지역을 크게 다섯 곳으로 나누어 투자한다. 현재 평당 분양가가 가장 비싼 곳은 성수·송파 권역으로 평균 1,600만~2,000만 원에 육박한다. 영등포 권역도 분양가가 계속 올라 현재는 평균 1,500만 원 이상이다. 대표적인 국가산업단지인 구로·가산디지털단지는 A급지(지하철역 출구 기준 도보 5분 이내) 기준으로 평당 1,000만~1,100만 원 선이다(가산디지털단지역과 연결된 우림 라이온스밸리 기준).

서울의 지식산업센터 관심 지역을 분류해보면 다음과 같다.

① 구로·가산디지털단지 권역: 구로역, 가산디지털단지역

② 성수 권역: 성수역, 뚝섬역 등

③ 영등포 권역: 당산역, 문래역, 영등포구청역

④ 강서 권역: 증미역~마곡나루역 라인

⑤ 송파·문정 권역: 문정역, 가락시장역 등

1번은 임대 목적의 취득이 제한된 국가산업단지에 속하고, 2~5번은 누구나 자유롭게 사고팔 수 있으며 내가 주로 눈여겨보는 지역이다.

2019년 이전까지는 서울의 지식산업센터를 800만~1,000만 원 정도에 분양받기도 했지만, 현재는 서울 어디든 1,000만 원 이하는 없다고 보면 된다. 예를 들어 1평에 200만 원의 차익을 보았다고 가정하면, 50평을 분양받은 사람은 1억 원의 시세차익을 볼 수 있다는 얘기다. 그동안 시행사도 건설사도 수분양자도 재미를 보아왔다.

지식산업센터가 인기를 끄는 이유

왜 투자자들이 지식산업센터로 몰릴까? 여의도, 강남 등의 일반 건물

보다 관리비가 훨씬 싸고 관리도 잘되기 때문이다. 규모가 있는 곳은 은행, 구내식당, 세무사, 법무사사무소, 병·의원, 피트니스, 편의점, 카페, 사우나 등 다양한 편의시설을 갖추고 있다. 멀리 가지 않아도 업무에 필요한 웬만한 시설이 건물 내에 있는 경우가 많다.

주차도 일반 건물은 입주사조차 불편한 경우가 많다. 하지만 대개의 지식산업센터는 지하 3~5층까지 주차장이 있고 외부에서 손님이 올 때도 여유롭게 주차할 수 있다(보통 30분에서 1시간 무료 주차). 또한 통합관제센터(관리사무소)가 있어 체계적인 관리가 이뤄지고 늦게까지 안전한 환경에서 근무할 수 있다는 장점이 있다.

지식산업센터 역시 아파트처럼 분양권 투자가 가능하다. 분양 시 계약금은 보통 10%가 들어가고, 이후 중도금은 은행에서 무이자로 대납해주므로 시기를 잘 맞춘다면 분양권으로 100% 내외의 수익을 내는 것도 어렵지 않다. 공급의 비탄력성과 저금리를 바탕으로 월세는 물론 가격까지 매년 10% 내외로 올라가니 투자하지 않을 이유가 없다.

내가 서울의 지식산업센터에 투자하는 가장 큰 이유는 땅의 기본 원리인 부증성(不增性, 물리적 양을 임의로 증가시키지 못한다는 의미) 때문이다. 분양의 성패는 땅 매입 단계부터 결정되는데 땅이 희소하다 보니 분양가가 아무리 높아도 하루 만에 완판되는 경우가 많다. 특히 최근 주택에 대한 정부의 규제가 강화되면서 지식산업센터가 반사이익을 얻고 있으며 유동성과 저금리 바람을 타고 수요가 급증했다. 실수요는 물론 투자 수요까지 가세한 터라 건설사는 서울·수도권 요지에 지식산업센터 공급을 위한 땅 매입에 혈안이 되어 있다.

서울 전체에서 지식산업센터가 들어설 수 있는 준공업 지역이 차지하는 비율은 3% 정도에 불과하다. 그나마 역에서 가까운 자투리 땅은 잘 나오지도 않을뿐더러 지주 작업이 된다 해도 너무 비싸기 때문에 A급지가 아닌 B급지에 지을 수밖에 없는 구조다. 이렇다 보니 기존에 자리 잡은 A급지의 지식산업센터는 노후화가 진행되더라도 자연스레 임대료 방어가 된다. 같은 평수 등 동일 조건이라면, 다소 노후된 A급지의 건물이 새로 지은 B급지 건물보다 임대료를 높게 받을 수 있다는 얘기다. 앞으로 초역세권에는 지식산업센터 공급이 어려우므로 임대가 맞추어진 기존 지식산업센터의 인기는 고공행진을 이어갈 것이다.

어떤 점을 봐야 할까?

지식산업센터는 지하철역 인접 여부가 아파트보다 중요하다. 교통의 편리성, 즉 회사로의 접근성이 임직원의 출퇴근 시간에 큰 영향을 미치기 때문이다. 회사가 지하철역에서 멀면 구직자가 면접을 보러 잘 오지도 않는다. 직원들이 중요하게 생각하는 것은 출퇴근 편리성과 정시성의 보장이고 여러 교통수단 중에서 지하철이 가장 효율적이다. 그래서 더블·트리플 등 노선의 개수가 많을수록, 강남과 직접 연결된 노선(2·3·7·9호선, 신분당선)일수록 해당 지역에 위치한 지식산업센터의 가치가 높게 평가된다. 이런 조건의 매물은 어쩌다 하나씩 나오는 것을 서로 사려고 대기 중이니 현재까지 완벽한 매도자 우위 시장이라고 볼 수 있다. 건물은 오래되면 리모델링을 할 수 있지만 입지는 바꿀 수 없다. 따라서 가격보다 입지를 최우선으로 고려해야 한다.

나는 6~7년 전부터 서울에서 경매로 나오는 대부분의 지식산업센터에 입찰해왔다. 유찰되면 경쟁이 심해지므로 사건에 따라 신건에 입찰하거나 유치권이 신고된 것을 선호한다. 수익률은 6~7% 선에 맞추었고, 레버리지 기준으로는 25~40% 선에 맞춰 낙찰받았다. 사고 싶어도 돈이 부족하고 공급은 더 부족하니 이 방법이 아니면 살 수가 없었다. 낙찰가의 최소 80% 이상(최대 90%까지) 대출을 받았는데 임대보증금이 들어오기에 실제 투자금은 15~20% 정도에 불과했다.

서울의 지식산업센터라면 수요가 탄탄하다. 그러니 시행사 입장에서는 싸게 분양할 이유가 없다. 이는 분양자 입장에서 보면 수익률이 하락한다는 얘기다. 아직까지는 수익 낼 가능성이 있다고 보지만, 위치가 어정쩡하거나 분양가를 터무니없이 올리는 곳은 피해야 한다. 특히 수익률이 좋다고 묻지 마 투자를 하는 경우는 없어야 하는데, 가장 위험한 것이 역에서 멀고(그래서 셔틀버스를 운행하기도 한다) 오래된 지식산업센터다. 이런 것을 다른 지식산업센터보다 싸다는 이유로 덜컥 매입하는 사람도 있다.

세금도 고려해야 한다. 일단 취득세가 4.6%이고 부대비용까지 합하면 5% 정도다. 예를 들어 매입가가 5억 원이면 세금과 부대비용이 2,500만 원이다.

임대관리는 다른 부동산에 비해 수월한 편이다. 괜찮은 회사가 들어오면 매달 세금계산서 발행 외에는 신경 쓸 게 없다.

특히 사업주라면 적극적으로 매입할 것을 추천한다. 사무실을 임차해 월세를 내는 것보다 지식산업센터를 매입해서 이자를 내는 것이 훨씬 이익이기 때문이다. 안정적으로 사업을 영위할 수 있을 뿐 아니라 내 부동산의 가치가 올라가는 덤까지 누릴 수 있다.

법인사업자들은 역세권은 기본이고 한강 조망, 건설사 브랜드, 편의시설 등을 따져 금액과 상관없이 경쟁적으로 좋은 곳을 선점하고 있다. 아파트도 한강 라인에 있는 것이 비싸듯이, 사무실도 조망이 좋은 곳이라면 그에 따른 프리미엄이 붙고 자산가치도 높다.

대출 한도는 매입 방법에 따라 차이가 있다. 분양과 일반 매매 시 대출 가능 금액은 매입가의 60% 내외, 경매 시는 80~90%다. 레버리지 비율을 보고 놀랄 수도 있지만 대출 이자는 월세에 비해 그리 부담스러운 수준이 아니다. 그래서 몰라서 못 하는 사람은 있어도 한번 투자해본 사람은 추가로 매입하려고 한다.

특정 지역에 분양 소식과 분양가가 나오면 투자 여부의 판단이 즉시 서야 한다. 좋은 입지는 우물쭈물하는 순간 모두 팔려버리기 때문이다. 지식산업센터는 임대 시세가 지역별로 어느 정도 정해져 있고 크게 변함이 없다. 전화 통화와 발품만으로도 월세 시세와 예상 수익률을 알 수 있는 셈이다. 일부 발 빠른 선수들은 땅 매입 단계부터 관여하기도 한다.

아파트 투자와 마찬가지로 지역별로 분양 일정을 꿰고 있고 있으면 좋다. 요즘은 지식산업센터 전문 중개소도 많다. 분양대행사, 중개소 등에 직접 찾아가서 문의하면 생각보다 많은 정보를 얻을 수 있다.

지식산업센터의 다양한 장점

나는 다양한 종류의 부동산을 통해 임대수익을 얻고 있는데, 관리 측면에서 차이가 있다. 경매로 낙찰받은 대형 오피스텔에서는 잊을 만하면 임차인에게 연락이 온다.

"보일러가 이상해요."

"번호키가 말썽이네요."

"세탁기 건조 기능이 안 돼요."

심지어 인터폰이 안 된다며 문자를 보내는 임차인도 있다. 월세를 받는 부동산의 개수가 늘어날수록 이런 연락을 받을 확률은 높아진다.

하지만 지식산업센터는 조금 다르다. 일단 내부에 설비가 없으니 임차인에게 연락이 올 확률이 매우 낮다. 내부에 옵션이 있어 봐야 수도, 천장형 냉난방기가 전부다. 몇 년째 전화 한 번 오지 않는 곳도 많다. 내가 하는 유일한 일은 한 달에 한 번, 1분 정도의 시간을 내어 전자세금계산서를 발행해주는 것뿐이다. 한번 입주한 회사들은 오피스텔 임차인에 비해 자주 이동하지도 않는다.

세금 감면 혜택도 있다. 최초 분양을 받아 5년간 직접 사용한다면 취득세 50%, 재산세 37.5%가 감면된다(2022년 말까지). 다만 임대를 놓는다면 세제 혜택은 없다.

지식산업센터 투자에 대해 가장 많이 접하는 질문이 이것이다.

"일반인도 취득할 수 있나요?"

처음 이 말을 들었을 때 깜짝 놀랐다. 많은 이들이 잘못 알고 있는 것이다. 지식산업센터는 '산업집적활성화 및 공장 설립 등에 관한 법률'(산집법)의 적용을 받는다. 이 법에서는 입주 업종에 제한을 두고 있는데 이를 소유에 제한이 있다고 오해하는 사람이 많은 것 같다. 지식산업센터 역시 누구나 사고팔 수 있다. 다만 공무원 등은 임대사업자등록 시 노출을 이유로 자기 명의보다 가족 명의로 매입하는 사람이 많다.

분양권을 소유하는 데는 산집법의 업종 제한이 있지만(법에서 요구하는 사업자등록을 하면 된다) 준공 후 소유자의 업종에는 제한이 없다. 처음에 사업자 신규 등록이 필요하고, 임대할 때 통상 '비주거용 부동산 임대업'으로 업종을 전환한다.

단 지식산업센터의 위치가 산업단지라면 월세를 받기 위한 임대 목적의 취득은 원칙적으로 불가하다(상가나 근린생활시설 등 지원시설만 가능하며 분양가가 더 높다). 공장 설립 완료 신고와 사업개시 신고 후 산업단지 관리공단과 입주 계약을 체결해야 한다. 대표적인 국가산업단지가 구로·가산디지털단지다.

매입 결정의 기준

나는 지식산업센터를 경매, 매매, 분양 세 가지 방법으로 매입해왔다. 경매는 물론이고 분양을 받아서도 얼마든지 수익을 낼 수 있기 때문이다. '땅을 파고 있는 허허벌판인데 무엇을 보고 수억 원짜리 부동산을 덜컥 계약한다는 말인가?' 하는 생각이 들 것이다. 바로 도면이다. 지

〈그림 6-7〉 지식산업센터 도면 예시

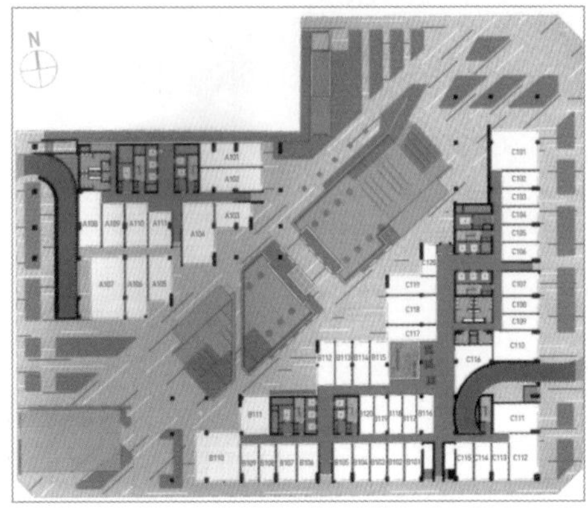

출처: SK생각공장당산

식산업센터도 아파트와 같이 분양 사무실이 있다. 그곳에 가면 조감도, 도면 등을 쉽게 구할 수 있고 건물 모형으로 방향과 뷰, 부대시설 등을 확인할 수 있다. 이를 보고 매입 결정을 한다.

면적이 작은 평수가 임대에 유리하다. 큰 평수는 분양가와 임대료가 비싼 편이라 들어오는 회사가 한정되어 있지만, 작은 평수는 수요가 많다. 큰 사무실이 필요하다면 2개 이상 합쳐서 사용하면 될 일이다. 임대 목적이라면 전용면적 기준 20~30평대를 추천한다.

코로나19 장기 여파로 많은 상가 매물이 경매로 나오고 있다. 지식산업센터도 일부 영향이 있지만 굳건히 버티고 있다. 소규모 사무실이 필요하거나 IT 업종도 많기에 지식산업센터를 원하는 수요 역시 계속 늘고 있어서다.

항상 다수와 다르게 생각하고 행동할 수 있어야 한다. 예를 들어 지하층, 그것도 지하 3층의 지식산업센터가 경매 또는 매물로 나왔다면 어떻게 하겠는가?

'지상층도 공실이 나는데 지하라면 말할 것도 없이 위험하지!'라는 생각이라면 평생 월세 받는 투자는 어렵다고 볼 수 있다. 나는 그런 상품을 조사하고 입찰해서 낙찰받는 것을 즐긴다. 지식산업센터에 투자하는 이유가 월세를 받기 위한 점이라는 점을 생각하면, 그저 내가 원하는 수익률에 부합하면 될 일이다. 만약 좋지 않은 부분이 있다면 그만큼 충분히 감가해서 싸게 매입하여 수익을 내는 게 투자자로서의 마인드다.

지하층은 지상층에 비해 분양가가 낮기에 대개 수익률이 높다. 지하와 지상을 구분해서 입찰 여부를 판단할 게 아니라 현재 업종의 상태, 공실이라면 바로 들어올 수 있는 곳인지를 파악하는 게 먼저다.

지식산업센터 실제 입찰 사례

실제로 내가 입찰한 사건을 보자. 지하 3층의 지식산업센터가 경매로 나왔다. 감정가는 7억 4,700만 원이다. 이 사건을 보고 바로 현장으로 달려갔다.

서울 도심의 역세권 지식산업센터로 지하철 2호선과 3호선이 만나는 을지로3가역에서 가깝다. 감정가 수준으로 낙찰받는다면 내가 원하는 수익률(서울 기준)이 나올 것으로 봤다. 이럴 때는 유찰을 기다리

〈그림 6-8〉 지하층의 지식산업센터 경매 사건

소재지	(04555) 서울특별시 중구 [도로명] 서울특별시 중구				
용도	아파트형공장	채권자	신OOOOO	감정가	747,000,000원
대지권	20.41㎡ (6.17평)	채무자	윤OO	최저가	(100%) 747,000,000원
전용면적	126.05㎡ (38.13평)	소유자	윤OO	보증금	(10%) 74,700,000원
사건접수	2018-12-14	매각대상	토지/건물일괄매각	청구금액	80,000,000원
입찰방법	기일입찰	배당종기일	2019-03-06	개시결정	2018-12-19

기일현황

회차	매각기일	최저매각금액	결과
신건	2020-04-14	747,000,000원	매각
/입찰4명/낙찰789,999,999원(106%) 2등 입찰가 : 777,500,000원			
	2020-04-21	매각결정기일	허가
	2020-05-29	대금지급기한 납부 (2020.05.11)	납부
	2020-06-16	배당기일	완료

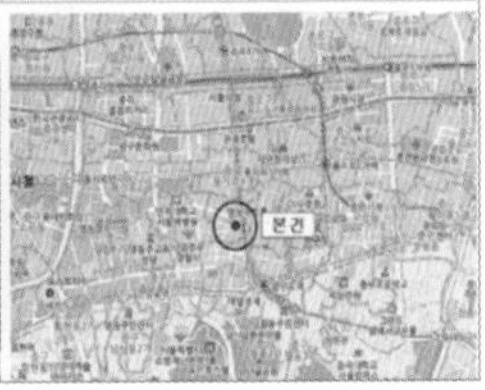

본건

출처: 스피드옥션

지 말고 신건 입찰을 해야 한다.

드디어 입찰 당일이 됐다. 나와 같은 생각을 하는 사람이 몇 명이나 될까? 그게 궁금했다. 나 외에 입찰자가 3명이 더 있었고, 7억 9,000만 원을 적은 사람이 낙찰됐다. 신건이니만큼 당연히 감정가 이상의 가격으로 입찰해야 했는데, 나 외에 3명도 지하라는 핸디캡보다 자신의 목표 수익률에 부합했기에 당당히 신건에 입찰했을 것이다.

조사 당시 임차인은 공무원 유공자회 인쇄·청소 용역을 하는 곳이었고 미납된 관리비도 전혀 없었다. 받을 수 있는 월세 수준이 무려 350만 원 내외이고 게다가 지하라는 핸디캡이 충분히 상쇄될 수 있는 업종이었다. 인쇄·제본 관련 업종은 눈이나 비가 오는 날에도 상·하차 작업을 편하게 할 수 있는 지하층을 선호하는데 실제로 지상층과 지하층의 임대료 차이가 거의 없었다.

낙찰가 기준으로 수익률을 분석해보자.

낙찰가: 7억 9,000만 원

취득세+등기비용: 4,000만 원

월세: 350만 원(연 4,200만 원)

임대보증금: 4,000만 원

수익률: 350만원×12(개월)÷7억 9,000만 원 = 5.31%

(취득세+등기비용과 임대보증금을 상계한다고 가정함)

대출을 최대 한도로 받고 임대보증금을 회수하면 실제 투자금은 1억 2,000만 원이 된다. 이자를 제외하면 월 150만 원 이상, 연간 2,000만 원 정도의 임대수익을 기대할 수 있다.

물론 장점만 있는 것은 아니다. 아파트는 사이클을 잘 맞추어 투자하면 단기간에 수백 퍼센트의 수익이 나기도 하지만 지식산업센터는 좀처럼 그런 일이 생기지 않는다. 거래비용이 큰 편이고(취득세 4.6%), 환금성도 아파트보다 떨어진다.

배가 아픈데 안과를 갈 순 없듯 내가 원하는 게 무엇인지를 먼저 알아야 그 방향을 찾아갈 수 있다. 간혹 자신이 무엇을 원하는지도 모르고 남들 따라 부동산 투자에 성급히 뛰어드는 이들을 본다. 내 소득수준, 레버리지 가능 비율, 은퇴 시점, 투자 성향 등에 따라 내 목적에 부합하는 부동산을 찾아내는 게 먼저다. 그리고 그것을 매입하기 위해 발품을 팔고 매 건을 비교하고 생각하는 수고가 필요하다. 1년, 아니

몇 달만 꾸준히 해도 그런 부동산 몇 개는 나타나기 마련이다.

좋은 기회를 잡거나 운이 따르는 사람은 잠깐의 관심이 아니라 자신이 원하는 부동산을 찾기 위해 꾸준히 노력한 사람들이다. 잠깐의 일회성 관심을 두거나 책상 앞에만 앉아 성공적인 투자를 하려는 것은 욕심일 뿐이다.

수익형 부동산은 밸류맵 등으로 책상에서 최대한 손품을 팔고, 현장에서 확인하는 방법이 가장 좋다. 그 수고에 대한 대가는 월급처럼 매달 통장에 정해진 월세가 들어오는 것이다. 이것이 당신의 삶의 질을 확실히 높여줄 것이다.

돈 되는 꿀팁

알아두면 쓸데 많은 임대차 계약의 기술

아파트를 경매로 낙찰받았고 간단한 인도명령 절차로 명도를 마쳤다고 하자. 이제 임대를 해야 하므로 꾸미는 기술이 필요하다. 아파트든 지식산업센터든 명도 이후 청소는 필수다.

좋은 청소 용역 업체들이 많다. 해당 전문가에게 합당한 비용을 지불하고 원하는 서비스를 받자. 보통 평당 1만 원 정도의 비용이 든다. 그들은 내 집의 가치를 끌어 올려줄 고마운 사람들이다. 괜한 돈을 쓰는 게 아니라 가치를 올린다고 생각하는 게 나중을 위해서 훨씬 이득이다. 내가 할 수 있는 방법을 다 동원하여 가치를 높이는 것이 임대관리의 첫걸음이다.

한번은 낙찰받은 물건을 청소하는 것을 보고 자신에게 세를 달라며 먼저 말을 걸어온 사람도 있었다. 당연히 그렇게 했다. 동일한 조건이라면 깔끔한 게 먼저 나간다.

신발장에 방향제도 넣어두고 모델하우스에서 쓰는 슬리퍼도 갖다 놓자. 20평대는 2개, 30평대는 3개, 40평대는 4개면 적당하다.

임차인이 들어오면 시설물에 대해 설명도 할 겸 음료수나 휴지를 사들고 찾아가기도 한다.

"사는 동안 불편한 게 있으면 말씀해주세요."

어차피 보일러나 빌트인 가전제품 등은 집주인이 고쳐주게 되어 있다. 하지만 말이라도 이렇게 하면 임차인은 '아, 신경을 써주는구나' 하고 고마워한다. 그럴 때 이렇게 덧붙인다.

"단 월세 연체는 피해주세요. 매달 내야 하는 이자가 있어서 연체가 되면 매우 곤란합니다."

아무것도 아닌 것 같지만 이 한마디로 연체 확률을 크게 줄일 수 있다.

이 밖에도 월세를 올릴 때는 합리적인 이유가 있어야 하고, '밀당'도 적당히 할 줄 알아야 한다. 월세 10만 원 자체는 작게 느껴질 수 있지만 수익률 면에서 보면 매우 큰 액수다. 그리고 수익률은 이후 매매가에도 영향을 미친다.

지식산업센터에 투자하기 전 알아두면 좋을 것들

- 시세차익을 원하는지 월세 수입을 원하는지 분명히 하라. 둘 다 만족하는 부동산은 없다고 생각하자.
- 입찰 전 수익률 분석은 반드시 필요하다. 레버리지 수익률은 투입된 내 자금이 얼마의 기간에 회수되는지를 보여준다(예: 20%라면 5년, 25%라면 4년).
- 지식산업센터는 매매·임대 시세를 파악하기가 비교적 쉽고 상가에 비해 안전하다. 월세를 받고 싶은 투자자라면 원하는 지역의 경매 사건을 찾아 입찰할 필요가 있다.
- 남의 말에 수시로 흔들리거나 선입견으로 기회를 놓치지 말자.

알려지지 않은 새로운 경매·공매의 세계

경매와 공매의 진정한 투자 고수들은
돈이 되는 물건이라면 기회를 놓치지 않는다.
그중에서 도전하기 쉬운 토지와 자동차를 알아보자.

경쟁은 적고 수익률은 높은 지분 경매

지분 물건이 나오는 이유

지분 물건이 나오는 데에는 몇 가지 이유가 있다.

첫 번째는 상속이다. 아버지가 돌아가시면 어머니에게 1.5배, 나머지 자식들에게 n분의 1씩 나눠진다. 예전에는 장남에게 모든 재산을 상속하는 일이 많았는데 지금은 허용되지 않는다. 자칫 형제의 난(?)이 일어날 수 있기 때문이다.

두 번째는 부부 공동명의인 경우다. 과거에는 남편 단독명의의 부동산 매입이 일반적이었다. 하지만 최근에는 부부 공동명의가 증가하는 추세다. 가장 큰 이유는 세제 혜택을 받기 위해서다. 종합부동산세를 절감할 수 있고, 매도 시 양도세 절감 효과도 크다. 종합부동산세는 부동산 보유 정도에 따라 조세의 부담 비율을 달리하여 납세의 형평성을 제고한 국세다. 보통 주택에 대한 종합부동산세와 토지에 대한 종합부동산세를 합한 금액을 말한다. 1세대 1주택자의 경우 종합부동산세는 부과 기준 금액인 9억 원을 넘으면 과세가 되지만, 부부 공동명의일 때는 부부 각각에 대해 6억 원씩 12억 원이 넘어야 부담하게 되므로 절세가 가능하다. 또한 공동명의로 취득한 부동산을 양도하는 경우 양도소득세가 공동명의로 각각에 대해 별도로 계산되기 때문에 절세 효과가 뛰어나다.

세 번째는 공동 투자인 경우다. 뜻한 바가 있어 지인들과 함께 부동산에 투자했는데 그중 1명이 사업 실패나 개인적인 사정으로 인해 망하게 됐을 때 그 사람의 지분만 경매 또는 공매로 나오는 것이다.

주거용 부동산뿐만 아니라 상가, 토지, 심지어 자동차까지도 경·공매 사이트에서 볼 수 있다. 이런 지분 물건들은 경쟁은 적고 수익은 높다. 다들 어렵고 복잡하다고 생각하기 때문에 역발상을 하는 이들에게 기회가 있다. 지분 물건의 가장 큰 특징 중 하나는 끊임없이 물건이 나온다는 것이다. 부동산 상승기와 하락기를 가리지 않고 말이다.

지분 물건이 어렵지 않다고 이야기하는 이유는 정형화된 매뉴얼이 있기 때문이다. 생각보다 복잡하지 않기 때문에 초보도 접근할 수 있다. 그 과정은 다음과 같다.

① 낙찰

② 처분금지 가처분

③ 공유물 분할

④ 판결문 또는 화해권고결정문

⑤ 경매 신청

⑥ 경매 낙찰

⑦ 잔금 납부

⑧ 배당(수익)

지분 물건 경매는 위와 같은 순서로 진행된다. 공유물 분할, 처분금지 가처분, 판결문, 배당 등 온통 어려운 용어뿐이라 이것만으로도 겁을 먹는 사람들이 있을 것이다. 미리 걱정하지 말자. 용어만 낯설 뿐 한번 해보면 정말 아무것도 아니다.

실제 사례를 한번 살펴보자.

주거용 지분 물건 166만 원 낙찰받아 5일 만에 700만 원 매도

2019년 11월 26일 인천지방법원에서 다세대주택 지분 물건을 법인으로 낙찰받았다. 인천 남동구 남촌동에 있는 작고 오래된 빌라였다. 감정가는 3,400만 원이었고 2회 유찰돼 최저 입찰 가격이 1,660만 원까지 떨어졌다. 이 물건에는 세 가지 큰 단점이 있었다.

〈그림 7-1〉 지분 물건 경매 정보 예

인천지방법원 대법원바로가기 법원안내 가로보기 세로보기 세로보기(2)

2019 타경 (강제)		매각기일 : 2020-04-06 10:00~ (월)		경매10계 032-860-1610	
소재지	(21624) 인천광역시 남동구 [도로명] 인천광역시 남동구				
용도	다세대(빌라)	채권자	신OOO	감정가	34,000,000원
지분대지권	10.481㎡ (3.17평)	채무자	지OO	최저가	(49%) 16,660,000원
지분전용	18.24㎡ (5.52평)	소유자	지OOOO	보증금	(10%)1,666,000원
사건접수	2019-03-25	매각대상	토지/건물지분매각	청구금액	15,434,614원
입찰방법	기일입찰	배당종기일	2019-06-20	개시결정	2019-03-26

기일현황 간략보기

회차	매각기일	최저매각금액	결과
신건	2019-09-18	34,000,000원	유찰
2차	2019-10-22	23,800,000원	유찰
3차	2019-11-26	16,660,000원	매각
/입찰1명/낙찰18,369,000원 (54%)			
	2019-12-03	매각결정기일	허가
	2020-01-10	대금지급기한	미납
	2020-03-03	16,660,000원	변경
3차	2020-04-06	16,660,000원	매각
/입찰5명/낙찰18,379,000원(54%) 2등 입찰가 : 18,159,000원			
	2020-04-13	매각결정기일	허가
	2020-05-13	대금지급기한 납부 (2020.05.01)	납부
	2020-06-09	배당기일	완료
배당종결된 사건입니다.			

출처: 스피드옥션

첫째, 낡은 빌라다.

1991년도에 지어져 이미 30년 가까이 된 빌라이기 때문에 하자가 많을 수밖에 없다. 낙찰받기 전까지는 내부를 볼 수 없는데, 비가 샐 수도 있고 내부에 곰팡이가 잔뜩 피어 있을 수도 있다. 수리비를 생각한다면 입찰가를 보수적으로 써야 한다.

둘째, 개발 가능성이 없다.

낡은 빌라라 할지라도 대지지분이 넓고 개발 가능성이 있다면 낙찰받고 묻어두는 전략으로 갈 수도 있다. 하지만 남촌동 지역은 개발이 거의 되지 않는 곳이다. 가까운 곳에 지하철역이 없어서 버스를 타고 나가야 한다. 주변 전체가 낙후돼 슬럼화가 진행되고 있으며, 젊은 층은 소수이고 나이 드신 분들이 많이 사는 지역이다.

셋째, 지분 물건이다.

2분의 1 지분으로 되어 있다. 지분으로 되어 있다는 것은 내가 낙찰받아도 온전히 '사용 수익'을 할 수 없다는 뜻이다. 사용 수익을 할 수 없다는 말은 내가 팔고 싶다고 해도 마음대로 팔 수 없고, 세를 주고 싶어도 마음대로 줄 수 없다는 말이다. 어떤 행위를 하든지 반드시 공유자와 협의가 되어야만 일을 진행할 수 있다.

단점만 보자면 입찰할 마음이 생기지 않을 것이다. 하지만 이런 단점들 때문에 주거용 부동산인데도 감정가 대비 49%까지 떨어진 것이다. 경매를 통해 수익을 내는 데 가장 중요한 것은 싸게 사는 것이다. 49%까지 떨어진 물건을 낙찰받는다면 손해 볼 일은 없으리라 생각하고 입찰했다.

가벼운 마음으로 입찰에 참여했는데 단독으로 낙찰받았다. 누군가는 단독 낙찰일 경우 굉장히 아쉬워하고 불안해한다.

'한 번 더 기다렸어야 했는데…. 너무 성급하게 입찰했나 보네.'

'아무도 입찰 안 들어온 거 보면 내가 알지 못하는 큰 하자가 있는 것 아닌가?'

단독 낙찰이라도 절대 겁먹지 말자. 나는 단독 낙찰을 즐기는 사람이다. 다른 사람과의 경쟁은 무의미하다. 오직 내 수익만 생각하면 된다. 이 정도 가격에 낙찰을 받는다고 해도 수익을 낼 수 있다는 확신과 자신감이 있었기에 한 번 더 유찰되길 기다리지 않고 바로 움직인 것이다. 이 물건에 입찰한 이유는 네 가지다.

첫째, 가격이 많이 내려갔다.

무조건 싸게 받아야 한다. 그래야 손해가 없다. 49%까지 떨어졌으면 매력적인 가격이다. 입찰을 안 할 이유가 없다.

둘째, 지분 물건이다.

낙찰을 받아 불특정 다수에게 팔려고 노력하지 않아도 된다. 이해관계인이 있기 때문이다. 2분의 1 지분으로 되어 있으니 내가 낙찰받은 후 공유자에게 매도할 수 있는 물건이다.

셋째, 낙후 지역의 오래된 빌라이기 때문에 경쟁률이 낮을 것으로 예상했다.

앞에서 말한 단점이 나에게는 장점으로 다가왔다. 하자가 많아 보이거나 권리관계가 복잡해 보일수록 입찰자 수는 현저하게 줄어든다. 입찰자가 줄어들수록 내가 낙찰받을 확률은 당연히 높아진다.

넷째, 공유자가 이 집에 살고 있다.

가장 중요한 점이다. 2분의 1 지분이 경매를 통해 나왔는데 다른 지분권자는 현재 그 집에 살고 있는 상황이다. 이 말은 원래 공유자는 이곳에서 예전부터 살았고 지금도 살고 있고 앞으로도 살아야 한다는 의미다. 내 지분을 사줄 수밖에 없는 최고의 고객인 것이다.

낙찰 후 바로 현장으로 달려갔다. 낙찰을 받으면 최대한 빨리 움직이는 것이 좋다. 이해관계인과 빠르게 연락하면 그만큼 시간을 벌 수 있기 때문이다. 해당 물건지에 가서 쪽지 2장을 붙여놓았다. 나는 쪽지를 항상 2장씩 붙여놓는다. 눈에 더 잘 띄기도 하고 1장만 붙여놓으면 떨어질 염려도 있기 때문이다. 쪽지를 붙여놓고 인근 부동산중개소를 돌며 궁금한 점들을 물어보고 돌아왔다.

〈그림 7-2〉 공유자에게 남겨놓은 쪽지

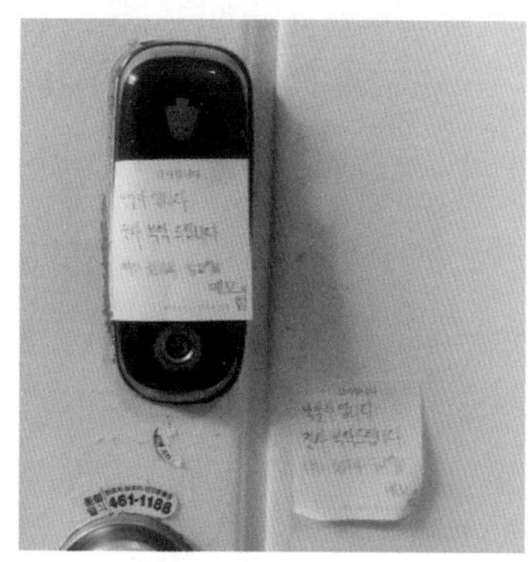

저녁때쯤 전화가 울렸다. 낙찰받은 물건의 공유자였다.

통화를 하면서 이 집의 역사에 대해 알 수 있었다. 입찰 전 등기사항전부증명서를 보며 파악했던 상황과 크게 다르지 않았다. 2018년에 아버지가 돌아가셨고 두 아들에게 2분의 1씩 상속이 됐는데 동생이 카드빚을 갚지 않아 동생 지분만 경매로 나온 것이다. 공유자와 10분 넘게 통화하면서 앞으로의 절차에 대해 이야기해드렸다. 공유지분을 낙찰받을 경우 크게 다섯 가지의 해결 방안이 있다.

- 낙찰자의 지분을 공유자가 매입한다.
- 공유자의 지분을 낙찰자가 매입한다.
- 서로 협의해서 일반 부동산에 매물로 내놓아 매도 후 수익을 나눈다.
- 공유물 분할청구소송을 통해 경매로 넘긴다.
- 부당이득청구소송을 통해 매월 부당이득금을 받는다.

다섯 가지 해결 방안 중 서로가 윈윈할 수 있는 가장 좋은 방법을 설명해드렸더니 그렇게 하시겠다고 한다. 협의는 일사천리로 진행됐다.

이렇게 잘 풀릴 수밖에 없는 이유는 무엇일까? 앞서도 짚었듯이 공유자가 이 집에 거주하고 있고, 앞으로도 계속 이곳에서 살아야 하기 때문이다. 공유자에게는 내가 낙찰받은 지분이 반드시 필요하다. 저렴하게 낙찰을 받았으니 시세보다 저렴하게 매도하겠다고 하면 거부할 공유자가 있을까?

이 물건은 166만 6,000원에 낙찰받아 5일 만에 700만 원에 매도했다. 매도 조건은 잔금 납부 포기와 그 물건이 다시 경매로 나왔을 때 우선매수를 할 수 있게 도와주는 것이었다. 잔금 미납 후 한 달 뒤에 다시 물건이 나왔을 때 공유자가 우선매수할 수 있도록 도와드렸다. 그분은 더 이상 골치 아픈 일 없이 아버지께 물려받은 집에서 편안하게 살 수 있게 됐다.

200만 원으로 시작하는 토지 공매 투자

누구한테 팔 수 있을지 확인하라

내 물건을 사줄 사람이 공유자밖에 없을까? 만일 공유자가 내 지분에 관심이 없다면 어떻게 할까? 사전에 해당 토지에 대해 '가치가 있으니 공유자가 내 물건을 사줄 것이다'라고 판단했더라도 일이 전혀 다르게 흘러가는 경우도 있다. 다음 사건이 좋은 사례다.

이 지분 물건의 소재지는 전라북도 정읍시 감곡면이다. 토지 용도는 전(田)이고, 면적은 223.866㎡(약 67.7평)다. 감정가는 261만 9,230원, 최저 입찰가는 91만 7,000원(유찰 횟수 9회)이다.

〈그림 7-3〉 토지 지분 물건의 공매 정보

2015-[illegible]		입찰일자 : 2017-10-23 10:00 ~ 2017-10-25 17:00			
집행기관	한국자산관리공사	담당자	전북지역본부 / 조세정리팀 / 1588-5321		
소재지	전라북도 정읍시 [illegible]				
유찰횟수	9 회	물건상태	낙찰	감정가	2,619,230원
물건용도	전	입찰방식	일반경쟁(최고가방식)	최저가	(35%)917,000원
위임기관		공고일자	2016-06-08	배분종기일	2016-07-25
납부기한	낙찰금액별 구분			종류/방식	압류재산 / 매각
면적(㎡)	전223,866㎡				

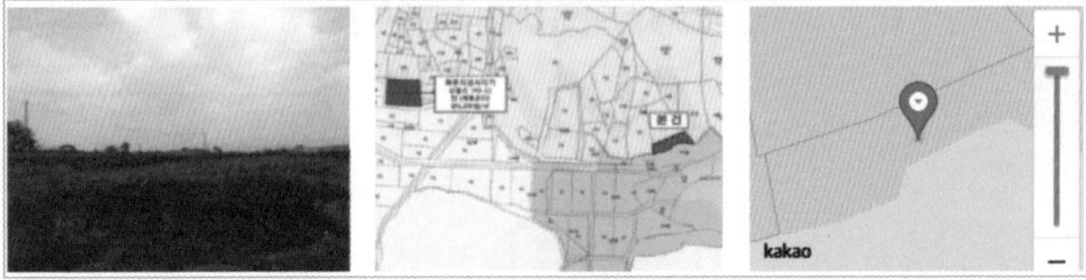

kakao

출처: 온비드

이 물건 위로는 논이 있고 아래로는 밭이 있다. 이 물건은 마치 더부살이라도 하는 것처럼 옆 땅에 비하면 초라해 보였다. 일단 주변이 논밭이므로 이곳에도 농사를 짓고 있지 않을까 생각했다. 그러나 사진과 지적도만으로는 확인할 수가 없었다.

주요등기사항을 보니 공유자(등기명의인)가 총 3명이었다. 이 가운데 1명의 주민등록번호가 누락되어 있었다. 성을 보니 강씨 1명과 방씨 2명이었다. 이 가운데 강씨의 지분이 나온 것이다. 방씨 2명은 아무래도 가족인 듯했다. 이들이 사는 지역은 정읍시, 전주시, 전라북도 등이었다.

자, 이 정도 수준에서 판단해보자. 이건 좋은 물건인가?

먼저 단점이다.

- 농지인지 아닌지 확인이 불가능하다.
- 주소만으로는 공유자들의 재산 수준이 판단이 안 된다.
- 공유자가 2명이라서 아쉽다. 최소 4명이면 보다 안전했을 것이다.
- 주민등록번호가 누락되어 있다. 아마 고령의 공유자 같다. 자칫 공유자가 10명 이상으로 늘어날 가능성도 배제할 수 없다.

반면 장점은 딱 한 가지밖에 없다.

- 감정가의 35% 수준으로 떨어진 최저 입찰가.

나는 다른 모든 사정이 빨간불을 번쩍거리고 있더라도 가격 한 가지만으로도 충분히 승산이 있는 싸움이라고 여겼다. 50%만 되어도 탈출 전략을 세우기가 용이한데 35%라니! 가격이 말도 안 되게 쌀 때는 어떤 일이 벌어질까? 시세보다 한참 저렴하게 내놓으면 가격 메리트 때문에 안 팔릴 수가 없다. 따로 파악한 시세는 평당 8~9만 원으로, 이 물건은 최소 536만 원(67평×8만 원)에 거래될 수 있다고 판단했다.

그렇다면 나는 이 물건을 얼마에 잡으면 될까? 입찰자는 나를 포함 총 8명이었고, 입찰가는 다음과 같았다.

1등 141만 원

2등 119만 9,900원

3등 107만 7,700원

〈그림 7-4〉 입찰 결과

상세입찰결과

물건관리번호	2015-[illegible]		
재산구분	압류재산(캠코)	담당부점	전북지역본부
물건명	전라북도 정읍시 [illegible]		
공고번호	201708-29372-00	회차 / 차수	041 / 001
처분방식	매각	입찰방식/경쟁방식	최고가방식 / 일반경쟁
입찰기간	2017-10-23 10:00 ~ 2017-10-25 17:00	총액/단가	총액
개찰시작일시	2017-10-26 11:04	집행완료일시	2017-10-26 11:20
입찰자수	유효 8명 / 무효 0명(인터넷)		
입찰금액	비공개		
개찰결과	낙찰	낙찰금액	비공개
감정가 (최초 최저입찰가)	비공개	최저입찰가	비공개
낙찰가율 (감정가 대비)	비공개	낙찰가율 (최저입찰가 대비)	비공개

출처: 온비드

4등 105만 5,100원

5등 104만 5,999원

6등 103만 5,570원

7등 92만 원

8등 91만 7,100원

이 중 1등이 나다. 자, 다시 살펴보자. 35%까지 떨어진 물건을 나는 54% 수준에서 입찰했다. 최저 입찰가의 154% 수준이다. 2등과 21만 원 정도 높게 썼다는 점이 다소 아쉽긴 했지만 그래도 괜찮다. 어느 가격에 팔면 되겠다는 매도 계획을 세워뒀으니까. 시세는 530만 원 수준이니 그 80%인 420만 원에만 팔아도 250만 원 이상 남길 수 있다. 설령 매수 희망자가 없어서 300만 원에 팔아도 150만 원 정도는 남길 수 있다. 그렇게 계산했다.

공유자들이 살 생각이 없다면?

낙찰 이후 과정은 앞서 설명한 그대로다. 내용증명 보내고(이제는 e-그린우편으로 싸게 보낸다), 대법원 전자소송을 통해 공유물 분할청구소송을 걸었다. 2017년 11월 20일에 소장이 접수됐다. 한 번은 주소가 틀려서, 또 한 번은 폐문부재(문이 닫혀 있어서 공유자 못 만남)로 보정명령이 떨어졌다. 마침 목포에 일이 있어서 내려갔다가 목포주민센터에서 주소불명을 처리했다(신분증을 제시하고 보정명령서를 출력한 다음 초본을 발급받아 처리한다).

한 달 뒤 공유자 한 분에게 전화가 왔다.

"소장이 날아와서 연락 드렸습니다."

나는 전체 공유지분 가운데 3분의 1을 낙찰받은 사람이라고 소개하고 앞으로의 시나리오 세 가지를 설명했다.

- 내 지분을 공유자가 사준다.
- 공유자 지분 전체를 내가 산다.
- 소송을 통해 현물 분할을 하거나 경매에 넘긴다.

이제 공유자가 사정을 설명할 차례다. 들어보니 공유자 2명은 삼촌과 조카 사이였다. 상속받은 땅인데 맹지란다. 농사도 짓지 않아 그대로 방치해둔 상태라고 했다.

"저는 잘 모르니까 조카에게 연락해서 전화하라고 하겠습니다."

첫 번째 통화는 그렇게 마쳤다. 이틀 뒤 조카에게 전화가 왔다.

"삼촌한테 대충 이야기 들었습니다. 어떻게 하실 생각이신가요?"

내 계획을 다시 간략히 설명했다.

"저 땅은 저희에게 아무 쓸모가 없습니다. 지분을 매수할 생각도 없고요. 상속으로 받긴 했지만 있는 줄도 모르고 살았던 땅입니다. 알아서 하세요."

최악의 시나리오다. 지분권자 2명이 내 지분을 살 생각이 없다니!

그렇다면 이 사건의 종결지는 어디가 될까? 자연히 남는 건 형식적 경매밖에 없다. 물론 저렴하게 낙찰받은 게 위안이 되지만 그래도 위험이 완전히 제거된 것은 아니다. 만일 낙찰가보다 낮은 가격에 팔린다면? 다른 방법을 찾아야 했다.

공유자에게 매수 의사가 없다는 걸 확인했으면 일단 소송은 소송대로 진행하도록 해야 한다. 그대로 묶어둘 수는 없으니까. 해당 법원에 전화를 걸었다.

"공유자들과 협의한 결과, 형식적 경매를 통해 수익을 나눠 갖기로 합의했습니다."

법원 담당자가 대답한다.

"그럼 법원으로 '화해권고결정요청서'를 보내주세요."

요청서를 작성해서 보내니 하루 만에 화해권고결정문이 나왔다. 이 결정문이 있으면 경매를 신청할 수 있다.

인접 토지 주인들에게 팔 수 없을까?

그러나 아직 시간은 나의 편이다. 공유자들에게 매입 의사가 없다는 사실을 알게 된 순간부터 나는 다른 답을 찾고 있었다. 누가 나의 땅을 사줄 수 있을까? 그러던 중 인접 토지 주인들이 떠올랐다. 먼저 등기부등본을 떼서 확인한 후 과천에 살고 있는 분과 정읍에 살고 있는 분에게 우편을 보냈다. 우편 내용을 요약하면 이렇다.

'인접해 있는 토지 주인인데 당신들이 원하면 토지를 시세보다 저렴하게 주겠다. 당신들 토지와 내 토지를 합한다면 땅 모양도 예뻐지고 땅의 가치도 더욱 높아질 것이다.'(이 제안서는 훗날 매매제안서로 정리해 나만의 매도 무기가 되었다.)

우편을 보낸 지 약 3일 만에 아래쪽 토지를 소유하고 있는 분에게 연락이 왔다.

"우편이 와서 연락 드렸는데요. 무슨 일 때문에 그러시나요?"

"선생님이 가지고 계신 토지 바로 위쪽 203평을 소유한 사람인데요(실은 그 203평 가운데 3분의 1만이 나의 지분). 선생님이 혹시 토지 매입 의사가 있으시다면 저렴한 가격에 드릴 생각이 있어서 우편을 보냈습니다."

"그래요? 얼마에 파실 생각이신데요?"

"현재 평당 시세가 8만~9만 원 정도 하는데 7만 원 정도면 어떨까요?"

"7만 원이요? 에이, 그럼 안 사요. 다른 사람한테 연락 오면 그분에게 파는 게 나을 것 같네요. 평당 5만 원이면 모를까. 1,000만 원이면 살게요. 내가 태양광 사업을 하려고 해서 땅 크기가 좀 더 커지면 좋지만 없어도 상관은 없어요."

"1,000만 원이요? 네, 그럼 오늘 안으로 다시 전화 드리겠습니다."

아래 토지 주인에게서 평당 5만 원씩 해서 1,000만 원이면 매수하겠다는 말이 나왔다.

계산을 해보자. 현재 공유자들과 함께 소유하고 있는 땅의 크기는 203평이다. 평당 5만 원으로 계산하더라도 1,000만 원이 살짝 넘는다. 공유자들 지분까지 내가 저렴하게 매수한 후 아래 토지 주인에게 1,000만 원에 매도한다면 투자금 대비 큰 수익을 낼 수 있을 것 같았다. 형식적 경매 절차를 밟기 전 인접 토지 주인들에게 우편을 보낸 것이 신의 한 수였다.

남은 지분 매수하기

이제 매수하겠다는 사람이 생겼으니 공유자들과 협상할 일만 남았다. 공유자 2명에게 차례로 연락했다.

"안녕하세요? 지분권자인데요. 그냥 두 분이 가지고 계신 토지 저한테 파시죠."

"네? 왜요? 맹지인 땅 뭐하러 사시려고요?"

"저희 어머니가 왔다 갔다 하시면서 농사나 짓고 싶다고 하시네요."

"그런가요? 그럼 얼마에 사실 건데요?"

"제가 낙찰받은 금액이 있으니 130만 원이면 어떨까요?"

"우선 저는 알겠으니 삼촌한테도 한번 물어보세요."

삼촌에게 전화를 걸었다.

"이 땅을 사시겠다고요? 사촌한테 전화 받았는데 150만 원은 받아야 할 것 같은데요. 한 사람이 온전한 땅으로 만들어서 나중에 팔면 가치가 더 올라갈 테니까요."

처음에는 가치도 없고 맹지에다 쓸모없는 땅이라면서 가치를 깎아내리더니 내가 산다고 하니까 가격을 더 높게 부르는 것이었다. 하지만 이미 나의 계산은 끝났다. 낙찰가 141만 원에 2명의 지분 300만 원을 합쳐도 441만 원이다. 매도가가 1,000만 원이니 비용을 모두 빼도 500만 원 수익이 가능하다. 남는 장사다.

농지 매매 계약을 할 때 꼭 필요한 서류

우선 알겠다고 하고 전화를 끊고 정읍에 있는 법무사사무소를 검색해서 만남의 장소로 정하고 1월 17일 수요일 오전에 남은 지분을 매수하기 위해 정읍으로 내려갔다.

등본과 인감도장, 신분증 그리고 빠른 송금을 위해 OPT 카드를 준비하고 법무사사무소에서 공유자들과 만났다. 부동산 매매 계약서를 쓰는 시간은 그리 오래 걸리지 않는다. 공유자들과 간단한 인사만 나누고 계약서 쓰고 돈을 이체하면 끝이다. 이제 온전히 내 땅을 만들었으니 인접 토지 주인에게 팔기만 하면 된다.

참고로 지목이 전이면 농지취득자격증명서(농취증)를 발급받아야 소유권 이전이 가능하다. 법무사사무소에서 작성해준 신청서를 들고 왕복 50㎞의 감곡면사무소를 찾아갔다. 택시를 타자니 너무 비쌀 것 같아 '쏘카'를 검색해서 1만 7,330원에 다녀왔다.

면사무소 에피소드도 이야기해야겠다. 면사무소에 갔더니 산업계 담당자가 이런다.

"신청서 놓고 가세요. 처리 기간이 3일 정도인 거 아시죠? 놓고 가시면 처리해드릴게요."

아래 토지 소유자와 만나기로 한 날은 5일 뒤. 만일 농취증 발급이 늦어져 소유권 이전도 함께 늦어진다면 약속을 변경할 수밖에 없다. 일정이 꼬이면 안 된다.

"저, 정말 죄송한데 제가 서울에서 내려왔습니다. 그리고 지금 소유권 이전을 빨리 해야 하는 상황이라 바로 처리를 해주시면 정말 감사하겠습니다. 부탁드립니다."

궁하면 통한다고 그 자리에서 바로 농취증을 발급해주었다.

농취증을 받고 다시 법무사사무소에 전달했다. 소유권 이전까지는 이틀 정도가 걸리고, 등기권리증을 우편으로 받기까지 또 4~5일 정도가 걸린다.

441만 원에 산 땅을 1,000만 원에 매도

서울로 올라와서 집에 가는 길에 주민센터에 들러 인감증명서를 1통 뗐다. 매도할 때 필요한 서류이기 때문이다. 집에 와서는 초본 1통(주소 변동 이력 사항 모두 포함해서)을 출력해놓고 부동산 매매 계약서를 직접 작성해 2부를 출력했다. 아래 토지 주인에게 전화를 걸었다.

"어디서 뵐까요?"

난지캠핑장에서 보자고 한다. 약속한 날 차를 끌고 난지캠핑장에 가서 매수인과 만나 계약서를 작성했다. 이때 솔직히 마음을 졸였다. 등기부등본만 살펴봐도 내가 총액 441만 원에 이 땅을 인수했다는 사실을 알 수 있기 때문이다.

'혹시라도 트집을 잡으며 깎자고 하면 어떻게 해야 할까?'

그런 문제가 발생할 걸 대비해 최대 100만 원까지 깎아서 900만 원에 매도할 생각도 했다. 하지만 다행히 그런 상황은 발생하지 않았다. 아래 토지 주인은 굉장히 쿨한 분이었다. 얼마에 샀느냐고 묻지도 않았고 그 자리에서 인터넷뱅킹을 통해 1,000만 원을 입금해주었다.

〈그림 7-5〉 부동산 매매계약서

부동산매매계약서

1. 부동산의 표시

전라북도 정읍시 감곡면 진흥리 전 671.6 ㎡ 전부

2. 계약내용

제1조 위 부동산을 매도인과 매수인 쌍방 합의하에 아래와 같이 매매계약을 체결한다.

제2조 위 부동산의 매매에 있어 매수인은 매매대금을 아래와 같이 지불키로 한다.

매매대금 : 금 천만 원정(₩10,000,000원)

계 약 금 : 금 천만 원정은 계약과 동시에 매도자에게 지불하고 영수함.

중 도 금 : 금 원정은 년 월 일 지불하고 영수함.

잔 금 : 금 원정은 년 월 일 지불하고 영수함.

제3조 : 부동산의 인도는 2018년 1월 23일 하기로 한다.

제4조 : 매도인은 위의 부동산에 설정된 저당권, 지상권, 임차권 등 소유권의 행사를 제한하는 사유가 있거나, 제세공과 기타 부담금의 미납금 등이 있을 때에는 잔금 수수일까지 그 권리의 하자 및 부담 등을 제거하여 완전한 소유권을 매수인에게 이전한다. 다만, 승계하기로 합의하는 권리 및 금액은 그러하지 아니한다.

제5조 : 매도인은 잔금 수령시 소유권(등기)에 필요한 서류를 매수인에게 교부하고 이전등기에 협력키로 한다.

제6조 : 본 계약을 매도인이 위약시는 위약금으로 계약금의 배액을 변상하고, 매수인이 위약시는 계약금을 포기하고 반환 청구하지 않기로 한다.

제7조 : 매도인 또는 매수인이 상대방의 의무불이행으로 인하여 손해를 받았을 때에는 위약금과 별도로 그 손해금의 배상을 상대방에게 청구할 수 있다.

이 계약을 증명하기 위하여 계약서를 작성하여 계약당사자가 이의 없음을 확인하고 각자 서명날인하고 각각 1통씩 갖는다.

2018년 1월 23 일

매 도 인 : 유근용
서울시 강서구
☎ 010-

매 수 인 : 이
경기도 과천시
☎

〈표 7-1〉 낙찰 후 매도까지 들어간 총비용

항목	금액	비고
낙찰가	1,410,000	
등기부등본 4통	4,000	
우푯값	6,400	
등기비용	2,750	
등기 신청 수수료	27,000	
취득세	27,940	
등록면허세	28,800	
내용증명 2통	11,260	
대법원 전자소송	52,394	135,900원-83,506원 (소 취하 후 돌려받은 금액)
인접 토지 소유자들에게 보낸 우편 요금	11,900	
KTX 왕복 교통비	79,000	
정읍 간식	1,950	
농취증	800	원래는 1,000원
쏘카 이용비	17,330	
난지캠핑장 주차비	2,000	
지분권자 2명 토지 매입비	3,000,000	
법무비용 및 취·등록세	285,000	
비용 합계	4,968,524	

매도자의 범위를 넓히면 수익은 2배가 된다

수익은 얼마였을까? 모든 비용을 포함하여 계산해보자.

1,000만 원에 매도했으니 총비용 496만 8,524원을 빼면 503만 1,476원(세전)의 수익을 거둔 거래였다.

이 사건이 유독 기억에 남는 이유는 단지 수익률이 높았기 때문만은 아니다. 공유자가 있는 지분 물건을 공유자가 아닌 다른 사람에게도 팔 수 있다는 걸 배웠기 때문이다. 잠재적 고객을 발굴하는 건 부동산 투자자 모두가 노력해야 하는 영역이다. 누울 자리를 보고 발을 뻗으라고 했던가. 누울 자리가 여러 곳이라면 마음 놓고 발을 뻗을 수 있다. 누구에게 팔 수 있을까? 가장 필요로 하는 사람에게 팔면 된다.

토지 임장 체크리스트

〈표 7-2〉 토지 공매 사건 현황조사서

발품불패 현황조사서			토지
사건번호 (물건번호)	2019-*****-***	입찰일	2020-06-15, 10:00 ~ 2020-06-17, 17:00
물건지 주소	전라북도 순창군		
지목/면적	답 / 지분 535.3333㎡	감정가	1,118만 원
1. 물 건 조 사			
현재 공시지가	10,000원 (2020년 기준)	최저 입찰가	6,714,000원(60%)
공유자 수	단독 물건 or 공유자 10명	농사 여부	유(답으로 이용 중)

2. 시 세 조 사

<table>
<tr>
<td>네이버에 나와 있는 주변 매물 평당 가격 (최소 3개 이상 기록)</td>
<td>① 금과면 전 / 시세 13만 원
② 인계면 답 / 시세 4만 원
③ 구림면 답 / 시세 17만 원
④ 구림면 전 / 시세 6만 원
⑤ 동계면 전 / 시세 80만 원
⑥ 복흥면 답 / 시세 7만 원
⑦ 풍산면 전 / 시세 7만 원</td>
<td rowspan="2">밸류맵 주변 (동계면 동심리) 실거래가 (최근 3년 치 평당 가격)</td>
<td rowspan="2">① 15××번지: 79,979원 / 2020년
② 15××번지: 36,986원 / 2019년
③ 4××번지 : 38,243원 / 2018년
④ 15××번지: 39,771원 / 2017년
⑤ 17××번지: 36,847원 / 2016년</td>
</tr>
<tr>
<td>인근 부동산 통해 파악한 해당 물건 시세 (평당 가격)</td>
<td>① 마당공인중개: 시세 8만 원 (경지 정리된 토지일 경우)
② 엘드공인중개: 시세 4만 ~7만 원</td>
</tr>
<tr>
<td>최저 입찰가 기준 평당 가격</td>
<td colspan="3">감정평가액 20,900원
인근(동계면 동심리) 거래 사례및 평가 사례
<table>
<tr><th>기호</th><th>소재지</th><th>지목</th><th>용도지역</th><th>단가(원/㎡)</th><th>거래시점 기준시점</th><th>비고</th></tr>
<tr><td>A</td><td>7××</td><td>전</td><td>계획관리</td><td>11,820</td><td>2019.03.11</td><td>실거래</td></tr>
<tr><td>B</td><td>2××</td><td>전</td><td>계획관리</td><td>17,700</td><td>2018.10.24</td><td>농지매입</td></tr>
<tr><td>C</td><td>61×-×</td><td>답</td><td>농림지역</td><td>24,226</td><td>2019.09.04</td><td>실거래</td></tr>
<tr><td>D</td><td>16××</td><td>답</td><td>농림지역</td><td>20,522</td><td>2019.02.19</td><td>실거래</td></tr>
</table>
(출처: KAIS감정평가정보체계)</td>
</tr>
</table>

3. 기타 특이 사항 및 의견(주변 호재 포함)

- 누구와 협상할 것인가?
  (해당 물건 인접 토지 주인들 파악할 것/등기부등본 또는 토지대장 출력 후 확인)
  ① 좌측: 전북 순창군 동계면 수정길 144-××
  (2020. 1. 21. 답 2,852㎡ / 매매 거래가액 금 6,900만 원-평당 79,979원)
  ② 아래: 전북 순창군 동계면 동심리 4××
  (1985. 4. 16. 답 2,920㎡ / 매매 거래가액 불상)
  ③ 위: 서울 강동구 풍성로 37가길 6-××
  (2014. 3. 15. 답 513㎡ / 협의분할에 의한 상속)

- 이 물건을 관심물건으로 선택한 세 가지 이유
  ① 시세 대비 저렴(60%), 소액 투자 가능
  ② 공유자 연령대가 낮아 사망 또는 상속 등의 문제가 적을 것으로 예상되고, 2인이라 낙찰 이후 처리 과정이 신속할 것으로 판단
  ③ 경지정리가 된 곳으로 보이며, 토지 모양이 네모반듯하진 않지만, 현재 누군가가 농사를 짓고 있고, 동심리 주변(아동마을회관 기준 직선거리 430m, 오동회관 기준 직선거리 375m) 마을 거주자들이 농지로 사용하기에 적합하다고 판단

- 본인이 생각하고 있는 해결 방안
  ① 공유자들에게 내 지분을 매도
  ② 내가 공유자들의 지분을 사서 매도
  ③ 공유물 분할청구소송을 진행 후 형식적 경매로 진행, 내가 낙찰받아 매도

- 본인이 생각하는 입찰 가격은 얼마?
  7,043,400원

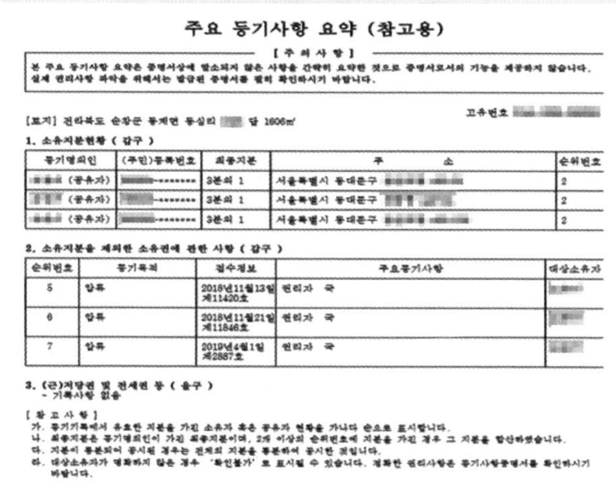

주요 등기사항 요약 (참고용)

[주 의 사 항]

본 주요 등기사항 요약은 증명서상에 말소되지 않은 사항을 간략히 요약한 것으로 증명서로서의 기능을 제공하지 않습니다. 실제 권리사항 파악을 위해서는 발급된 증명서를 필히 확인하시기 바랍니다.

고유번호

[토지] 전라북도 순창군 동계면 동심리 답 1606㎡

1. 소유지분현황 (갑구)

등기명의인	(주민)등록번호	최종지분	주 소	순위번호
(공유자)	-*******	3분의 1	서울특별시 동대문구	2
(공유자)	-*******	3분의 1	서울특별시 동대문구	2
(공유자)	-*******	3분의 1	서울특별시 동대문구	2

2. 소유지분을 제외한 소유권에 관한 사항 (갑구)

순위번호	등기목적	접수정보	주요등기사항	대상소유자
5	압류	2018년11월13일 제11420호	권리자 국	
6	압류	2018년11월21일 제11846호	권리자 국	
7	압류	2019년4월1일 제2887호	권리자 국	

3. (근)저당권 및 전세권 등 (을구)
- 기록사항 없음

[참 고 사 항]
가. 등기기록에서 유효한 지분을 가진 소유자 혹은 공유자 현황을 가나다 순으로 표시합니다.
나. 최종지분은 등기명의인이 가진 최종지분이며, 2개 이상의 순위번호에 지분을 가진 경우 그 지분을 합산하였습니다.
다. 지분이 통분되어 공시된 경우는 전체의 지분을 통분하여 공시한 것입니다.
라. 대상소유자가 명확하지 않은 경우 '확인불가' 로 표시될 수 있습니다. 정확한 권리사항은 등기사항증명서를 확인하시기 바랍니다.

- 공매 입찰 전 알아야 할 주요 사항/ 경매 매각물건명세서 캡처할 것

- 공매재산에 대하여 등기된 권리 또는 가처분으로서 매각으로 효력을 잃지 아니하는 것

- 공매재산의 매수인으로서 일정한 자격을 필요로 하는 경우 그 사실
  농지(전, 답, 과수원 등)에 대해서는 농지법 제8조의 규정에 의거 농지취득자격증명을 발급받을 수 있는 개인과 농업법인만이 소유권 이전등기를 받을 수 있고, 농지취득자격증명을 발급받지 못하는 개인이나 일반법인이 농지를 낙찰받은 후 농지취득자격증명을 발급받지 못하여 소유권이전등기를 할 수 없더라도 매각결정은 취소되지 않으므로 입찰자 책임하에 사전조사하고 입찰에 참가해야 한다.

- 유의사항
  식재된 수목, 경작 중인 농작물 등이 존재하는 경우 매각에서 제외되니 사전조사 후 입찰해야 한다. 공유물의 지분 매각은 공유자가 우선매수 신청 시 매각결정이 취소될 수 있다.

아는 사람만 돈 버는 유체동산 경매와 공매

자동차도 경매나 공매로 싸게 살 수 있다

경매(공매 포함)는 자산 취득의 도매 시장이다. 경매에서 부동산만 입찰할 수 있는 것은 아니다. 자동차, 명품가방 및 명품시계, 귀금속, 가전제품, 가구, 골프채, 심지어 양주까지도 매물로 나온다. 조금만 손품, 발품을 판다면 원하는 물품들을 경·공매를 통해 시세보다 저렴하게 매입할 수 있다. 이번에는 부동산을 제외한 압류동산 투자에 대해서 알아보자.

법원 경매

2019년 경매를 통해 두 대의 벤츠를 낙찰받았다. 입찰에 참여한 이유는 단순하다. 수강생들이 많아지면서 다양한 질문이 쏟아졌는데, 특히 자동차 경매에 대한 질문이 많았다. 직접 경험해본 것만 알려드릴 수 있는데 자동차 경매는 해본 적이 없다 보니 "아직 경험이 없어서 제가 알려드릴 수 있는 게 없네요."라는 말만 되풀이해야 했다.

그런 일이 몇 번 반복되자 더는 가만히 있을 수가 없었다. 피하는 것은 내 스타일이 아니었다. 지금이라도 직접 경험을 해봐야 했다. 처음 부동산 경매를 시작했던 그 마음가짐으로 자동차 경매에 도전했다.

자동차를 중고차 딜러에게 사는 것보다 좀더 저렴하게 사고 싶다면 스피드옥션, 온비드, 오토마트(automart.co.kr) 등 세 가지 사이트를 적극적으로 활용해보자. 내가 원하는 차를 최소 몇백만 원에서 (수입차라면) 몇천만 원 이상 저렴하게 구매할 수 있다.

물건 검색 방법은 부동산 검색과 다르지 않다. 법원 경매 사이트 및 유료 경매 사이트에서 매물 검색을 '자동차'로 체크한 후 '검색'을 누르면 전국에서 진행되고 있는 자동차 경매 목록을 한 번에 볼 수 있다. 입찰 날짜를 확인한 후 입찰일에 입찰표를 제출하여 낙찰받으면 된다. 경매에서 한 건이라도 낙찰받았던 사람이라면 자동차 경매를 통해 입찰하는 데 어려운 점이 전혀 없을 것이다.

승용차, 승합차, SUV, 화물차뿐만 아니라 중장비와 덤프트럭, 심지어 선박까지 매물로 나온다. 전국 법원에서 진행되기 때문에 마음에 드는 물건이 나오면 입찰일에 해당 법원으로 가서 입찰해야 한다. 입

〈그림 7-6〉 스피드옥션 메인 화면

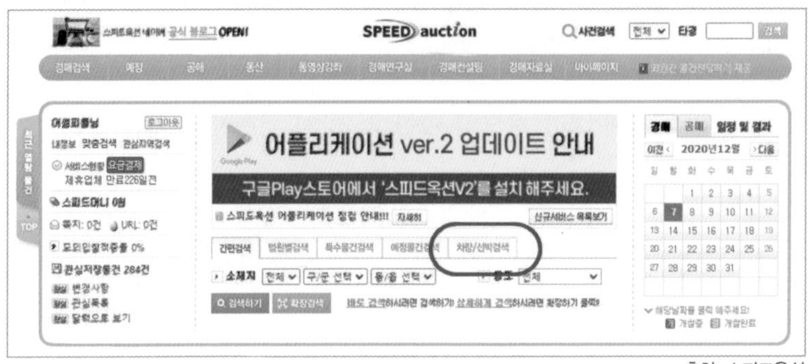

출처: 스피드옥션

찰 후 낙찰받는 과정까지는 부동산 경매와 똑같다. 보증금과 입찰 금액만 잘 적는다면 무효 처리되는 일은 없을 것이다.

낙찰 후 소유권을 이전하는 과정은 다음과 같다.

① 낙찰 후 2주 뒤에 대금기일이 정해진다. 대금기일 전까지 잔금을 납부하면 된다.

② 잔금 납부는 직접 납부가 원칙이다. 납부하기 위해 해당 경매계로 이동한다.

③ 경매계에서 신분증 확인 후 법원보관금 납부명령서를 내주면 법원 내에 있는 은행에서 납부한다.

④ 은행에서 잔금 납부 후 법원보관금 영수증과 500원짜리 수입인지를 구입하여 해당 경매계로 다시 돌아가 법원보관금 영수증과 수입인지를 제출한다.

⑤ 매각대금완납증명원을 받으면 민사 신청과 경매계에서 할 일은 끝이다.

⑥ 이제 법원 집행관실로 이동한다.

⑦ 자동차(중기) 번호판 인도신청서를 1장 작성한다(매각대금완납증명원을 보고 따라 적으면 된다).

⑧ 작성 완료 후 '신분증, 매각대금완납증명원, 자동차(중기) 번호판 인도신청서'를 담당자에게 제출한다.

⑨ 담당자가 매각대금완납증명원 복사본과 압수해놓았던 차량 번호판을 건네준다.

여기까지가 낙찰 후 법원에서 잔금을 납부하는 과정이다.

⑩ 이제 차량이 있는 곳으로 간다. 차량은 법원이 지정한 물류창고에 보관되어 있다.

⑪ 차량 보관 장소에 도착하면 물류창고 사무실로 가서 매각대금완납증명서와 신분증을 건네준다.

⑫ 차량인도확인서를 1장 작성(작성하지 않는 곳도 있다)하여 제출하면 키를 내준다.

⑬ 키를 건네받은 후 법원에서 받은 번호판을 달고 집으로 가져오면 된다. 배터리가 방전되어 있다면 가입되어 있는 자동차보험회사에 연락해 긴급출동을 요청하면 된다.

차량을 가지고 온 후에는 다음 서류를 준비해서 해당 경매계에 우편으로 보낸다(잔금을 납부하러 갈 때 미리 준비해 가면 한 번에 처리할 수 있다).

- 자동차소유권 이전 및 말소등록촉탁신청서
- 말소할 사항 4부
- 자동차 목록 1부
- 주민등록초본 1부
- 자동차등록원부 1부
- 송달료(우체국에서 5,500원짜리 우표를 사서 동봉할 것)

위 서류를 경매계에 제출하면 며칠 뒤에 해당 지자체 자동차 이전등록 담당자에게 이전등록을 하라고 연락이 온다. 이전등록하는 곳으로 가서 경매로 차량을 낙찰받아서 왔다고 하면 친절하게 다음 절차를 안내해준다.

① 이전등록신청서를 작성하여 제출한다.
② 차량 취득세 및 세액을 납부한다.
③ 취득세와 임의경매, 저당권 말소 세금을 모두 납부한 후 이전등록창구로 가서 영수증을 제출하면 자동차등록증을 내준다.

잔금 납부만으로 완전히 내 것이 되는 건 아니다. 이전등록까지 마쳐야 서류상으로 완벽히 내 것이 된다. 하지만 여기서 끝이 아니다. 마지막으로 해야 할 일이 남아 있다. 자동차등록증을 받고 인근에 있는 자동차 검사장을 다녀와야 한다. 이전등록 후 한 달 이내에 차량 정기 검사를 받아야 하기 때문이다. 검사를 받지 않으면 벌금이 나온다.

이 과정을 거쳐 벤츠 2대를 시세보다 최소 400만~500만 원은 저렴하게 낙찰받았다. 자동차 경매도 성공했으니 다음에 차량을 구매할 때는 꼭 공매를 통해서 낙찰을 받아볼 생각이다.

지금까지의 내용을 정리하면 다음과 같다.

- 특징: 전국적으로 물건이 끊임없이 쏟아진다.
- 장점: 3개의 사이트 중 매물 개수가 가장 많은 곳은 스피드옥션이고, 상태 좋은 물건들이 많다.
- 단점: 감정평가사들이 감정을 제대로 하지 않아 현 상황과 공부상 차이가 크게 나기도 한다. 감정평가서를 믿고 입찰했다가 큰 손해를 입는 경우가 의외로 많다. 입찰을 위해 법원에 직접 가야 한다는 것도 단점이다.

온비드 공매

온비드 공매를 통해 자동차를 낙찰받아보진 못했다. 세 번 정도 패찰한 경험이 전부다. 온비드에 나오는 자동차의 특징은 허위 매물이 없고 대부분 정부나 공공기관 등이 사용하던 관용차라는 것이다. 관리 상태가 양호하고 가격이 저렴하다는 점이 특징이고 담당자에게 연락하면 차에 대해 친절하게 안내해준다. 차가 세워져 있는 관공서에 가서 차량을 꼼꼼하게 살펴볼 수 있다.

- 장점: 전자입찰이 가능해서 시간을 절약할 수 있다. 관리 잘된 관용 차량을 낙찰받는다면 수리 걱정은 크게 없다. 관용 차량은 조금만 이상이 생겨도 담당자가 바로바로 수리하기 때문이다.
- 단점: 매물 개수가 적다. 외제 차량이 나오는 경우는 극히 드물다. 연식이 오래된 물건이 많고 종류도 한정적이다.

오토마트 공매

온비드 공매와 마찬가지로 집이나 회사에서 편하게 입찰할 수 있다.

- 특징: 국산차부터 수입차까지 종류가 다양하다.
- 장점: 집이나 회사에서 편하게 입찰할 수 있다. 차량 상태를 꼼꼼하게 체크할 수 있고, 내외부 사진이 많아 사진만 봐도 상태를 어느 정도 짐작할 수 있다. 많이 알려지지 않은 사이트이므로 자동차 경매보다 조금은 저렴하게 낙찰받을 수 있다. 시작가가 낮다.
- 단점: 차량 인수 기간이 15일이라 자동차 경매보다는 기간이 짧은 게 단점이라면 단점이다.

오토마트란 사이트는 잘 알려지지 않았는데 아내가 임신을 해서 차량이 필요하다는 수강생에게 알려드렸더니 두 차례 입찰 만에 폭스바겐 파사트를 낙찰받았다. 중고차 딜러에게 사는 가격보다 350만 원 정도 저렴하게 말이다. 2등과는 몇십만 원 차이로 짜릿하게 낙찰받았다고 한다.

오토마트에서 공매 차량을 입찰할 때는 다음의 절차를 거친다.

❶ 공매 차량 검색 및 정보 확인

기관별 검색과 공매 차량 검색을 활용해 올라온 차량들을 확인할 수 있다. 상세화면에서 검색한 차량의 자세한 정보를 보여주는데 차량 기본 정보, 상태점검 정보, 차량 사진 그리고 점검 동영상(유료)까지 볼 수 있다. 오토마트의 가장 큰 장점은 보여주는 정보가 법원 경매보다 훨씬 꼼꼼하고 자세하다는 것이다. 법원 경매에 올라온 사진들을 보면 대충 찍어 올린 경우가 대부분이고 사진도 1~2장밖에 안 올려진 차량들이 많은데, 오토마트에 올라온 차량의 사진들은 장수도 많고 화질도 좋고 자세히 찍혀 있어서 입찰가를 정하는 데 정말 큰 도움이 된다.

❷ 공매 차량 확인

인터넷 입찰이라고 해서 내·외관 확인도 못 하고 입찰을 하는 것이 아니다. 공매 차량 보관소에 가서 입찰 대상을 직접 확인해볼 수 있다. 앞 좌석에 앉아 시동도 잠시 걸어볼 수 있는데, 운전은 할 수 없다.

❸ 입찰 준비 및 입찰 신청

공고문을 꼼꼼하게 확인한 후 입찰 가격을 정하고 입찰에 참여한다. 보증금을 가상 계좌로 입금해야 하는데 보증금은 입찰 가격의 10%다.

❹ 입찰 결과 확인 및 입찰금 입금

입찰 결과를 확인하여 낙찰이 됐다면 공매보증금을 제외한 잔금을 입금하면 된다(잔금 입금 마감 기한까지 입금해야 함). 패찰했을 경우에는 보증금을 반환해준다(반환 일시는 기관마다 다름).

❺ 낙찰 차량 소유권 이전

잔금까지 납부했다면 등록관서에서 소유권 이전을 해야 한다. 등록대행기관에 비용을 지불하고 맡기면 되는데 직접 할 수도 있다. 크게 어렵지 않으니 한번 직접 해보길 권한다.

❻ 공매 완료

낙찰 차량 인수 및 출고 시에 오토마트의 공매는 종료된다. 차량은 낙찰일로부터 15일 이내에 인수하여야 하며, 인수를 지체할 경우에는 보관비용이 청구된다.

법원 경매는 법원에서 진행하고 온비드는 한국자산관리공사, 오토마트는 600개 이상의 지방자치단체와 공공기관의 위탁을 받아 진행하기 때문에 허위 매물이 없고 사기를 당할 염려도 없다.

경매와 공매로 나온 중고차들은 오랫동안 방치되어 있거나 관공서 불하 차량, 압류된 차량 등 관리가 미흡한 경우가 많다. 차량 상태에 문제가 있는 경우가 많으니 낙찰 후 차량 수리비까지 생각하고 입찰가를 정해야 한다.

자동차 경매·공매 이용 시 유의사항

- 개인뿐만 아니라 법인으로도 입찰할 수 있다.
- 자동차 낙찰 후 대출을 받을 수도 있다(법인은 불가하니 확인 필요함).
- 기존 번호판을 그대로 사용할 수도 있고 새로운 번호로 교체할 수도 있다.
- 직접 가서 확인할 수 있는데, 배터리가 방전된 경우도 있으니 점프 선을 가지고 가서 연결 후 시동을 걸어보는 것이 좋다.
- 보험개발원이 제공하는 카히스토리(carhistory.or.kr)에서 중고차 사고 이력 등을 자세히 조회할 수 있다(유료).

지방세 체납자 압류동산 공매

지방세 체납자 압류동산 공매는 지방세 납부 능력이 충분함에도 세금을 납부하지 않는 고액체납자의 동산을 공매를 통해 강제매각하는 것이다. 가택수색을 통해 확보한 명품가방, 시계, 골프채, 귀금속 등을 두 눈으로 확인한 후 입찰에 참여할 수 있다. 지방세 체납자 압류동산 공매 물품은 최저 매각 금액과 사진 등을 관계기관 홈페이지에서 사전에 열람할 수 있고, 현장에서는 안내를 하고 있는 담당자에게 물품에 대해 궁금한 사항을 문의하거나 자세히 보여달라고 요청할 수 있다.

물품 비교와 검토를 끝냈으면 입찰표를 작성하는데, 입찰 가격은 감정가액 이상으로 적어야 하고 최고액 입찰자에게 낙찰이 된다. 낙찰 후 해당 지자체의 부스를 통해 입금을 완료하면 바로 물품을 인도받을 수 있다. 압수 물품들이 대부분 중고품이기는 하지만 그만큼 저렴한 가격으로 평소 갖고 싶었던 물품을 소유할 수 있으니 적극적으로 활용해보자.

- 특징: 다양한 물품을 접할 수 있다.
- 장점: 평소 갖고 싶었던 명품들을 저렴한 가격에 낙찰받을 수 있다. 해당 물품 감정평가회사의 자체 보증서가 제공되는데, 감정이 잘못되었음이 확인될 경우 감정가의 200%를 보상받을 수 있다.
- 단점: 체납자의 배우자에게 우선매수제도란 제도가 있기 때문에 낙찰을 받아도 빼앗길 수 있다. 주기적으로 진행되는 것이 아니기 때문에 자주 접할 수는 없다.

세관 공매

세관 공매 또한 지방세 체납자 압류동산과 마찬가지로 의류, 시계, 주류, 명품가방, 자동차까지 여러 품목을 값싸게 구매할 수 있어 메리트가 있다. 세관 공매가 진행되는 이유는 다음과 같다.

- 수입 통관 시 면세 한도를 초과한 경우
- 구매 항목을 잘못 기입한 경우

- 밀수 등으로 압류된 경우
- 구매 제한 품목을 구매한 경우

이런 압류 물품들을 한 달이 지나도 주인이 찾아가지 않을 경우 공매로 처분하는 제도다. 세관 공매 물건 또한 전문 감정평가사의 감정을 통해 가격이 정해지고 진품만을 취급한다.

국가관세종합정보망 서비스(unipass.customs.go.kr)에 들어가 물건들을 확인하고 입찰할 수 있고, 세관에 직접 방문해 입찰할 수도 있다.

입찰보증금 10%를 납입해야 하고 최고가를 적어낸 사람이 낙찰자가 된다. 같은 가격을 적은 사람이 있다면 추첨을 통해 낙찰자를 결정한다. 낙찰 후 정해진 공항 여객터미널 또는 보관 창고에서 찾아가면 된다.

온비드 공매와 마찬가지로 유찰이 될 때마다 가격이 10%씩 하락하므로 감정가의 50%에 낙찰받을 수도 있다.

토지·유체동산 경매하기 전 알아두면 좋을 것들

- 중소형 규모의 경쟁이 치열한 아파트 입찰은 이제 그만! 지분 물건에도 관심을 갖자.
- 지분 경매의 로직은 간단하다. ① 내 지분을 상대에게 팔거나 ② 상대의 지분을 사서 온전한 내 것으로 만든다. ③ 협의가 되지 않으면 경매를 통해 공유물을 처분하여 나온 대금을 각자의 지분 비율에 따라 나누어 갖는다. 두려워하지 말고 도전해보자.
- 경매·공매 시장의 물건은 다양하다. 이 책에서 주로 다룬 아파트, 빌라, 지식산업센터는 물론 상가, 토지, 자동차, 선박, 중장비, 과수원, 주유소, 농가주택, 창고 등 무엇이든 싸게 살 수 있다.

왕초보 투자자를 위한 경매 용어 핵심 정리

(부동산)경매

국가(법원)의 강제력을 사용하여 채무자에게 빚을 갚도록 강제하는 절차다. 채권자로부터 경매 신청이 들어오면 법원은 채무자 소유의 부동산을 처분하지 못하도록 부동산등기부에 개시결정을 하고 채무자 소유의 재산을 매각한다. 낙찰된 매각 대금으로 채권자의 금전 채권을 충당시키는 것을 목적으로 하는 절차다.

강제경매

채무자에 대하여 집행권원(확정된 이행판결, 가집행선고판결, 화해조서, 조정조서, 확정된 지급명령, 공정증서 등)을 가지고 있는 채권자가 그 집행권원에 표시된 이행청구권의 실현을 위하여 채무자 소유의 재산을 압류한 후 법원을 통해 강제로 매각해 그 매각대금에서 금전 채권의 만족을 얻는 집행 방법이다.

임의경매

근저당권 등 담보권의 실행으로 진행되는 경매 절차를 말한다.

재경매

최고가매수신고인(차순위매수신고인 포함)이 잔금 납부기일까지 잔금을 치르지 않는 경우에 이전의 최저가로 다시 실시하는 경매를 말한다.

경매개시결정 등기

채권자가 집행법원에 경매 신청을 하면, 법원은 경매 절차의 개시결정(판결의 일종)을 하고 직권으로 그 사유를 등기부에 기입할 것을 관할 등기소의 등기공무원(등기관)에게 촉탁한다. 이때 등기부에 등재되는 것이 경매개시결정 등기이며, 이때부터 또는 경매개시결정이 채무자에게 송달된 때에 경매 목적물에 대한 압류의 효력이 발생한다.

공매

국가기관이 국세징수법에 의하여 압류한 재산을 불특정 다수 매수 희망자들의 자유경쟁을 통해 공개적으로 매각하는 제도를 말한다. 입찰이 전자입찰 방식으로 진행되기 때문에 경매보다 편리하다.

공유자 우선매수권

최고가매수신고인의 가격으로 낙찰자의 지위를 가져올 수 있는 권리를 말한다. 공유물 분할 경매에서 해당 사건 공유자가 최저가의 10%를 입찰보증금으로 준비해 공유자 우선매수권을 행사할 수 있다. 법원은 최고가매수신고인이 있다 하더라도 우선매수를 하겠다고 신고한 공유자에게 매각을 허가해야 한다.

과잉매각

한 채무자가 여러 개의 부동산을 매각할 때 일부 부동산의 매각대금으로 모든 채권자의 채권액과 집행비용을 변제하기에 충분한 경우를 과잉매각이라고 한다. 과잉매각에 해당하면 집행법원은 다른 부동산의 매각을 허가하지 않는다.

당해세

경매나 공매의 목적이 되는 부동산 자체에 부과되는 국세 및 지방세와 가산금을 말한다.

대리 입찰

경매에서 입찰 행위는 소송상의 행위라고 할 수 없으므로 대리인은 변호사가 아니더라도 상관없으며, 대리 행위에 대하여 법원의 허가를 필요로 하지 않는다. 따라서 민법상의 임의대리가 갖추어야 할 대리권을 증명할 수 있는 서면(위임장+인감증명서)을 집행관에게 제출하고 대리 입찰에 참가하면 된다. 다만 대리 입찰을 업으로 하는 경우는 불가하다.

대위변제

제3자가 채무자의 빚을 대신 변제하면 구상권 범위 내에서 종전 채권자의 지위가 변제자에게 이전하는 것을 말한다. 실무에서 가장 빈번하게 일어나는 대위변제는 후순위 임차인보다 선순위 채권이 있을 때, 채권을 변제해서 선순위 임차인의 지위로 향상시켜 대항력을 유지하거나 보증금 전액을 보전받기 위해 하는 경우가 많다.

대항력

임차인이 주택을 인도받고 주민등록을 마치면 다음 날 0시부터 소유자가 다른 사람으로 바뀌어도 집을 비워주지 않아도 되는 힘을 뜻한다.

말소기준권리

경매가 진행 중인 부동산에 존재하는 권리들이 매각 후 소멸되는지 낙찰자에게 인수되는지 판단의 기준이 되는 권리를 말한다. 말소기준권리보다 후순위이면 낙찰자가 잔금납부 후 모두 말소되며 말소기준권리보다 선순위이면 낙찰자에게 인수되는 것이 원칙이다.

매각 (불)허가

최고가매수신고인이 선정되고 나서 1주일 이내에 담당재판부가 경매의 과정이 적법하게 진행됐는지를 검토하여 낙찰에 대한 허가 또는 불허가를 결정하는 것을 말한다. 불허가결정이 나는 경우에는 최고가매수신고인이 이에 대해서 이의를 제기할 수 있다.

매각물건명세서

매각으로 소멸하지 않는 권리, 그 밖에 유의해야 하는 권리 사항들에 대한 내용을 정리해둔 서류다. 매각물건명세서는 입찰기일 1주일 전부터 법원에 비치하여 일반인이 열람할 수 있게 하여야 한다.

맹지

타인의 토지에 둘러싸여 있어 도로와 접한 부분이 없는 토지를 말한다. 통행이 불가능하므로 이런 토지에는 원칙적으로 건축법에 따라 건물을 세울 수 없다.

무잉여

입찰가에서 남아 있는 채권과 경매 비용을 변제하면 남는 것이 없다고 인정될 때 이러한 사실을 압류 채권자에게 통지 후 경매 절차를 법원이 직권으로 취소하는 것을 말한다.

문건 송달 내역

초보자들이 지나치기 쉽지만 문건 처리 및 송달 내역을 자주 들여다보는 것이 좋다. 해당 경매 사건과 관련된 이해관계인의 서류 접수 내역, 담당 경매계에서 이해관계인에게 어떤 문서를 발송했는지 등을 알 수 있다. 문건 송달 내역의 예를 들면 임차인의 배당요구와 철회, 임금채권자의 배당요구, 해당 사건 열람, 유치권 접수나 채권자의 배당배제 신청 등이 있다.

배당

부동산의 매각 대금으로 권리의 우선순위에 따라 채권자에게 매각대금을 나누어주는 것을 말한다.

배당요구

법률에 따라 우선변제청구권이 있는 채권자, 집행력 있는 정본을 가진 채권자 등 경매에서 압류채권자 이외의 채권자가 집행에 참가하여 변제를 받는 방법을 말한다. 다만 배당요구는 배당요구 종기일까지 꼭 신청해야 한다.

배당요구 종기일

집행법원은 경매개시결정 이후 1주일 내에 부동산 경매 절차에 소요되는 기간을 고려하여 첫 매각기일 이전까지 배당요구를 마치도록 한다. 등기사항전부증명서에 등재하지 않은 채권자(임차인 등)는 반드시 배당요구 종기일까지 배당요구를 해야 배당을 받을 수 있다.

변경

경매법원이 경매를 적법하게 진행시킬 수 없다고 판단해 경매기일을 바꾸는 것을 말한다. 경매기일이 바뀌어도 최저 입찰 가격은 변동되지 않는다.

사건번호

채권자가 법원에 경매 신청을 하면 법원은 담당 재판부(경매계)를 정하고 순서대로 번호를 부여하는데 이를 사건번호라고 한다(예: 2020 타경 1234호).

물건번호

채무자는 같으나 여러 개의 부동산을 개별매각할 때 각각의 물건에 순서를 정하여 매각할 경우 물건번호를 부여한다. 이 경우 입찰자는 사건번호와 함께 물건번호를 기재하여야 한다.

선순위 임차인

대항력 발생일이 말소기준권리보다 앞서는 임차인을 말한다. 선순위 임차인은 매수인(새로운 소유자)에게 보증금 전액을 받을 때까지 거주할 수 있다.

소액임차인

임차보증금이 주택임대차보호법이 규정하는 소액 보증금 범위에 해당하는 임차인을 말한다. 주택임대차보호법은 민법보다 상위에 있으며, 경매 절차에서 다른 어떤 권리자보다 일정 금액에 대해 먼저 배당을 받을 수 있다.

압류

국가권력으로 특정한 재산이나 권리를 개인이 마음대로 처분하지 못하게 하는 행위를 말한다.

가압류

금전 채권 또는 금전으로 환산할 수 있는 채권을 회수하기 위해 미리 채무자의 재산을 확보하여 장래에 집행이 가능하도록 하는 보전 처분을 말한다.

용적률과 건폐율

용적률은 대지면적에 대한 건축물의 연면적 비율을 말하며, 건폐율은 대지면적에 대한 건축면적의 비율을 말한다.

우선변제권

주택임대차보호법상 임차인이 보증금을 우선변제 받을 수 있는 권리를 말한다. 대항 요건과 확정일자를 갖춘 주택 임차인의 경우 배당에 참여했을 때 확정일자보다 늦은 후순위 권리에 우선하여 보증금을 변제받을 수 있다.

최우선변제권

임차인이 거주하는 주택이 경매로 매각되는 경우, 어떤 담보물권보다 최우선으로 배당받을 수 있는 권리를 말한다.

유찰

경매에 나온 물건에 입찰하는 사람이 없어 다음 회차로 넘어가는 것을 말한다. 유찰이 되면 법원에 따라 20% 또는 30% 저감된 금액을 최저가로 하여 경매가 진행된다.

유치권

타인의 물건에 관하여 생긴 채권을 회수하지 못한 자가 그 채권이 변제기에 있는 경우, 채권을 변제받을 때까지 그 물건을 유치(점유)할 수 있는 권리를 말한다. 주로 공사대금 채권이 많으며 대금을 받을 때까지 목적물의 인도를 거절할 수 있다. 유치권은 법정 담보물권으로서 점유로 공시되며 등기가 필요 없다.

인도명령

권원 없는 점유자가 해당 부동산의 인도를 거부할 때 대금을 납부한 낙찰자는 6개월 이내에 법원에 인도명령을 신청하여 점유자에게 부동산을 인도받을 수 있다.

임차권 등기

임대차 계약 종료 시 보증금을 돌려받지 못한 상태에서 대항력을 유지하기 위해 하는 등기를 뜻한다. 임차권 등기를 마친 임차인은 이사를 가더라도 대항력 및 우선변제권을 상실하지 않고 그대로 유지한다. 다만 임차권 등기가 된 주택에 다른 임차인이 들어올 경우 최우선변제를 받을 수 없다.

입찰보증금

경매 물건을 입찰할 때는 최저 경매 가격의 10%를 보증 금액으로 입찰표와 함께 제출해야 한다. 입찰보증금은 현금, 수표 또는 보증보험증권으로 제출할 수 있다.

저당권

채무자(빌린 사람)가 채권자(빌려준 사람)에게 점유를 넘기지 않고, 그 채권의 담보로 제공된 목적물(부동산)에 대하여 우선적으로 변제를 받을 수 있는 약정 담보물권을 말한다.

근저당권

계속적인 거래로 발생하는 여러 채권을 장래의 결산기에 일정 한도액까지 담보하기 위해 부동산에 설정하는 저당권을 말한다. 근저당권은 현재 채무가 없어도 성립이 가능하고, 등기 시 근저당의 뜻과 채권최고액에 대한 내용을 등기해야 한다. 실제 채권액이 채권최고액을 초과했을 때는 그 금액 이상의 우선변제권이 주어지지 않는다.

전세권

전세권자가 전세금을 지급하고 다른 사람의 부동산을 약정 기간 용도에 맞게 사용하거나 이를 통해 수익을 얻을 수 있는 권리를 말한다. 전세권등기를 위해서는 임대인의 동의가 필요하다.

주택임대차보호법

국민 주거생활의 안정 보장을 목적으로 주거용 건물의 임대차에 관하여 민법에 대한 특례를 규정한 법률이다. 이 법에 따라 우선변제권의 정의와 효력은 물론 최우선변제권의 소액임차인 범위와 변제받을 수 있는 보증금 금액이 정해진다.

지상권

다른 사람의 토지에 건물을 짓거나 나무를 심어 소유하기 위하여 그 토지를 사용할 수 있는 권리를 말한다.

법정지상권

당사자의 설정 계약이 아닌 법률의 규정에 의해 인정되는 지상권을 말한다. 토지의 소유자와 건물의 소유자가 동일인이었다가 어떤 이유로 분리됐을 때 사회적 · 경제적으로 건물을 보존하는 것이 바람직하다는 취지에서 인정되는 제도다.

차순위매수신고

최고가매수신고인이 잔금을 납부하지 못하면 재경매를 실시하지 않고 차순위매수신고인에게 그 지위가 넘어간다. 최고가매수 금액에서 보증금을 공제한 액수보다 높은 가격으로 응찰한 사람은 차순위매수신고를 할 수 있다.

최저 경매 가격(최저가)

입찰 가격을 산정할 때 기준이 되는 금액을 말한다. 이 가격 미만으로 입찰가를 쓰면 무효 처리되므로 반드시 최저가 이상을 적어 입찰해야 한다. 1회차 경매에서는 감정평가액이 최저 경매 가격이 된다.

취하

채무자가 채무를 변제해 채권자가 경매 신청 의사를 철회하는 것을 말한다. 경락인이 잔금을 납부하기 전까지만 가능하다.

특별매각 조건

매각할 부동산에 대하여 따로 지정한 조건을 말한다. 낙찰자가 대금 지급기일 이후에 대금을 납부할 경우 지연이자를 연 2할로 변경하거나 재매각 시 입찰보증금을 20~30%로 하는 경우 등이 있다.

현황조사서

법원 집행관이 경매 대상 부동산에 직접 방문하여 현재 상태를 조사하고 작성하는 서류로 주로 임차인 등 점유자에 관한 내용이 포함되어 있다. 1회차 매각일 14일 전부터 누구든 열람할 수 있다.

확정일자

임대차 계약서가 특정일에 실제로 존재함을 증명하는 것을 뜻한다. 계약 당일 받는 것이 좋으며 전세권과 같은 효력을 갖는다.

| 에필로그 |

혼을 담은 노력은 절대 지지 않는다

하루라도 빨리 경제적 자유를 얻고 싶었다. 돈 걱정 없이 살고 싶었고, 대한민국 부동산에 휘둘리고 싶지 않았다. 하지만 돈에 대해 애초에 잘못된 사고방식을 가지고 있었기에 나에게 경제적 자유는 요원한 일이었다. 돈에 대한 삐딱한 생각은 30대 초·중반까지 이어졌고 삶은 좀처럼 나아지지 않았다. 한때는 이대로는 안 된다는 생각에 재테크 관련 서적을 찾아 읽은 적도 있는데, "그런 책들 읽어서 뭐하냐?" 하는 주변의 반응에 금세 심드렁해지고 말았다. 심지어는 "속물이냐?" 하는 얘기도 있었다. '돈'에 연연하지 않아야 고고한 인생이라는 의미였을 것이다.

하지만 결혼을 앞두고는 더 이상 가만히 있을 수 없었다. 2015년 당시 서울·수도권은 부동산 매매가와 전세가가 하루가 다르게 치솟고 있었고, 이대로 가다가는 평생 집 한 채 없이 암울하게 살아야 하리라는 게 눈에 보이는 듯했다.

결혼을 하면 돈 문제는 절대 피할 수 없다. 혼자일 때에야 벌이가 많든 적든 그럭저럭 꾸려갈 수 있지만, 가정을 이루면 가장으로서 가족의 생계를 책임져야 한다. 돈이 생존의 문제로 바뀌는 것이다. '돈이 사람을 행복하게 해주는 건 아니야'라며 자신을 계속해서 속일 순 없었다. 정면으로 돌파할 방법을 찾아야 했다.

그 돌파구가 바로 부동산 경매·공매였다. 단언컨대 평범한 사람이 가장 빠르고 안전하게 돈을 불릴 수 있는 방법 중에 부동산 경매·공매만큼 매력적이고 확실한 것은 없다고 생각한다. 부동산 경매·공매를 시작한 이후 나에게는 정말 많은 변화가 일어났다. 5년 전과는 비교도 안 될 정도로 삶이 몰라보게 달라졌다. 하지만 여기서 안주할 생각은 없다. 독기행! '독서하고 기록하고 행동하며' 원하는 결과를 만들어내기 위해 오늘도 노력하고 있다.

'나의 강점을 바탕으로 나의 일을 잘 해냄으로써 다른 사람의 삶은 물론 사회를 아름답게 만든다.'

이것이 나의 신념이자 가치다. 그 신념을 실천하는 한 가지 방법이 강연이었다. 지금까지 특강을 포함하여 내 강연을 들은 사람이 5,000명이 넘는다. 그들은 한목소리로 이렇게 말한다.

"경매가 이렇게 쉽게 할 수 있는 것인 줄 꿈에도 몰랐어요. 열심히 입찰해보려고 합니다."

"그저 저축밖에 몰랐는데 아무리 해도 돈이 불지 않더라고요."

"조금이라도 더 일찍 용쌤 강의를 알았더라면 이렇게 시간 낭비를 하지는 않았을 텐데."

"경매라는 신세계로 이끌어주셔서 고맙습니다."

돈은 자유를 의미한다. 돈은 우리에게 멋진 경험을 선물하고, 사랑하는 가족과 행복한 시간을 보낼 수 있게 해준다. 내가 꿈꿔왔던 일들에 도전할 수 있게 해줄 뿐 아니라, 그보다 더 중요하게는 원치 않는 일은 안 할 수 있게 해준다. 한마디로 돈이 있어야만 내 인생의 진짜 주인이 나라는 것을 깨달을 수 있다.

지금까지 경매라는 무기를 활용하여 부에 다가가는 방법을 풍부한 실전 사례와 함께 제시했다. 완벽하진 않지만 어느 정도 가이드라인을 제시했다고 생각한다.

아직도 경매가 어렵고 복잡하다고 생각하는가? 특별한 재능이 있는 사람들만 할 수 있는 방법이라고 생각하는가?

전혀 그렇지 않다. 어렵고 복잡한 물건들은 전문가라는 사람들에게 양보하고, 절차만 알면 바로 해결할 수 있는 물건들로 실력과 경험을 쌓아나가자. 탐욕은 내려놓고 경제적 자유를 얻겠다는 욕심은 크게 부리며 차근차근 단계를 밟아나가자. 포기하지 않고 천천히 꾸준히만 해나간다면 경제적 자유를 얻는 데 생각보다 오랜 시간이 걸리지 않을 것이다.

‘人一能之己百之 人十能之己千之(인일능지기백지 인십능지기천지)’

《중용》에 나오는 문구로, ‘남들이 한 번에 해내는 일이라면 나는 백 번을 해서라도 반드시 이루고 남들이 열 번에 해내는 일이라면 나는 천 번을 해서라도 반드시 이룬다’라는 뜻이다.

경제적 자유를 얻었다는 사람들을 보며 부러워만 하지 말자. 시기·질투는 더더욱 하지 말자. 목표를 기록하고 미래의 나아질 모습을 상상하며 계속해서 노력해 나가자. 나도 했으니 이 책을 읽는 당신도 반드시 할 수 있다. 읽었으니 행동하자!

당신의 건승을 응원한다.